# 申论

## 范文精析

### 思路 ✚ 技巧 ✚ 规律

李天飞 ◎ 编著

清华大学出版社
北京

## 内 容 简 介

这是一本公务员考试申论真题作文教材，其中精选了作者从业十余年来撰写的申论真题作文，并结合近年来的命题特点和社会热点进行了修改完善。

本书对十多年来大部分国考、联考、独立命题省考的申论真题作文进行了分类，并对背后的考点逻辑进行了分析，力图帮助大家洞察作文命题规律；每一篇作文均从立意确定、结构搭建、标题拟定及每一个段落的写作思路等方面进行了精细化剖析，力图从"思路点拨"和"写作实操"出发，帮助大家掌握作文的写作技巧、积累作文的写作经验。本书适合参加公务员申论考试、事业单位综合应用能力写作考试的同学作参考。

**图书在版编目（CIP）数据**

申论范文精析：思路＋技巧＋规律 / 李天飞编著．

北京：清华大学出版社，2025. 2. -- ISBN 978-7-302-68332-2

Ⅰ . D630.3

中国国家版本馆 CIP 数据核字第 2025RX4569 号

**责任编辑：**杜春杰
**封面设计：**刘　超
**版式设计：**楠竹文化
**责任校对：**范文芳
**责任印制：**沈　露

**出版发行：**清华大学出版社
　　　　　　网　　　址：https://www.tup.com.cn，https://www.wqxuetang.com
　　　　　　地　　　址：北京清华大学学研大厦A座　　　　邮　　编：100084
　　　　　　社 总 机：010-83470000　　　　　　　　　邮　　购：010-62786544
　　　　　　投稿与读者服务：010-62776969，c-service@tup.tsinghua.edu.cn
　　　　　　质量反馈：010-62772015，zhiliang@tup.tsinghua.edu.cn
**印 装 者：**河北鹏润印刷有限公司
**经　　销：**全国新华书店
**开　　本：**170mm×240mm　　　**印　　张：**17.5　　　**字　　数：**302千字
**版　　次：**2025年3月第1版　　　　　　　　　　　**印　　次：**2025年3月第1次印刷
**定　　价：**69.80元

产品编号：106099-01

# 前　言

　　各位亲爱的小伙伴，大家好，我是飞仔——李天飞。出版社联系我出版图书的时候，我脑海里首先闪现的，就是把自己从业十多年来写的申论真题范文重新整理一下，给苦恼于申论作文备考的同学提供一份参考，也给自己留下一份纪念。

　　这本书的核心目的是帮助同学们在申论考场上写出一篇不算差的作文，所以在前言里，我就从"申论""考场""不算差"这几个角度来和大家聊聊。

## 一、关于"申论"的作文

　　从业以来，我有幸和几位参加申论作文阅卷的老师有过交流，关于"一类文"的阅卷标准，给大家分享几则案例（阅卷者回忆版）。

**例1**　【2022年国考地市级】万物在融合中发展变化，融合不是简单嫁接，而是要实现融和与融活。请你以"融和·融活"为话题，参考给定资料，联系实际，自选角度，自拟题目，写一篇文章。

　　本题阅卷说明中关于立意的要求是：要紧扣"融合""融和""融活"三个概念进行解读，并辨析其中的关系。比如，"融和"是融洽和谐，指的是实现融活的手段和途径；"融活"是激发活力，指的是融和的目标和结果等。

**📝例2** 【2017年国考副省级】参考给定资料，以"以水为师"为题，联系实际，写一篇文章。

> 本题阅卷说明中关于立意的要求是：要围绕"向水学习"来写，大篇幅谈"水的治理或者水环境生态"之类的作文不得进入二类文以上。水的哲理包括：万物皆变、复杂源于简单、包容性、以柔克刚、至仁大爱等。

**📝例3** 【2014年国考副省级】"给定资料"结尾写道："我们或许应该如作家米兰·昆德拉所言，要'慢下来'，因为自在有为的生活是急不得的。"请结合你对这句话的思考，联系自己的感受和社会实际，自拟题目，写一篇文章。

> 本题阅卷说明中"一类文"的要求是：对"慢下来"的理解准确、深刻；能从给定资料出发写出自己的切身感受；具有社会实际的例证；思路清晰、语言流畅、文面整洁、字迹工整等。

由此可见，申论的作文不同于高考和竞赛作文，也不同于官方媒体的"官样文章"，而是有其自身的独特要求，这种要求就藏在"申论"二字中。第一，"申"，即要在题目主题和词句中、与之相关的特定材料中深入理解，确定立意、搭建结构；第二，"论"，即结合国家和政府政策、社会发展实际进行论证，谈出自己的理解、思考和感受。

本书精选的范文均是按照阅卷规则要求、根据申论的考查特点进行撰写的。特别是在对范文的解析，如果立意对特定材料依赖较强，就引用对应材料进行解读，如果对特定材料依赖不强，就引导大家从题目中的主题和句子出发阐释观点，朝着"准确性、深刻性、全面性、思辨性"的方向靠拢，带着大家学习从"只会组合材料"向"学会思考引申"转变，写出更符合申论阅卷要求的文章。

另外，基于十多年的范文写作经验，我还发现了申论作文的一些"奥秘"。

比如"太阳之下，并无新事"。2012年联考"人与动物"的作文，当年是从"活熊取胆""虐狗"等热点中考查"人与动物关系中文明和法治的思考"，而2024年"某学生考研因'虐猫'两度被学校拒之门外"热点背后，依然是这个话题。2014年联考"文化输出"的作文，当年是从"美剧、韩剧等文化输入"的角度探讨"价值观的输出"，而2024年《黑神话：悟空》游戏火热海内外的背后，依然是同样的话题……针对此类情况，在不脱离当年真题考查背景的前提下，我把早年间的范文结合当下的社会现实或国家政策进行了"论证更新"，让大家能在"老真题"中学会思考"新热点"。

比如"新瓶装旧酒"。从不同真题的命题来看，申论作文主题的考查，有一定的"重复性"，考过的话题会换个说法重新考。比如2021年联考的"风、天空、道路"、2023年国考副省级"流动与新生"、2024年国考副省级"旧事物的价值"，虽然考查形式不同，但背后考查的本质道理是相似的，都是"事物发展的持续性和无限性"。类似的考查情况还有很多，本书基于这种考情对十多年来的作文进行了筛选和分类，以便大家在学习范文的过程中学会总结规律、举一反三。或许在未来的考场上，这些范文中关于某些"话题"或"道理"的阐释理解和论证素材能被大家用上，那将是飞仔的荣幸。

关于申论作文，一定还有其他的写作"奥秘"，期待大家的新发现、新思考。

## 二、关于"考场"的作文

申论小题类似于"开卷"考试，直接从题目和材料中"抄"就可以拿到高分。当然，申论作文也可以从题目和材料中进行"抄写组合"，但是这种方式在早年间或者部分省份（如广东县级）还能奏效，近些年来想通过这种方式取得高分越来越难了。

所以，这就对平时的思考训练和素材积累有了更高的要求。但是大家备考的时间和精力有限，如何才能更加高效地进行训练和积累呢？有个方法——考场上应该怎么办，平时就怎么练。大家想一下，在考场上无非就两个步骤：第一，厘清思路，即在脑子里或者草稿纸上梳理出"立意、结构、素材"等框架；第二，动笔书写，即完成标题、开头、主体、结尾的撰写。这就是飞仔在作文课上讲的"思路线"和"操作线"。本书对于范文的解读，也正是基于这"两条线"，从立意确定、结构搭建、标题拟定及每一个段落的写作思路等方面进行了精细化剖析，以便大家严格按照"考场步骤"进行学习。

在本书中，大家可能会看到一些标题、开头、结尾、段落论证的写作模式，类似的思路、素材会重复出现在不同的作文中，这些不是投机取巧，而是在平时写作中养成的习惯、积累的表达。需要大家积累的普适性较强的思路和素材，毕竟平时练习100遍的方法，在考场上只能用一次，阅卷老师也只看一次。当然，这些也是需要大家检验的写作方式，希望大家不要只记住这些，而是要在学习的过程中积累、修改、运用，总结出属于自己的写作素材和思路，以上算是飞仔的"抛砖引玉"。

### 三、关于"不算差"的作文

飞仔能力一般，水平有限，做了这么多年题、讲了这么多年课、写了这么多篇文，既不敢妄自尊大，也不会妄自菲薄，不敢吹牛说这本书的每一篇作文都是"一类文"，但敢保证每一篇都是"不算差"的作文。说到这里，本书中只有一篇作文不是飞仔亲自撰写的，就是第二章"变与不变"的那篇，是出考场后的回忆版，这篇作文的作者当年申论总分 87.5 分，作文分数至少是"二类上"的档次。

书中的这些范文，或许不像官样文章那样写得"高大上"，但是利用起来其参考性、操作性可能会比较强，既能摆脱传统的作文模板的桎梏，又能符合议论文的基本要求，也能切合真题的考查语境与倾向。

一言以蔽之：这些范文，是"示范"的文，不是"模范"的文。我希望大家大胆地去调整、修改、完善，将其变成自己的写作思路、写作经验。

回到本文最初说的"这本书的核心目的是帮助同学们在申论考场上写出一篇不算差的作文"，这就是飞仔对于"申论的作文""考场的作文""不算差的作文"的理解。初次出版图书，难免有不足之处，欢迎大家在使用过程中提出宝贵的批评和指导意见，谢谢大家！

李天飞

2024 年 9 月于北京

# 目 录

## 第十二章　科技与创新

## 第十三章　城市建设与发展

## 第十四章　三农

## 第十五章　行政执法

## 附录

# 第一章

# 改革理念与发展观念

## 话题 1 ⟩ 改革之务实与理性

【2021 年国考副省级】给定资料 1 中画线句子："夜色难免黑凉，前行必有曙光。"给定资料 2 中画线句子："我们的改革之所以成功，离不开务实的精神和理性的思考。"请你结合对这两句话的思考，自拟题目，自选角度，写一篇文章。

要求：（1）观点明确，见解深刻；（2）参考"给定资料"，但不拘泥于"给定资料"；（3）思路清晰，语言流畅；（4）字数 1000～1200 字。

### 一 思路点拨

第一，"夜色难免黑凉，前行必有曙光"，可以理解为在前进的道路上会遇到困难和挫折，但只要坚持前行，就一定能看到希望，这启示我们要有坚定的信念和不屈的精神，面对困境不放弃。第二，"我们的改革之所以成功，离不开务实的精神和理性的思考"，强调了务实精神和理性思考对于改革成功的重要性，务实精神能让我们脚踏实地去做事，理性思考能让我们作出正确的决策。第三，将两句话结合起来，思考在改革与发展的过程中，信念、务实精神和理性思考之间的关系，坚定的信念是动力源泉，务实精神是行动保障，理性思考是方向指引，三者缺一不可。

### 二 写作实操

#### 秉信念之光，以务实与理性筑改革之路

标题拟定思路

根据文章的立意，标题需要将信念、务实、理性以及改革等关键要素融合起来。"秉信念之光"体现信念如光一般照亮前行的道路（因为夜色黑凉，所以这里用了"光"），"以务实与理性筑改革之路"则明确了务实和理性是构建改革成功之路的重要支撑。

① 迈向成功的征程，从来都布满荆棘。一次次改革，如何冲破重重难关？一次次胜利，又怎样攻克层层阻碍？我们缘何能？我们为何行？成功背后的神秘

力量究竟是什么？是如明灯般照亮前行之路的坚定信心，是如基石般筑牢发展根基的务实精神，是如罗盘般指引正确方向的理性思考。

②"夜色难免黑凉，前行必有曙光"——这背后是一种坚定前行的信心。这是"哪怕暂时看不到结果也必须全力去做"的坚毅，是一种不怕困难、勇往直前的信念，是一种不畏艰险、攻坚克难的勇气。新中国成立初期，百废待兴，一穷二白，我们迈出了艰难的第一步；改革开放之初，旧体制的阻力、思想观念的束缚无处不在，黑暗仿佛无边无际；20 世纪 90 年代，国企改革阵痛剧烈，下岗职工生计难以为继；新世纪之初，我国加入 WTO，面临新的国际规则和激烈竞争；如今，面临国内外的百年未有之大变局，高质量发展的要求下各项改革迫在眉睫……每一次改革都意味着挑战和阵痛，夜色笼罩下前路难辨，但中国人民从未因黑暗而止步，而是坚定前行，深知黑夜终会过去，光明终会到来。各个时期，各行各业的建设者、改革者、奋斗者都坚持着这样"前行必有曙光"的信念，他们面对深夜寒风迎头而上，面对汹涌波涛踏浪而行，敢啃"硬骨头"、敢涉"艰险滩"，在改革的征途中既能够保持定力，又能够坚定信心。正因如此，我们在遇到各种各样风险挑战的前进道路上，才能夺取一个又一个胜利。

③改革之所以成功，离不开务实精神。何谓务实？务实就是实事求是，根据实际情况出发，寻找最适合中国国情的改革路径。改革开放初期，中国经济还处于计划经济时期的萎靡状态，人民生活水平低下，亟须大刀阔斧地改革，当然也需要谨慎的考量和务实的态度。面对"在哪些领域改革、如何改革、改革到什么程度"等问题，我们提出了"摸着石头过河"的理论；面对"姓资姓社"的争论，我们提出了"无论白猫黑猫抓住耗子就是好猫""实践是检验真理

## ①开头写作思路

第一，开篇设境，点明成功之路的艰难。第二，设问铺垫：如此艰难为什么还能成功？第三，回答问题，提出文章要探讨的核心话题，即改革成功的关键因素。

## ②段写作思路

本段重在论述"夜色悲凉但坚持前行"的信心。第一，阐释"信心"的内涵，包括坚毅、信念和勇气三个方面。第二，举例论证：按时间顺序回顾新中国成立初期、改革开放之初、20 世纪 90 年代、新世纪之初以及如今等不同时期面临的困难。第三，总结上述事例中各个时期的建设者、改革者、奋斗者面对困难的态度和行动，回扣本段论点。

## ③段写作思路

本段重在论述"改革成功离不开务实精神"。第一，解释"务实"的内涵。第二，举例论证：列举改革开放初期面临的问题及务实的解决思路，以及农村、城市、对外开放等方面的改革实践，说明务实的改革方式。第三，总结强调务实精神为改革创造有利条件，奠定辉煌成就的基础。

**④段写作思路**

本段重在论述"改革成功离不开理性思考"。第一，分别阐释对理性和思考的理解。第二，引用论证：引用习近平总书记的话强调改革需要理性思考。第三，举例论证：以安徽凤阳小岗村为例，说明如果没有理性考量，就不会有农村土地改革的成功，进而论证理性思考的重要性。第四，总结强调重申理性思考是改革成功不可或缺的思想源泉，以及其在各方面的作用。

**⑤结尾写作思路**

第一，引用"雄关漫道"这句诗增添文采，同时表达在面对困难和新征程时的豪迈与坚定。第二，再次总结论点并展望未来，表达对改革前景的乐观期望。

的唯一标准"等著名论断。改革不能一蹴而就，而是需要解放思想、循序渐进、实事求是地往前摸索。比如，在农村率先实行家庭联产承包责任制、在城市逐步放开价格管制、在对外开放方面先从沿海地区试点再逐步推广，这种稳扎稳打、循序渐进的改革路径，最终使改革得以顺利推进，并取得了巨大成功。可以说，正是这种务实的精神，为改革创造了有利条件，为后来的辉煌成就奠定了基础。

④改革之所以成功，离不开理性思考。何谓理性？理性就是一切从客观实际出发，用科学的精神总结客观的规律。何谓思考？思考就是不拘泥于表面现象、不盲目随波逐流，善于发现问题、多角度分析问题。正如习近平总书记所强调的那样：在重大改革上"要统筹兼顾、辩证施策"，"增强改革系统性、整体性、协同性"。改革需要理性思考，既要解放思想，更要实事求是，既要谋定后动，更要统筹兼顾，这样才能推动改革不断向纵深发展。试想一下，走在农村改革前沿的安徽凤阳小岗村，18户村民如果没有经过对中国农村现实的理性考量，就不会有勇气、有魄力在当时的历史环境下点燃农村土地改革的星星之火，更不能在全国迅速卷起改革的燎原之势。因此，理性思考是改革成功不可或缺的思想源泉，唯有如此才能不断创新体制机制，才能充分发挥理论、实践和制度的效能，实现改革的预期目标。

⑤"雄关漫道真如铁，而今迈步从头越。"历史新起点，改革再出发，只要永葆"坚定前行"的信心、"务实奋斗"的精神、"理性思考"的态度，改革就一定能够进行到底，也一定能够创造新的奇迹。

## 话题 2　未来

【2022 年国考副省级】"给定资料 5"中说"今天的思维和播种，决定了我们未来的收获"，请结合对这句话的理解，参考给定资料，联系实际，自选角度，自拟题目，写一篇文章。

要求：（1）观点明确，见解深刻；（2）参考给定资料，但不拘泥于给定资料；（3）思路清晰，语言流畅；（4）字数 1000～1200 字。

### 一　思路点拨

题目中的给定句子"今天的思维和播种，决定了我们未来的收获"，明确指出当下的思维方式和实际行动对未来的成果起着决定性作用。从"思维"可引申出前瞻性思考、创新思维等，从"播种"可联想到具体的行动、努力和付出。给定资料中也强调，正在发生的未来越来越多，只有以前瞻性思考决定今天的作为才能赢得未来，进一步印证了题干观点。整体结构上，给定句子本身就有两个角度：今天的思维决定未来的收获，今天的播种决定未来的收获。实际上，把这两个角度论证清楚，对这句话的理解就足够清晰了。另外，给定资料提到"从互联网到物联网再到人工智能与生命技术，正在发生的未来越来越多"，所以本文从国家和社会改革发展的背景出发写作更为妥帖，以确保立意的高度和深度，不建议从个人角度写。

### 二　写作实操

#### 走向未来，赢得未来

**标题拟定思路**

本文核心是关于当下与未来的关系，强调今天的思维和播种对未来收获的决定性作用。"走向未来"直接体现了对未来的关注和向往；"赢得未来"则进一步表达了一种积极的态度和期望，即不仅要走向未来，还要以正确的方式、高质量地赢得未来，突出了对未来收获的重视。

## ①开头写作思路

第一，引出主题：通过对过去、当下和未来的描述，引出"今天的行动对未来的影响"这一主题。第二，引出主旨句：通过"时代之问"，用答案的形式指出关键在于前瞻性思考和探索性实践，引出文章的核心观点句："今天的思维与播种，决定我们未来的收获。"

## ②段写作思路

通过回顾几年前对"未来"的畅想在今天变成现实的例子，以及阐述当前在各个领域过去所畅想的"未来"正在发生发展，强调用前瞻性思考、探索性实践能够让我们走进当初畅想的"未来"，从而突出"今天的思维与播种决定未来收获"这一主题。

## ③段写作思路

重在论述从今天走向未来，"思维"尤其是前瞻性思考的重要性。第一，解释"思维"在不同时间维度的表现，重点强调前瞻性思考是在尊重历史规律和洞察现实问题基础上的高瞻远瞩、深谋远虑。第二，通过企业发展战略和国家发展战略的例子，论证前瞻性思考能让目标更清晰、发展势头更强劲。

① 过去连接着当下，当下连接着未来，在"走向未来"的时间坐标里，今天干什么？今天怎么干？今天如何取舍？这些是我们必须思考的"时代之问"。能否给这些问题一个完美答案，取决于我们有没有前瞻性思考、会不会探索性实践，因为"今天的思维与播种，决定我们未来的收获"。

② 今天就是过去的"未来"。几年前，媒体曾就"未来"发问，其中一个问题是：中国人将在太空做什么？当时的畅想是"未来的某一天，我们可以用手机观看航天员在太空直播，与他们实时互动"。今天，这个畅想变成了现实。放眼当下，在社会治理、生产制造、民生服务、日常生活等各个领域，5G网络、云计算、人工智能、物联网等过去畅想的"未来"也都在发生着、发展着。实际上，从日常生活的衣食住行，到社会治理的技术手段和管理方式，再到国家经济、文化、民生、科技等方面的高质量发展，我们在科研技术攻关、社会制度安排、资源优化配置上，用前瞻性思考、探索性实践与时偕行，摸索着一步步走进了我们当初畅想的"未来"。

③ 从今天走向未来，"思维"会为我们绘就"蓝图"。什么是"思维"？回首过去，思维就是历史性反思；放眼当下，思维就是现实性分析；面向未来，思维就是前瞻性思考。前瞻性思考是在尊重历史规律、洞察现实问题的基础之上，做到高瞻远瞩、深谋远虑。"不谋万世者，不足谋一时""事者生于虑，不虑则不生"讲的就是这个道理。譬如企业发展战略，在经济发展方式转型的背景之下，如果没有前瞻性思考就一定会被时代淘汰，只有具备前瞻性思考的"未来思维"，及时转型升级、不断自我进化，才能做到与时代共生存、同发展；再如国家发展战略，我们为什么要制定一个个"五年规划"？就是要为国民经济和社会发展制定远景目标，就是在为国家和民族的未来

进行前瞻性思考和全局性、系统性安排。只有保持前瞻性思考，才能让未来的目标更清晰，才能让发展的势头更强劲。

④ 在未来赢得未来，"播种"会为我们扎下"根基"。什么是"播种"？"播种"就是在人们的心中种下探索创新、实干奋斗的"种子"。未来会自己到来，但是能不能赢得未来才是关键所在，赢得未来不能只凭"等靠要"，不能只靠"喊口号"，是种出来、拼出来、干出来的。以"共同富裕"为例，"十四五"规划和 2035 年远景目标纲要明确提出要让"共同富裕取得明显的实质性进展"，共同富裕不会自动到来，美好生活也不会从天而降，而是要在亿万人民的探索、实践、奋斗中实现。只要心中有"种"，就会在心中扎"根"；只要心中有"根"，未来之花就一定可以绽放得无比绚烂。

⑤ 征途漫漫，思维如璀璨星辰照亮前行之路；大道至简，播种似希望火种点燃未来之光。今日之思维，乃"功成不必在我"的高瞻远瞩，如灯塔指引航向，决定我们的未来能驶向多远的远方；今日之播种，是"功成必定有我"的果敢担当，似耕犁开垦沃野，决定我们的未来能绽放何等绚烂之花。未来已至，澎湃而来，我们定能昂首阔步走向未来，我们也必将以豪迈之姿赢得未来！

**④段写作思路**

重在论述从今天走向未来，"播种"的重要性。第一，解释"播种"是在人们心中种下探索创新、实干奋斗的"种子"。第二，道理分析，指出赢得未来要靠种出来、拼出来、干出来。第三，举例论证：以"共同富裕"为例，说明共同富裕不会自动实现，需要在人民的探索、实践、奋斗中达成。第四，总结强调心中有"种"有"根"，未来之花就会绚烂绽放。

**⑤结尾写作思路**

第一，总起：以"征途漫漫"和"大道至简"两句话概括文章主题，并用两个比喻，将抽象的主题具象化。第二，分述：用"功成不必在我"和"功成必定有我"相对比，来强调思维的远见和行动的担当。第三，升华：回扣标题，将主题升华到对未来的展望。

话题 3　与时偕行

【2020 年山东省考 B 卷】请结合全部给定资料，进一步思考"给定资料 4"中的画线句子"凡益之道，与时偕行"，自选角度，自拟题目，写一篇文章。

要求：（1）主题明确，结构完整，条理清楚，语言流畅；（2）参考给定资料，但不拘泥于给定资料；（3）字数1000字左右。

 **思路点拨** ∶∶∶∶∶∶∶∶∶∶∶∶∶∶∶∶∶∶∶∶∶∶∶∶∶∶∶∶∶∶∶∶

> "凡益之道，与时偕行"这句话的意思是：一切有益的思想、行为和方法等，都要随着时代的发展而发展。对这句话的理解，可以有不同的角度，比如"既要跟随时代步伐，也要预见时代变化""既要思想上与时俱进，也要行动上与时同行"等，所以这篇文章的结构可以按照以上的角度搭建，也可以围绕"什么是与时偕行""为什么要与时偕行""如何与时偕行"等角度搭建。

 **写作实操** ∶∶∶∶∶∶∶∶∶∶∶∶∶∶∶∶∶∶∶∶∶∶∶∶∶∶∶∶∶∶∶∶

### 在与时俱进中"乘风破浪"

**标题拟定思路**

根据题目主题的关键词进行同义转换，确定"与时俱进"这一关键词，"与时俱进"代表一种行为，所以可以采取"行为＋结果"的表达形式，比如"在与时俱进中'乘风破浪'"。

**①开头写作思路**

第一，通过阐述民族性格和国家姿态的重要性，为引出文章主题做铺垫。第二，指出民族性格和国家姿态可用"凡益之道，与时偕行"这八个字概括，直接点明文章核心观点所围绕的关键语句。

**②段写作思路**

本段重在阐述"凡益之道，与时偕行"的含义，并以中国改革开放以来的典型历史事件为例进行论证，最后归纳总结中国取得这些成就的密码在于"与时俱进"。

① 一个民族的性格、一个国家的姿态，决定着这个民族、这个国家的"精气神"，也关系着这个民族、这个国家繁荣发展的活力。如果用八个字概括这样的性格和姿态，那就是：凡益之道，与时偕行。

②"凡益之道，与时偕行"是指任何有益的行动和思想都应随着时代的发展而发展，这就意味着不仅仅要跟随时代的步伐，更重要的是要预见时代的变化，同时主动适应时代的变化。中国改革开放以来取得的巨大成就，正是"与时偕行"的生动体现：从改革开放之初的"摸着石头过河"，到加入世贸组织后的积极融入全球化，再到如今的"一带一路"倡议和构建人类命运共同体，中国始终把握时代

机遇，顺应时代潮流，不断调整发展战略，推动自身发展。这些成就的密码归根结底就是"要审时度势、变通趋时，要把握时机，作出适于时代需要的判断和选择"。

③ 有这样一组数据：36 个大数据创客中心，6 份大数据公司投资，直接带动就业 5 万人，间接带动就业 30 万人，60% 的人工智能计算领域市场份额，百度、阿里巴巴、腾讯 90% 的人工智能计算支持……这些都是山东浪潮集团的"战果"，相信取得这些成绩的原因是综合性的，但其中一定有一个原因，就是浪潮集团能够在山东新旧动能转换的时代背景下审时度势，抓住了以云计算、大数据和人工智能为新动能的发展方向，不仅为自己带来新的发展，也成为推动我国产业升级的重要力量。纵观一些重要的历史时期和关键节点，山东总是能够在时代背景下抢抓机遇，推动经济社会的快速发展和人民生活水平的不断提高。

④ 要不断解放思想、更新观念。与时俱进的前提是能够清醒地认识到时代发展趋势、准确地把握住时代发展大势，但是想要清醒认识趋势、精准把握大势，就必须依靠永无止境的思想解放和观念更新，就必须坚持用全面、辩证、长远的眼光看待我国发展。邓小平曾经说："一个党，一个国家，一个民族，如果一切从本本出发，思想僵化，迷信盛行，那它就不能前进，它的生机就停止了，就要亡党亡国。"从我们干革命、搞建设、推改革、谋发展的历史经验中看，任何历史时期都要有一批勇于思考、勇于探索、勇于创新的闯将，在党内和人民群众中，肯动脑筋、肯想问题的人愈多，对我们的事业就愈有利。也就是说，解放思想、更新观念，才能保证我们国家在理论和实践、制度和文化等各方面与时俱进，才能为中华民族的现代化发展不断注入活力。

### ③段写作思路

本段顺承上一段继续论证"与时偕行"对推动发展的重要性。第一，列举事实，用具体的数据和案例展示浪潮集团取得的成就。第二，分析原因，指出"审时度势"是浪潮集团取得成功的关键，点明文章主旨。第三，总结升华：从个案上升到对山东历史经验的总结，深化"审时度势、抓住机遇"的重要性。

### ④段写作思路

本段重在从思想观念层面论述"如何与时偕行"。第一，从正反两方面论证解放思想的重要性：正面论述解放思想才能与时俱进、保证发展，反面引用邓小平的话说明思想僵化就会导致停滞和灭亡。第二，结合历史经验，强调勇于思考、探索、创新对国家发展的重要性。第三，总结升华，再次强调解放思想、更新观念对于国家发展的重大意义。

**⑤段写作思路**

本段重在从行动抉择层面论述"如何与时偕行"。第一，承接上文提出本段观点，在承认解放思想重要性的基础上，进一步强调科学判断和精准选择的重要性。第二，举例论证：以山东省新旧动能转换为例，说明在面对新形势和新要求时，如何通过科学判断和精准选择来实现高质量发展。第三，以点带面进行总结：从山东的例子引申到全国，指出面对当前新形势科学判断和精准选择的重要意义。

**⑥结尾写作思路**

第一，再次引用"凡益之道，与时偕行"，回扣主题。第二，分别从拥抱时代变革、预见时代趋势、适应时代发展三个方面阐述在新时代应如何践行这一理念（在立意时提供了两种搭建结构的角度，本文主体部分选了一种，此处用另外一种）。第三，升华主题：将践行这一理念上升到实现中华民族伟大复兴中国梦和推动构建人类命运共同体的高度，使文章的立意更加深远。

⑤ 要科学作出判断、精准选择。思想解放和观念更新是时代发展的先决条件，但仅仅停留在思想层面上是不够的，只有将思想解放转化为科学的判断和精准的选择，才能将机遇转化为现实的成果，才能真正实现与时俱进。山东省新旧动能转换的改革发展历程，就是科学判断、精准选择的鲜活范例：经济新常态下国家产业竞争日趋激烈，核心竞争力不足、资源环境约束强化、要素成本上升等矛盾日益突出，面对实现高质量发展的要求，科学研判省内经济发展的形势，作出了推进各领域、各产业、各行业新旧动能转换的重大选择。当前，世界正经历百年未有之大变局，新一轮科技革命和产业变革蓬勃兴起，中国的改革发展面临难得的历史机遇，能否在纷繁复杂的形势中作出科学判断、在众多可能的选项中作出精准选择，才是决定成败的关键所在。

⑥ "凡益之道，与时偕行"，这是中华民族的古老智慧，更是新时代中国发展的行动指南。在新的历史征程中，让我们以开放的心态拥抱时代变革，以敏锐的洞察力预见时代趋势，以果敢的行动力适应时代发展，为实现中华民族伟大复兴的中国梦而不懈奋斗，为推动人类命运共同体的构建贡献中国智慧和中国力量。

# 话题4　全局观

【2022年山东省考A卷】请结合全部给定资料，以"大凡治事，必需通观全局"为主题，自拟题目，写一篇文章。

要求：（1）观点明确，见解深刻；（2）参考"给定资料"，但不拘泥于"给定资料"；（3）逻辑清晰，语言流畅；（4）1000字左右。

 **思路点拨**

> "大凡治事，必需通观全局"这句话的意思是：凡事都需要从整体出发，全面了解情况，掌握事物发展的全局和各个方面之间的联系。这也是这篇文章的核心立意，"全局观"就是这篇文章的主题。本文的结构可以从以下角度搭建："拥有全局观念的意义""缺乏全局观念的后果""如何树立全局观念"等。

 **写作实操**

## 善谋全局，善治大事

**标题拟定思路**

第一，提炼核心词："治事"和"通观全局"。第二，寻找同义替换："治事"可替换为"治理""谋事"等，"通观全局"可替换为"谋全局""谋大业""全局观""大局意识"等。第三，组合搭配：将替换后的词语进行组合。

①"共同富裕既要'富口袋'也要'富脑袋'""构建国内国际双循环的新发展格局"……这些重大发展和改革事业都有一个共同特点，那就是都体现了一种"大凡治事，必需通观全局"的思想观念。

②大道至简：只有善谋全局，才能善治大事。这样的系统观念是指从事物的整体与部分、局部与全局以及层次关系的角度研究客观世界、进行全方位布局、立体化思考，这是我们干事创业必须研究学习的发展课题，更是必须遵照执行的改革理念。

③全局观，是统筹兼顾的"战略布局"。各部分统筹兼顾就是要意识到"整体等于部分之和"，统筹规划不能只考虑一城一池、一时一刻，要全盘考虑、长远布局。比如城乡发展不是城市和乡村各自独立的

**①②开头写作思路**

第一，列举"共同富裕"和"双循环的新发展格局"，并提炼共同点——"全局观"，引出文章主题。第二，对主题句进行详细阐释说明，谈出自己的理解。

### ③段写作思路

本段从"整体等于部分之和"的角度论述"全局观，是统筹兼顾的'战略布局'"。第一，阐释"统筹兼顾"的具体含义。第二，运用城乡发展、共同富裕、全面深化改革等多个例子进行论证。第三，总结提升，指出全局观是为了解决发展"不平衡"问题。

### ④段写作思路

本段从"整体大于部分之和"的角度论述"全局观，是协调配合的'战术联动'"。第一，阐释"协调联动"的具体含义。第二，运用粤港澳大湾区、东中西区域协调发展、城乡融合发展等多个例子进行论证。第三，总结提升，指出全局观是为了解决发展"不充分"问题。

### ⑤结尾写作思路

这是典型的"补充式"结尾，即在前文多角度论述的基础上，补充一下围绕主题的注意事项：真正的全局观不能搞"平均主义"，也不能搞"绝对主义"，要在整体布局下的不同阶段、不同区域做好局部的重点工作，也要在推动局部重点工作时明确在全局中的战略定位和历史使命。

发展，也不是一方带动另一方的发展，而应该是城乡一体化的整体发展；又如共同富裕，不是一个地区、一部分人的富裕，而是东部、中部、西部的共同富裕和全体人民的富裕；再如我们的全面深化改革，不是某个领域、某个方面的单项改革，而是政治、经济、文化、社会、生态各个领域的全面改革……"不谋全局者，不足谋一域"，这些都蕴含着"全局观"的发展思想，是要解决各发展部分之间"不平衡"的问题，这是全局发展的根本前提。

④ 全局观，是协调配合的"战术联动"。各部分协调联动就是要追求"整体大于部分之和"。协调联动不是只把各发展主体摆在同等重要的位置，也不是各部分、各层次各自独立地发展，而是整体的各组成部分之间彼此依赖、交互作用、相互促进，只有协调配合，整体才能有效运转，全局才能更有活力。粤港澳大湾区的发展，不仅是各区域之间的共同发展，更是区域之间协调合作、政策互通、资源流动整合；东中西区域协调发展，不仅是东部、中部、西部的共同发展，而是西部的资源向东送、东部的资源向西走，东西联通、互相带动；城乡融合发展，不仅是农村劳动力向城市流动，和城市的资本、技术、市场、管理等要素的单向融合，也是城市经济要素向农村流动，和农村的土地、资源、劳动力的双向融合。通过协调联动，才能解决各部分发展"不充分"的问题，这是全局发展的关键内核。

⑤ 全局观也不意味着时时、事事、处处都能平均兼顾，也要因时制宜、因事制宜、因地制宜，要在发展过程中处理好整体与局部的关系，没有系统布局只有局部突破、没有局部突破只谈系统布局，都是要不得的。要在整体布局下的不同阶段、不同区域做好局部的重点工作，也要在推动局部重点工作时明确在全局中的战略定位和历史使命，这样的系统思维、长远

眼光、全局意识才是全局观的应有之义。

【2022年山东省考B卷】请结合全部给定资料，以"把准脉，开准方"为主题，自拟题目，撰写一篇文章。

要求：（1）观点明确，见解深刻；（2）参考"给定资料"，但不拘泥于"给定资料"；（3）逻辑清晰，语言流畅；（4）1000字左右。

## 一 思路点拨

"把准脉"意味着要深入分析实际，准确把握其本质、根源和影响因素，这需要我们具备敏锐的洞察力和严谨的分析能力，通过调查研究等方式，全面了解实际的各个方面。"开准方"则是在准确把脉的基础上，制订出切实可行、针对性强的解决方案，这要求我们具备创新思维和实践能力，能够根据问题的特点和实际情况，提出有效的对策和措施。因此，"把准脉，开准方"这一主题强调了准确判断问题并给出正确解决方案的重要性，在具体的文章写作中，可以从不同领域、不同层面去探讨如何做到把准脉、开准方，比如社会治理、经济发展、环境保护等。在结构上，可以围绕"什么是脉""什么是方""为什么把脉开方""如何把脉开方"等进行搭建。

## 二 写作实操

### 做推动发展的"良医"

**标题拟定思路**

主题中的"把脉"和"开方"很容易让人联想到"医生"的角色，医生需要准确诊断病情才能对症下药，这与我们推动发展需要精准分析实际、制定有效策略的思路不谋而合。将"医生"的角色与"推动发展"的目标相结合，就有了标题"做推动发展的'良医'"。

第一，引出概念：从中医的"找准病灶，对症下药"这一人们熟知的理念入手，引出文章主题。第二，类比迁移：将中医治病的理念迁移到应对经济社会发展问题上，指出两者在方法论上的共通性。第三，点明主旨：总结强调"把准脉，开准方"的重要性。

本段重在分析发展"把脉开方"的必要性。第一，分析"不把脉就开方"的表现及危害。第二，分析"把错脉，开错方"的表现及危害。第三，总结强调：如果不能"把准脉，开准方"，就会给发展带来不可估量的损失。

这段内容强调了"望、闻、问"是"把准脉，开准方"的前提，分别阐述"望""闻""问"的具体内涵及重要性，指出只有通过深入实际走访调研、畅通视听问需于民、走进群众问计于民，才能真正了解实际问题，为发展"把准脉，开准方"。

① "找准病灶，对症下药"，这是中医治病的主要方法。其中的道理，在应对经济社会发展各种问题的过程中也同样适用，面对问题，要善于"把脉问诊"，要敢于"对症开方"，只有"把准脉，开准方"，才能从根本上解决问题、消除阻碍、推动发展。

② 发展中有很多问题出在"把脉开方"上。有的地方"不把脉就开方"：面对问题从不追根溯源，只停留在表面现象和政策文件上，只局限在局部利益和短期利益上，遇到问题"一刀切"，美其名曰"根据经验"，开展工作"程序化"，冠以名头"按照政策"。有的地方"把错脉，开错方"：在对实际问题分析研判的过程中，由于工作经验的缺失、工作能力的不足，加之急于求成的作风、患得患失的心态，很容易导致错误估计形势，作出脱离实际的决策。如果不能"把准脉，开准方"，就会给发展带来不可估量的损失。

③ "把准脉，开准方"是持续健康发展的内在要求，也是克服困难挑战的考验，只有做到"望闻问切"，才能成为推动发展的"良医"。

④ "望、闻、问"是"把准脉，开准方"的前提。所谓"望"，就是要深入实际走访调研：一些地方的干部，材料看得频、汇报听得多，偶尔调研走访也只是走走形式，有些地方在督查中发现，个别地区的领导甚至弄虚作假让工作人员顶替下基层。如此一来，何谈了解实际问题？所谓"闻"，就是要畅通视听问需于民：群众生产生活中有什么问题和诉求、政策落实过程中群众有什么意见和批评，群众的满意度是我们制定政策的出发点和落脚点，人民网的"领导留言板"、新华社的"意见征集栏"、各地政府的公开邮箱和电话，都为群众表达需求提供了平台。所谓"问"，就是要走进群众问计于民：积力之所举，则无不胜；众智之所为，则无不成。以人民为中心、发挥人民群

众的主体性作用、坚持走群众路线是我们一以贯之的光荣传统，人民群众距离实际最近，他们的智慧往往能给我们的工作提供有益的意见参考。

⑤"切"是"把准脉，开准方"的关键。在中医中，"切"原本就有"摸脉象"之意，是指洞察病灶机理，找准病灶所在，从而对症下药。事物在发展过程中是不断变化的，事物各部分之间也是相互联系的，比如新冠疫情防控，伴随着疫情形势的不断变化，既要统筹国内外的局势，又要兼顾经济民生和环境安全，这就要求我们必须摸准疫情发展的趋势、把握经济社会发展的规律，这样才能真正打破困局、走向未来。也就是说，面对实际问题、群众需求、意见建议，既要有全局意识，又要有长远眼光，要善于通过对客观实际深入分析研判，总结把握事物发展变化的规律，才能作出科学的决策、制定精准的政策。

⑥"把准脉，开准方"，既是一种科学方法，更是一种务实态度。它要求我们深入实际，精准把握事物的本质和规律，才能找到解决问题的关键和路径，在未来的改革发展中，需要我们不断增强"把脉"的精准度，提高"开方"的有效性。唯有如此，才能精准滴灌，让希望的种子在现实的土壤中生根发芽，最终结出丰硕的果实。

#### ⑤段写作思路

这段内容强调"切"是"把准脉，开准方"的关键。首先，解释含义并举例：解释中医中"切"的含义，以新冠疫情防控为例论证。之后，从全面性和长远性的角度出发对本段观点进行总结。

#### ⑥结尾写作思路

第一，呼应主题：将"把准脉，开准方"概括为"科学方法"和"务实态度"。第二，深化主题：从"方法论"升华到"现实意义"，指出"把准脉，开准方"对改革发展的价值。第三，展望未来：使用"精准滴灌""生根发芽""丰硕的果实"等比喻，展望"把准脉，开准方"带来的美好未来，增强文章的感染力和说服力。

## 话题6　　变

【2020年浙江省考AB卷】根据你对资料5习近平总书记重要讲话精神的理解，以"大变局、大变革、大事件中困难与机遇同在、挑战与希望并存"为话题，自选角度，自拟题目，写一篇议论性文章。

要求：（1）紧密结合给定资料；（2）主旨明确，结构完整，思路清晰；（3）内容充实，论述深刻，语言流畅；（4）字数 1000 ～ 1200 字。

## 一 思路点拨

第一，分析话题："大变局、大变革、大事件"指出了当前所处的时代背景，世界正处于百年未有之大变局，科技革命、产业变革不断推进，各种重大事件频繁发生；"困难与机遇同在、挑战与希望并存"强调在这样的复杂环境中，有困难、有挑战，但也要积极乐观地看到机遇与希望。第二，分析材料：理解习近平总书记重要讲话精神，其核心要义是"客观实际是不断变化的，要准确把握国际国内环境变化，辩证分析我国经济发展阶段性特征，准确把握我国不同发展阶段的新变化、新特点，使主观世界更好符合客观实际"。第三，确定立意方向：在大变局、大变革、大事件中，既要看到困难和挑战，更要看到机遇和希望。要坚持一切从实际出发，准确识变、科学应变、主动求变，在危机中育新机，于变局中开新局。本文的结构可以围绕"变中的困难与挑战""变中的机遇与希望""为什么要变""如何识变、应变、求变"等角度进行搭建。

## 二 写作实操

### 于变局中开新局

**标题拟定思路**

第一，根据核心主题提取关键词："变革""变局""困难""挑战""机遇""希望"。第二，选取代表性关键词，比如用"变局"作为背景；选取"希望"的替代词，比如用"开新局"表达在变局中积极作为。第三，组合出标题"于变局中开新局"。

① 有这样一个规律我们必须遵循：客观实际不是一成不变的，而是不断发展变化的。当前，我国社会主义初级阶段的基本国情没有变，但是在经济社会发展的不同阶段，我国基本国情的内涵和特点、我们的奋斗目标和发展方略会随着生产力发展、综合国力的提升、人民生活水平的进步而变化，也会因为不同历

史时期面临的国内外风险和难题的不同而变化。

② 有这样一个认识我们必须清醒：要与时俱进，坚持用全面、辩证、长远的眼光看待我国发展。"凡益之道，与时偕行"，要准确把握国际国内环境变化，不能刻舟求剑，要审时度势，不能守株待兔，要变通趋时，作出顺应时代需要的判断和选择。

③ 以浙江传统制造业为例。传统制造业是浙江实体经济的主体，规模大、占比高、技术成熟，既是现代产业体系的有机构成，又有新兴产业的"孵化基因"，在浙江率先进入经济发展新常态转型升级的关键时期扮演着重要角色。但不容回避的是，浙江传统制造业也面临着一些"旧矛盾"和"新挑战"：一方面，素质性、结构性矛盾突出，投入产出效益整体偏低，73% 的能耗和 85% 的排放仅能贡献 40% 的税收，主营业务利润率低。而且，数量庞大的传统制造业中国家级技术中心屈指可数。另一方面，全球经济贸易保护主义盛行，各个国家在开放与保护中持续博弈，多边贸易体制面临挑战，传统制造业承受着巨大的挤压风险。这些"内伤"和"外困"都在告诉我们：传统制造业转型升级势在必行，必须在困难和挑战中以变破局。

④ 面临时代发展，要主动求变。主动求变，就是既要坚忍不拔、保持专注，又要审时度势、积极创新。新一轮科技革命和产业变革正在孕育兴起，特别是移动互联网、智能终端、大数据等新一代信息技术正深刻影响着传统制造业设备的智能化、生产自动化、管理信息化。与此同时，随着居民收入持续增加、新型城镇化加快推进，社会购买力越来越强，传统制造业的市场需求也开始由过去模仿型、排浪式低端产品的需求，转变为对个性化、多样化高品质产品的需求。面临着新技术、新需求，传统制造业必须主动求变、转型升级。无论是 18 世纪中后期第一次工业

### ①② 开头写作思路

第一，以"变"为开篇交代背景，点明客观实际是不断发展变化的规律。第二，将规律与我国基本国情联系起来，指出国情也会随着发展而变化。第三，另起一段点明主旨，要在变化中与时俱进。第四，引用论证：引用"凡益之道，与时偕行"增强说服力。第五，反面论证：用"刻舟求剑""守株待兔"的例子，从反面强调要审时度势，作出顺应时代需要的判断。

### ③ 段写作思路

本段以浙江传统制造业为例，分析求变的必要性。第一，引入案例：介绍浙江传统制造业的现状和重要性。第二，分析问题：从"旧矛盾"和"新挑战"两个方面，分析浙江传统制造业面临的困境。第三，总结观点：强调传统制造业转型升级势在必行。

### ④ 段写作思路

本段重在阐述"主动求变"。第一，提出观点：强调要"主动求变"，并解释其含义。第二，举例论证：先谈国内，分析新一轮科技革命、产业变革和市场需求带来的机遇和挑战，论证主动求变的必要性；再谈国外，以英、德、美、日等国为例，论证主动求变的可行性。

革命中的英国，还是 19 世纪中后期第二次工业革命中的德国和美国，或是二战后的日本，它们之所以可以快速跻身发达国家行列，很重要的一个原因就是不断完善升级制造业体系。

⑤ 面对危机困难，要积极应变。积极应变，就是不畏惧、不退缩，迎难而上、积极应对，以突破困境为动力，以转型创新为出路。浙江义乌人，踏着改革开放的大潮，从摇着拨浪鼓走街串巷，到马路边摆地摊，再到如今建成"买全球、卖全球"的"世界超市"，把义乌打造成了关联全国 200 多万家企业的"超级市场"，这背后是新时代义乌制造业和贸易模式转型升级的缩影。形形色色的市场起起落落、大浪淘沙，为何义乌能够勇立潮头？密码就是义乌人不屈不挠的创新精神、求变精神，总是能在新挑战中适应新变化、在新变化中抓住新机遇、在新机遇中闯出新希望。

⑥ 在这个百年未有之大变局的时代浪潮中，困难如同礁石，虽会阻碍前行的航路，却也能激发奋进的浪花；机遇恰似劲风，既助力我们扬起希望的风帆，又推动我们驶向成功的彼岸。面对变化带来的挑战与希望，我们唯有主动求变、积极应变，方能在时代的洪流中站稳脚跟，书写属于我们的辉煌篇章。

**⑤段写作思路**

本段重在阐述"积极应变"。第一，提出观点：强调要"积极应变"，并解释其含义。第二，举例论证：以义乌发展成"世界超市"为例，论证其成功的关键在于"不屈不挠的创新精神、求变精神"。

**⑥结尾写作思路**

首先，运用比喻的修辞手法，将困难比作礁石、将机遇比作劲风，阐述了困难与机遇的作用。接着，强调面对挑战与希望应有的态度。最后，发出携手共进开创美好未来的呼吁。

## ⊙ 话题 7　梦想、创新、实干

【2021 年浙江省考 ABC 卷】习近平总书记曾指出，伟大事业都始于梦想，伟大事业都基于创新，伟大事业都成于实干。结合给定资料，以"梦想、创新、实干"为话题，自选角度，自拟题目，写一篇议论性文章。

要求：（1）主旨明确，结构完整，思路清晰；（2）内容充实，论述深刻，语言流畅；（3）不拘泥于给定资料；（4）字数 1000～1200 字。

 **思路点拨**

> 根据话题和习近平总书记的讲话，本篇文章的立意比较清晰：梦想是起点，创新是动力，实干是保障，三者共同成就伟大事业。本文在结构上可以直接围绕"伟大事业始于梦想""伟大事业基于创新""伟大事业成于实干"进行搭建。

 **写作实操**

## 书写伟大事业的新篇章

**标题拟定思路**

本文的话题是"梦想、创新、实干"，这三个关键词又都是围绕"伟大事业"展开的，所以紧扣这一核心大主题，就可以形成一个简洁有力且能准确传达文章主旨的标题。

① 100 年，在历史长河中只是一瞬间。就在这历史的一瞬间，我们开启并延续着一项包括革命、建设、改革、发展的伟大事业，在伟大征程中创造了一个又一个伟大的"中国奇迹"，让我们真切地感受到距离实现中华民族伟大复兴的目标越来越近，信心越来越足。

② 未来，我们能不能继续书写伟大事业的新篇章？答案当然是肯定的。中华民族为什么能？中国人民为什么行？伟大变革蕴含的"中国基因"、伟大成就背后的"中国密码"是沉甸甸的六个字：梦想、创新、实干。

③ 伟大事业始于梦想。梦想，是伟大事业的开始，也是伟大征程的目标；是激发活力的源泉，也是追寻未来的明灯。纵观新中国成立以来我们在科技事业取得的历史性成就，是一代又一代矢志报国的科

**①②开头写作思路**

开头两段采用了层层递进的结构。第一段：从历史的角度出发，回顾了过去百年中国取得的伟大成就。第二段：承接首段，以设问的形式提出是否可以续写新篇，以回答问题的形式引出主题。

### ③段写作思路

中心句：伟大事业始于梦想。第一，讲道理：阐述梦想对于伟大事业的意义。第二，摆事实：以中国科技事业为例，说明一代代科学家为之奋斗的动力是梦想。第三，做总结：强调要传承梦想、赓续奋斗。

### ④段写作思路

中心句：伟大事业基于创新。第一，讲道理：分析过去的成就靠的是"探索创新"，未来我们要"创新引领"。第二，举例子：先以浙江省提出的新课题为例说明创新是时代命题，再以近代以来的历史和现实证明创新的重要性。第三，做总结：给出激励创新措施。

### ⑤段写作思路

中心句：伟大事业成于实干。第一，讲道理：强调实干是创新和梦想的保障，也在此处说明了三个主题词之间的关系。第二，以浙江省为例，说明实干是推动创新、实现梦想的关键一环（对例子的总结即本段的总结）。

学家攻坚克难、坚持不懈的结果。从李四光、钱学森、钱三强、邓稼先等一大批老一辈科学家，到陈景润、黄大年、南仁东等新一代杰出科学家，他们为什么可以前赴后继？为什么可以接续奋斗？是因为他们有建设社会主义现代化强国的追求、实现中华民族伟大复兴的梦想，他们的梦想里是胸怀祖国，是心怀人民，是历史责任，是时代担当。我们要不忘前辈之初心、牢记复兴之使命，接力梦想、赓续奋斗，当梦想与奋斗汇聚到一起，就会变成中国力量，就会变成民族希望。

④伟大事业基于创新。伟大事业的底气，不仅来源于眼前静态的"形"，更要看长远发展的"势"。改革开放以来，我们在很多领域都取得了众多创新性成果、历史性成绩，但是未来的发展势头如何保持？过去我们是"探索创新"，未来我们要"创新引领"。正如2020年浙江省委在新阶段新形势下提出的新课题：步入高质量发展轨道后，如何依靠创新驱动、技术进步、高素质人才激发强大内生动力？这是我们必须思考和回答的时代命题。近代以来，历史和现实见证了因创新不足而衰竭的"帝国"，也见证了因持续创新而崛起的"强国"，创新是现代化建设全局中的核心，是经济社会发展的重要战略支撑，是民族兴旺发达的不竭动力，唯有创新才能事业长虹，唯有创新才能基业长青。因此，我们要持续完善激励创新的制度环境，为创新提供扎实的法治保障，营造鼓励创新的社会文化氛围；同时，也要利用各种行政和政策手段，举全国、全社会之力推动科技创新、建设科技强国，将制度优势转化为创新势能，为创新提供支撑。

⑤伟大事业成于实干。伟大事业不是等得来的，也不是喊口号喊出来的，如果没有创新就没有梦想实现的途径，如果没有实干就没有创新的成果，这是再简单不过的道理。以浙江省为例：当前大力发展的产

业创新服务综合体，正在积极打造创新平台迭代升级的新形态，用实干践行着"八八战略"的使命担当；为了构建全域创新体系、提升创新效能，浙江省提出建设"浙江省实验室"，这是构建关键核心技术攻关新型举国体制的一次生动实践……实干，是推动创新、实现梦想的关键一环，如果没有真抓实干、勇往直前，就不可能把伟大事业推向前进。

⑥"道阻且长，行则将至。"伟大事业的新篇章仍需续写、仍可续写！要坚信：没有实干完成不了的创新，也没有创新抵达不了的梦想，中华民族伟大复兴指日可待！

**⑥结尾写作思路**

结尾采用了总结全文、展望未来的方式，再次强调了"梦想、创新、实干"的重要性，并表达了对中华民族伟大复兴的坚定信心。

## 话题8　改革之解决实际问题

【2023年浙江省考C卷】习近平总书记指出："每个时代总有属于它自己的问题，只要科学地认识、准确地把握、正确地解决这些问题，就能够把我们的社会不断推向前进。"结合给定资料，以"把改革重点放到解决实际问题"为主题，自选角度，自拟题目，写一篇议论性文章。

要求：（1）主旨明确，结构完整，思路清晰；（2）内容充实，论述深刻，语言流畅；（3）不拘泥于给定资料；（4）字数1000～1200字。

**一　思路点拨**

文章主题已经明确给出，即"把改革重点放到解决实际问题"，阐释习近平总书记讲话精神：每个时代都有其特定问题，解决这些问题是推动社会前进的关键。所以，可以围绕习近平总书记的讲话，提炼出中心论点：改革要以解决实际问题为导向，才能推动社会进步。

## 二 写作实操

### 解读改革的"密码"

**标题拟定思路**

第一，明确主题中的关键词为"改革"和"解决实际问题"。第二，把"解决实际问题"替换成"密码"这一隐喻的形象化表达。其实，写"解读改革的'密码'"或"改革的'密码'"均可。

**①②开头写作思路**

第一段，引出话题：直接用题目中习近平总书记关于时代问题与社会进步关系的论断，引出文章主旨。第二段，阐释话题：对"改革"进行简要解释，强调改革的现实性和动态性，为下文论述"把改革重点放到解决实际问题上"做铺垫。

**③段写作思路**

中心句：发现实际问题，是解决实际问题的前提。第一，讲道理：解释什么是"发现问题"。第二，举例子：以浙江建设共同富裕示范区为例，具体阐述浙江如何通过主动发现问题推动改革中的作用。第三，引政策：引用中共中央文件，强调坚持问题导向的改革。

① 习近平总书记曾经深刻指出："每个时代总有属于它自己的问题，只要科学地认识、准确地把握、正确地解决这些问题，就能够把我们的社会不断推向前进。"这一论断道出了推动社会进步的关键，也给出了推进各项改革的"密码"——把改革重点放到解决实际问题上。

② 所谓"改革"，简而言之，就是修改不符合客观实际的地方、革除不利于长远发展的地方。改革不是过去时，也不是将来时，而是现在进行时；改革不是静态的动作，而是动态的过程。因为万事万物都是发展变化的，在不同的发展阶段、在不同的发展区域，总是会遇到各种各样的问题，改革就是要解决这些实际问题，我们的事业就是在解决一个又一个实际问题的过程中走向前进的。

③ 发现实际问题，是解决实际问题的前提。想要推动改革，首先要知道的就是"哪里需要改"，首先要清楚的就是"哪里应该革"。因此，很关键的一点就是要有问题导向，一切工作都要以实际问题为出发点来推动。以浙江建设共同富裕示范区为例：不容否认，浙江在扎实推进共同富裕的任务中取得了一些成绩，却依然保持清醒的问题意识，为了更好地推动区域协调发展，深入山区26县摸底产业发展情况，去主动发现区域间的实际问题和真实差距，通过梳理每

个县的基础和特色，引导壮大主导产业、培育新兴产业，带着各区县"使劲"缩小区域差距。可以说，浙江的实践向我们演示了改革的正确路径，为我们展示了改革的应有姿态。2023年3月，中共中央办公厅印发了《关于在全党大兴调查研究的工作方案》，其中明确指出"必须坚持问题导向，增强问题意识，敢于正视问题、善于发现问题"，只有这样才能真正有利于推动各项事业的改革。

④ 解决实际问题，是推动各项改革的重点。如果只是走走形式的改来改去、革来革去，如果只是制定几个政策、只是转发几个文件、只是搭建几个平台、只是填写几个表格，这样的"改革"不要也罢。改革的重点，是解决实际问题，要拿出硬碰硬的"真招"、要给出实打实的"办法"。放眼浙江的数字化改革，面对经济社会发展中的机制障碍和瓶颈制约，探索出了一系列解决实际问题的实践经验：建立健全公权力大数据监督机制，通过数字化改革让公权力监督从靠"人力"逐步转变为靠"数据"；市场监管局为上线14个重大应用，实现核心业务数字化全覆盖，破解了在平台经济规范运行等160多个行业中的痛点难点问题。改革并不难以理解，也并不高深莫测，只要解决了实际问题，便是落实了改革，便是推动了改革。

⑤ 李强总理在2023年两会答记者问时提到：坐在办公室碰到的都是问题，深入基层看到的全是办法。因此，作为改革的参与者、落实者和推动者，要坚持问需于民、问计于民，真正解决实际问题，才是真正掌握了改革的"密码"。

**④段写作思路**

中心句：解决实际问题，是推动各项改革的重点。第一，做对比：将"形式主义的改革"与"真正解决问题的改革"进行对比，突出解决实际问题的重要性。第二，举例子：以浙江数字化改革为例，阐述如何通过改革解决实际问题。第三，做总结：回扣本段论点。

**⑤结尾写作思路**

引用李强总理讲话，提出解决实际问题的"总方法"：问需于民和问计于民。

## 话题 9　成就伟大事业

【2021 年联考】请深入理解给定资料中的画线句子"是故事者生于虑，成于务，失于傲。不虑则不生，不务则不成，不傲则不失"，联系实际，自选角度，自拟题目，写一篇议论性文章。

要求：（1）观点明确，见解深刻；（2）参考"给定资料"，但不拘泥于"给定资料"；（3）思路清晰，语言流畅；（4）字数 1000 字左右。

### 一　思路点拨

画线句子本身就可以直接作为文章的核心论点，意思是：要成就一番事业，首先要善于思考、周密谋划，这是事业的开端；其次要真抓实干、脚踏实地，这是事业成功的关键；最后要戒骄戒躁、谦虚谨慎，这是事业能够长久的保障。结构上直接围绕"生于虑、成于务、失于傲"搭建即可。

### 二　写作实操

#### 伟大事业的"决胜密码"

**标题拟定思路**

题干给定句子中有三个关键词，即"生于虑、成于务、失于傲"，这三个关键词又都是围绕"事者"展开的，"事者"从微观层面可以指"个人的事业"，从宏观层面可以指"国家民族的大业"，建议行文从后者出发。所以，紧扣这一核心大主题，同时加上"密码"这一隐喻的形象化表达，就可以形成一个简洁有力且能准确传达文章主旨的标题。

**①开头写作思路**

第一，引出话题：引出关于伟大事业的话题。第二，点明中心：直接引用材料中的画线句子，点明文章的中心论点。第三，阐释论点：对中心论点进行简要的解释说明，指出其深刻内涵。

① 成就任何一项伟大事业的过程都不会是平川坦途，但姿态永远一致，那就是一往无前、永不止步、戒骄戒躁。这就是一场丰功伟业的决胜密码："是故事者生于虑，成于务，失于傲。不虑则不生，不务则不成，不傲则不失。"这是面对艰险不止步的心态，是面对成绩不骄傲的姿态，是开启伟大征程的决心，

是成就伟大事业的信心。

②事者生于虑，不虑则不生。正所谓"人无远虑，必有近忧"，世界是不断发展变化的，局限于眼前的问题不敢前进不可取，满足于眼前的成绩不求进步不可行，"赶考"的心态应该是谋事者的心态，"凡事预则立，不预则废"，讲的就是这个道理。放眼世界，百年未有之大变局正在加速演进，新冠疫情仍在全球蔓延，国际形势中不稳定不确定因素增多，世界形势复杂严峻。放眼国内，高质量发展仍受制约，关键领域创新能力仍然不强，发展不平衡不充分问题仍然非常突出……改革开放依然面临着诸多不确定性因素，只有未雨绸缪才能站稳改革的脚跟，只有深谋远虑才能把握发展的主动。这是赶考者必须具备的远见卓识。

> **②段写作思路**
>
> 中心句：事者生于虑，不虑则不生。第一，引名言，论证"虑"的重要性。第二，举例子：从国际和国内两个方面，论证"虑"的必要性。第三，做总结：以"虑"的重要性回扣本段论点。

③事者成于务，不务则不成。"务"就是真抓实干的精神。2020年新冠疫情影响之下，我国脱贫攻坚战取得了全面胜利，现行标准下9899万农村贫困人口全部脱贫；我国国内生产总值首次突破100万亿元，同比增长2.3%，成为全球唯一实现经济正增长的主要经济体……这样的历史性成就，无一不能证明"事者成于务"的朴素真理。新发展格局正在加快构建，高质量发展正在深入实施，唯有秉承"赶考"初心、保持奋斗姿态、发扬艰苦奋斗的老黄牛精神，才能创造更多、更新、更大的奇迹！

> **③段写作思路**
>
> 中心句：事者成于务，不务则不成。第一，解释"务"的含义。第二，举例子：列举中国在脱贫攻坚战和经济发展方面取得的成就，证明"真抓实干"是取得成功的关键。第三，总结展望，指出在新发展格局和任务下，更需保持"务"的精神。

④事者失于傲，不傲则不失。不傲，就是要清楚"死于安乐"的古训，就是要保持戒骄戒躁、谦虚谨慎的态度。放眼中国现代史，从1953年开始第一个"五年计划"，到2020年完成第十三个"五年计划"，再到未来更多更远的"五年计划"，中国共产党带领中华民族实现了从站起来到富起来、从富起来到强起来的伟大飞跃，从当年的"百废待兴"到今天的"平视世界"，从政治制度到经济发展、从生态文明到文

> **④段写作思路**
>
> 中心句：事者失于傲，不傲则不失。第一，解释"不傲"的含义。第二，举例子：回顾中国共产党领导中国人民取得的伟大成就，说明即使取得巨大成功，也不能骄傲自满（将例子直接作为本段的总结）。

⑤结尾写作思路

第一，选取"踏平坎坷成大道，斗罢艰险又出发"的歌词，既有对过去的总结，也有对未来的展望。第二，总结过去的成绩，肯定"密码"是有用的。第三，展望未来，相信掌握"决胜密码"的中国一定可以再创辉煌。

化复兴、从科技创新到社会进步，我们取得了世界瞩目的伟大历史成就。即便如此，我们依然不骄傲、不放纵，谦虚地向世界宣告：中国的目标从来不是超越哪个国家，而是不断超越自我，成为更好的中国。

⑤"踏平坎坷成大道，斗罢艰险又出发。"回顾过去，我们交出了一份人民满意、世界瞩目、可以载入史册的答卷。展望未来，掌握决胜密码的"中国号"巨轮必将乘风破浪，行稳致远，驶向更加美好的明天！

## ⊙ 话题 10　大变局时代的本分与本领

【2023 年联考】"给定资料 4"中的画线句子提到，"我们必须心无旁骛，在大变局的喧嚣中始终坚守住'本分'，切实增强好'本领'，推动高质量发展的步伐就能坚实稳健，我们就能走向更加广阔的未来"。请结合对这句话的理解，参考给定资料，联系实际，自选角度，自拟题目，写一篇议论文。

要求：（1）观点鲜明，论述深刻；（2）思路清晰，结构完整；（3）语言流畅，书写工整；（4）限 800 ～ 1000 字。

### 一　思路点拨

根据题目中的给定句子，文章的中心论点是：在大变局中坚守"本分"、增强"本领"，才能推动高质量发展。拆分开来：第一，"大变局"可理解为当前所处的时代背景充满挑战与机遇；第二，"坚守本分"可理解为坚守自身的职责、原则等，不被外界干扰所左右；第三，"增强本领"可理解为提升能力、实力等，以适应时代发展需求；第四，"推动高质量发展"是目标，只有坚守本分、增强本领，才能实现高质量发展，走向广阔未来。本文的结构可以按照上述四点搭建，其中"坚守本分"和"增强本领"是主体。

## 二 写作实操

### 在大变局中推动高质量发展的"密码"

**标题拟定思路**

第一，提取核心观点中的关键信息："大变局""高质量发展""本分""本领"等。第二，确定标题方向：选择关键词，用"密码"替代"本领"和"本分"，组成这个标题。

① 刚刚经历的"世纪疫情"，给我们上了刻骨铭心的一课：从经济发展到社会治理，从个体生活到企业经营，从国家发展到世界格局，都让我们见识到世界百年未有之大变局正在加速演进。

② 身处变革时代，无论是小概率"黑天鹅"事件，还是大概率"灰犀牛"事件，都让这个时代的未知性越来越大，环境的复杂性越来越强，现实的不稳定性和未来的不确定性越来越多。面对纷繁复杂的风险和考验，在大变局的喧嚣中推动高质量发展的密码是什么？是心无旁骛地守住"本分"，是脚踏实地地增强"本领"，这样前进的步伐才能坚实稳健，才能走向更加广阔的未来。

③ 坚守"本分"，就是置身于时代使命之中，明确自身的定位、承担自身的职责，发挥全部的力量，释放出全部的光芒。黄旭华祖上世代行医，父母希望他长大后继承祖业。但是在七七事变后，他目睹了山河沦陷、人民流离失所，立志要让国家免受他国欺辱，于是放弃学医改学造船，当组织找他谈话说国家要建造核潜艇，他毅然选择30年隐姓埋名潜心研发，成就了赫赫而无名的人生……核潜艇之父黄老的选择告诉我们：坚守住自己的本分，是一件困难的事情，也是一件简单的事情，当我们身处一个时代、身处一个组织、身处一个环境中的时候，要听从时代的召

**① ② 开头写作思路**

第一，背景铺垫：以"世纪疫情"为引子阐述"大变局"。第二，提出问题：在大变局中如何推动高质量发展？第三，给出答案：明确回答推动高质量发展的密码是坚守"本分"和增强"本领"，点明主旨并为下文的论述做好铺垫。

**③ 段写作思路**

本段重在阐述什么是"坚守本分"。第一，释观点：简要阐释"坚守本分"的内涵。第二，举例子：以黄旭华的事例论证什么是"坚守本分"。第三，做总结：结合事例进行总结，具体阐述什么是"坚守本分"。

唤，理解组织的安排，适应环境的变换，一个对社会有用的人，不是任性的人，是在任何时代、组织和环境中都能发挥自身价值的人，都能推动工作、事业、社会发展进步的人，这是真正的"本分"。

④增强"本领"，就是提升自身应对变化的能力。在众多应对变化的能力之中，最重要的还是不断突破创新的能力。2023年金秋时节，华为新一代旗舰手机Mate 60 Pro引发广泛关注，特别是其搭载的芯片给人以无限想象空间。在经历近年来自外部的技术封锁和打压之后，华为突破重围，1万多个零部件实现国产化，在自主创新的道路上取得了实质性突破。这一场胜利来之不易，虽然制胜因素众多，但最重要的无疑是华为在"你争我抢"的喧闹中不断推动技术突破，在"你死我活"的斗争中持续推进技术创新。什么是企业发展壮大的根本？无他，唯"增强本领"尔。如果所有的企业都能如此，高质量发展的步伐就能走得坚实稳健、走得气势恢宏，我们的国家、我们的民族就能走向更广阔的未来，走向更有希望的未来。

⑤"竹密不妨流水过，山高岂碍白云飞。"在大变局之中，我们不可避免地会遇到密竹之艰险，也不可避免地会遇到高山之困境，但流水之势不可当、白云之志不可灭，只要我们始终坚守住"本分"，切实增强好"本领"，就一定能够在推动高质量发展的征程中破浪前行！

**④段写作思路**

本段重在阐述什么是"增强本领"。第一，释观点：简要解释"增强本领"的内涵。第二，举例子：以华为为例，论证"增强本领"的重要性。第三，做总结：从企业拓展到国家和民族，强调"增强本领"对走向未来的重要性。

**⑤结尾写作思路**

以"竹密不妨流水过，山高岂碍白云飞"这句诗，形象地比喻在大变局中遇到的艰险和困境无法阻挡前进的步伐，并强调只要坚守"本分"、增强"本领"就一定能推动高质量发展，从而充满信心地收束全文。

## 话题 11　　忙碌中的"勤劳"与"思考"

【2017年联考】根据你对"给定资料7"中画线部分"但现在的时刻，我们的文化、我们的民族、我们的国家，需要我们忙碌起来，而不是一直在缅怀

过去，一直在不经过大脑地轻松娱乐"的理解，自选角度，自拟题目，写一篇文章。

要求：结合给定材料，但不拘泥于给定材料，联系实际；观点正确，内容充实；结构完整，思路清晰，语言流畅；字数1000字左右。

 **思路点拨**

> 剖析画线句子，大意是"当前我们不能仅仅停留在对过去的缅怀中，也不能陷入无意义的轻松娱乐，而应该以积极的行动为文化、民族和国家的发展贡献力量"。文章的结构可以围绕"'忙碌起来'的具体内涵""过度缅怀过去和盲目轻松娱乐的弊端""当前文化、民族和国家发展面临的挑战和机遇""从不同角度提出忙碌起来的具体措施"等方面进行搭建。

 **写作实操**

## 不勤则滞，不思则罔

**标题拟定思路**

在画线句子中，有一个最为关键的词语：忙碌。换言之就是"积极行动"，而且在此之后还有"不能一直在缅怀过去""（不能）一直在不经过大脑地轻松娱乐"，这背后的意思实际上是倡导"要在当下行动起来，奔向未来""要经过大脑（善于思考）"。结合一句古语"学而不思则罔"可以确定出"不思则罔"，为了在表意和句式上能够对仗，可以组合出"不勤则滞"或者"不进则退"等。

①我们有过辉煌的顶峰，也经历过苦难的低谷。如今，我们又站在新的历史起点上，肩负起实现中华民族伟大复兴的历史使命。现在的时刻，面对历史的重担、肩负民族的重托，要深知"不勤则滞，不思则罔"的道理，这就要求我们既不能沉湎于过去的荣光，也不能沉迷于眼前的安逸，而要以"忙碌"的姿态，积极进取、奋力拼搏，才能创造更加美好的未来。

②心怀过去，我们要继承传统文化中的优秀品质。缅怀传统文化不等同于沉湎于过去，相反，我们

**①开头写作思路**

第一，背景铺垫：通过回顾我们有过辉煌和低谷，如今站在新的历史起点肩负使命，引入文章主题的大背景。第二，提出论点：指出面对历史重担和民族重托，要深知"不勤则滞，不思则罔"。第三，解释论点：进一步解释该道理的含义。

中心句：心怀过去，我们要继承传统文化中的优秀品质。第一，讲道理：阐述正确对待传统文化的态度，不是沉湎于过去，而是汲取智慧。第二，引经典：列举具体的传统文化精神财富，论证中华民族的"忙碌"基因。第三，做总结：强调当下应继承发扬这种精神。

③段写作思路

中心句：立足当下，我们要践行勤能补拙的良训。第一，讲道理：分析当今世界面临的挑战，中国需要依靠勤劳保持发展。第二，举例子：引用中国在各个领域取得的成就，体现中国人民的勤劳和奋斗精神。第三，做总结：总结"勤劳"的重要性。

④段写作思路

中心句：面向未来，我们要培养勤于思考的习惯和智慧。第一，讲道理：指出"盲目勤劳"的局限性，强调"思考"和"创新"的重要性。第二，举例子：引用中国在科技创新领域取得的成就，体现中国人勇于探索、勤于思考的智慧。第三，做总结：呼吁全社会形成创新氛围，将"思考"和"创新"作为国家发展的核心竞争力。

应该从中汲取智慧，继承其中的优秀品质并运用于当下，为国家发展注入新的能量。中华民族拥有上下五千年的悠久历史和灿烂文化，蕴含着宝贵的精神财富：从"日新之谓盛德"的革故鼎新，到"天行健，君子以自强不息"的奋斗不止，再到"苟日新，日日新，又日新"的精益求精，无不体现着中华民族"忙碌"的基因、对"进步"的追求以及"前进"的决心。回顾历史，正是这种精神，推动着中华民族不断发展壮大，创造出灿烂辉煌的文明。今天，我们更要继承和发扬这种精神，以"忙碌"的姿态，投身到实现民族复兴的伟大征程中。

③立足当下，我们要践行勤能补拙的良训。当今世界正经历百年未有之大变局，国际形势复杂多变，世界经济增长放缓，逆全球化思潮抬头。面对困难和挑战，中国作为世界第二大经济体，要继续保持经济平稳健康发展，就必须依靠勤劳和奋斗。勤劳是中华民族的传统美德，无数普通劳动者用勤劳的双手，支撑起中国经济社会发展和科技创新的"大厦"：从"两弹一星"到载人航天、探月工程，从青藏铁路到港珠澳大桥，从脱贫攻坚到乡村振兴，无不凝聚着中国人民的勤劳和汗水。实践证明，勤劳是通往振兴的必由之路，只要我们发扬勤劳精神，就没有什么困难是克服不了的。

④面向未来，我们要培养勤于思考的习惯和智慧。我们鼓励勤劳，但我们不鼓励不经大脑的勤劳；我们提倡奋斗，但我们不提倡不经思考的奋斗。盲目的勤劳只是徒劳的忙碌，只会不断地复制当下，只会原地踏步，甚至会走向迷惘、走向失败。在信息化、智能化的时代背景下，仅仅勤奋工作已不足以应对复杂多变的挑战，我们需要培养勤于思考的习惯和智慧，以创新思维驱动发展。创新是国家进步的灵魂，思考是民族兴旺的不竭动力。从"两弹一星"的伟大工程，到"天问"探火、"嫦娥"揽月的航天壮举，再

到 5G 技术的全球领先，无不彰显着中国人勇于探索、勤于思考的智慧光芒。面对未来，我们更要鼓励全社会形成浓厚的创新氛围，倡导在工作中思考、在思考中创新，使其成为国家发展的核心竞争力。

⑤ 中华民族已经到了这样一个时刻：我们的文化在警醒我们忙碌起来，我们的民族在呼唤我们勤奋起来，我们的国家需要我们思考起来！中华民族伟大复兴中国梦看似遥远，但带领我们实现这一梦想的道理，可能就是如此简单。

**⑤结尾写作思路**

第一，突出主题的紧迫性。第二，呼应主题：指出实现中华民族伟大复兴中国梦的道理简单，即要做到"不勤则滞，不思则罔"，与标题和开头相呼应。

## 话题 12　与世界相交、与时代相通

【2019 年联考】"给定资料 6"中提到"我们与世界相交，与时代相通，才能让一切保值增值，更添赋流通的美"，请结合你对这句话的思考，参考"给定资料"，联系实际，自拟题目，写一篇文章。

要求：观点明确，内容充实，结构完整，语言流畅。总字数 1000～1200 字。

**一　思路点拨**

解读给定句子中的关键词："与世界相交"，指的是与世界交流合作；"与时代相通"，指的是与时俱进；"保值增值"，指的是自身价值的提升和发展；"流通的美"，指的是在交流融合中产生的多元共生的美好景象。基于此，本文的核心观点可以是：开放包容、交流互鉴、与时俱进是实现自身价值和发展的重要途径。文章的结构可以围绕"什么是与世界相交、与时代相通""为什么要与世界相交、与时代相通""如何与世界相交、与时代相通"等进行搭建。

**二 写作实操** ::::::::::::::::::::::::::::::::::::::::::::::

## 同世界交流对话，与时代同频共振

**标题拟定思路**

本题中最核心的两个关键信息是"与世界相交""与时代相通"，所以可以直接选择在标题中对"相交"和"相通"进行简要解释，比如"交流""同频"等类似表意的词语均可。所以，本文标题可以是"同世界交流对话，与时代同频共振""同世界交流，与时代同频"等。

**①开头写作思路**

使用了拟人的修辞手法，把"与世界相交、与时代相通"拟作国家民族的"性格"和"姿态"，使得文章观点更加鲜活生动。随后直接对这两个核心进行了简单直白解释，阐述了全文的核心观点。

**②段写作思路**

主要使用了排比的修辞方法，从经济、文化、科技三个方面论证了"相交和相通的重要性"，其中经济和文化层面论证"与世界相交"，科技层面论证"与时代相通"，三个层面的表达均采用了"中国通过特定行为取得了特定效果"的句式，以此增强文章的工整性。

① 与世界相交、与时代相通，应该是一个民族的性格、一个国家的姿态，这关系着这个国家和民族繁荣发展的活力。这样的性格和姿态应该是开放包容的、与时俱进的。与世界相交，就是要加强与世界各国的经济、政治、文化等多领域的互动与合作；与时代相通，就是与时代发展的潮流趋势保持同步，拥抱科技进步、响应经济社会等各领域的变革。这两者共同构成了一个国家在全球舞台上保持竞争力和影响力的基础。

② 相交才能让一切保值增值，相通才能添赋流通之美。在经济层面，改革开放以来，中国通过加入 WTO、签订多边贸易协定等，极大地拓宽了国际市场，推动了国内经济的快速增长；在文化层面，通过建立"孔子学院"、开展"国际文化节"和"海外文化年"等文化交流项目增强了中国文化的国际影响力，同时促进了文化产业的海外发展；在科技层面，面对科技迅猛发展的新时代，中国重视科技创新，推动和参与全球"互联网＋"行动和人工智能发展，在国际技术竞争中培育了华为等一批国际知名科技企业。

③ 同世界对话，就要打破空间的限制，开展国际交流与合作，共同创造人类命运共同体。汉代使者张骞出使西域，写下东西方互利合作的篇章；明代航

海家郑和率领船队七下西洋，留下中外和平友好的佳话……同世界交流互通的理念在中国代代相传，深深植根于中国人的精神之中。再以今天建设"一带一路"倡议为例，我们积极与相关国家加强政策沟通，构建了多层次政府间宏观政策沟通交流机制；加强设施联通，通过高铁建设、中欧班列等建立了统一的全程运输协调机制；加强贸易畅通，通过组织中国国际进口博览会激发释放了国际多领域的合作潜力……世界各国的资源禀赋各异，要把自己与世界联系到一起，才能够不断凝聚各方面的发展力量和智慧经验。同时，我国传统文化中"和而不同"的思想，也能够帮助我们在与世界沟通过程中化解冲突矛盾，求同存异、互相尊重、扩大共识。

④与时代同频，就要打破时间的束缚，与时俱进，牢牢把握并顺应历史发展的社会规律。中国的发展实践表明：把握好时代机遇是实现跨越式发展的关键。从农村改革到城市化进程，从工业化到信息化，再到今天的数字化、智能化，中国在不同的发展阶段都能抓住关键机遇，实现快速发展。与时代同频共振，不是机械地跟着时代随波逐流，而是要与时代相通、与时代对话，既要明确时代的历史定位，也要明确时代的发展需要与变化，不仅包括对科技进步、经济发展等宏观趋势的认识，还包括对文化变迁、价值观念等微观变化的敏感洞察。对于我们而言，与时代相通不仅是个体和企业的责任，也是国家发展的必经之路，如此才能继续在世界舞台上展现独特的魅力和活力。

⑤人类只有一个地球，一个世界。2012年，习近平总书记在党的十八大明确提出"要倡导人类命运共同体意识，在追求本国利益时兼顾他国合理关切"。这便是相交相通的灿烂篇章，没有什么能够阻挡我们对"交通"的向往，链接到一起就是同一个世界，携手向前进就有同一个梦想。

---

**③段写作思路**

主要使用了对比的论证方式，通过古今对比论证了"如何与世界相交"，因为本段论点为"对策式"，所以所举实例的表达方式尽量突出了"行为"。最后，从"世界资源"和"我国文化"两个角度进行对比总结，证明"与世界相交"这一选择的可行性。

**④段写作思路**

主要使用了说理式的论证方式，围绕"如何与时代同频"这一分论点，先从"时代"的角度谈了从农村改革到城市化进程、从工业化到智能化的发展，再从"同频"的角度解释怎样才是真正的"与时代相通"，此处也呼应和细化了文章开头对"时代相通"的解释。最后，从个体、企业、国家的角度进行了总结。

**⑤结尾写作思路**

以习近平总书记的讲话收尾扣题，点明了文章主旨。

## 考点点拨

"改革理念与发展观念"类作文，核心在于考查考生对国家各领域、各方面事业改革发展过程中应该秉承的"方法论"的理解，一般情况下是从宏观角度直接切入，需要考生结合经济社会等各方面改革发展的社会实际、政府行为、国家政策等，谈出自己的思考见解和感悟。根据近年来的命题，这类作文的话题考点主要有以下几种：

第一，面对困境的信心和信念：比如2021年国考副省级的"夜色难免黑凉，前行必有曙光"。第二，面对成绩的谦虚和谨慎：比如2021年联考的"失于傲"。第三，面向未来的"理想和追求"：比如2021年浙江省考的"梦想"。第四，面对变局的本领与本分：比如2023年联考的"坚守本分和增强本领"。第五，面对实际问题和客观规律的实事求是：比如2023年浙江省考C卷"改革的重点是解决问题"、2022年山东省考B卷"把脉开方"、2021年国考副省级"改革的务实"。第六，面对攻坚任务和伟大事业的奋斗实干：比如2017年联考的"忙碌"、2021年联考的"成于务"、2021年浙江省考的"实干"、2022年国考副省级的"播种"。第七，面对复杂局面的理性思考和周密规划：比如2017年联考的"忙碌"、2021年联考的"生于虑"。第八，统筹协调、互联互通的联系观念和全局观念：比如2019年联考的"流通之美"、2022年山东省考A卷的"全局观"、2022年国考副省级"今天的思维"、2021年国考副省级"改革的理性"。第九，与时俱进、识变应变、主动求变、积极创新的发展观念等：比如2021年浙江省考的"创新"、2020年浙江省考的"变"、2020年山东省考B卷的"与时偕行"。

# 第二章

# 哲学道理

## 话题 1 ：旧事物的价值

【2024 年国考副省级】给定资料 5 中提到 "我们要用积极的态度对旧事物的价值进行最大挖掘，让它们重新焕发生机"，请你对此进行深入思考，参考给定资料，联系实际，自选角度，自拟题目，写一篇文章。

要求：（1）观点明确，见解深刻；（2）参考 "给定资料"，但不拘泥于 "给定资料"；（3）思路清晰，语言流畅；（4）总字数 1000 ～ 1200 字。

### 一　思路点拨

题干给定句子本身就是简单明了的核心论点。对其进行拆分，阐释旧事物的内涵、分析旧事物的价值、探讨如何用积极的态度进行最大挖掘等，均可作为文章的结构要素。旧事物的内涵，既可以包括 "旧事"，也可以包括 "旧物"；旧事物的价值包括经济价值、文化价值、历史价值、社会价值、政治价值等；对旧事物的挖掘，既要有积极的态度，也要尽最大努力。

### 二　写作实操

#### 激活旧事物的 "一池春水"

**标题拟定思路**

采用比喻的手法，将旧事物比作 "一池春水"，将挖掘旧事物价值的行为比作 "激活"，生动形象地表达文章的中心论点：旧事物具有潜在价值，需要我们积极挖掘，使其焕发生机。

**①开头写作思路**

第一，背景铺垫：通过阐述新事物替代旧事物、旧事物价值易被忽视的情况，引发对旧事物价值的思考。第二，提出论点：明确正确的态度是积极挖掘旧事物价值，直接点出文章中心论点。

①拉长历史的 "景深"，经济社会的发展总在新事物代替旧事物的过程中向前推进，发现新事物、培育新事物是人类不断进化、社会不断进步的 "动力源"。正是在这样的认知之下，旧事物的价值很容易被轻视、被忽略，甚至被抛弃。正确的态度应该是积极地、最大限度地去挖掘、去继承、去弘扬旧事物的

价值，激活它们的"一池春水"。

②旧事物是蕴含价值的。旧事物的内涵，既可以包括"旧事"，也可以包括"旧物"。在"旧事"中，无论是成功的经验还是失败的教训，对当代的发展都有启迪和警示的价值；在"旧物"中，无论是其本身的历史还是其蕴含的智慧，对当代的发展都有被发现和被利用的价值。在浙江，有一处明代修建的用于排水的三江闸，虽然其作用已经被新的大闸所取代，但是三江闸修建中蕴含的古人智慧，依然启迪着当代人的实践，其价值也在一代代人对运河的治理、保护与开发中流淌至今、绵绵不绝……在旧事物中，这些可以被继承、需要被继承的部分，就是其价值所在。因此，我们要用积极的态度对旧事物的价值进行最大挖掘，去发现它们的经济价值、文化价值、历史价值、社会价值、政治价值，让它们在各个领域的实践中能够焕发新的生机。

③让旧事物重焕生机，要用积极的态度去挖掘其价值。积极的态度，简单地讲，就是不要一味地全盘否定旧事物。要明确一个基本认识：在事物发展过程中，新事物只是替代了旧事物中不符合新的历史条件的部分，同时也会继承旧事物中符合当下实际情况和未来发展趋势的部分，这部分是积极的，有利于新事物发展的。认识指导行动，只有承认旧事物有价值，才能去积极挖掘旧事物的价值。

④让旧事物重焕生机，要尽最大的努力去挖掘其价值。何谓"最大"挖掘？就是既要让旧事物本身有生机，又能让旧事物为新事物赋能。简而言之，就是既能守正，也能创新。以社会治理的探索为例："枫桥经验"作为一种"旧事物"，随着时代、形势和社会矛盾内容的变化，"民情日记""三零机制""信托解纷机制"等衍生而来的基层社会治理工作方法不断涌现……它之所以经久不衰、永葆活力，不是因为"新

**②段写作思路**

中心句：旧事物是蕴含价值的。第一，释观点：从"旧事"和"旧物"的角度分别阐述其价值所在。第二，举例子：以浙江三江闸为例，说明旧事物中蕴含的智慧和价值。第三，做总结：强调旧事物有各种价值，并呼吁人们积极挖掘。

**③段写作思路**

中心句：让旧事物重焕生机，要用积极的态度去挖掘其价值。本段主要分析什么是"积极的态度"，态度积极了，才能去挖掘。

**④段写作思路**

中心句：要尽最大的努力去挖掘旧事物的价值。第一，释观点：解释"最大"挖掘的含义，既要让旧事物本身有生机，又能为新事物赋能，即"守正"和"创新"。第二，举例子：以"枫桥经验"为例，说明旧事物价值与新治理实践有机结合，既守正又创新，才能重焕生机。第三，做总结：强调若不能守正，创新就会"失根""无魂"。

时代枫桥经验"完全取代了"旧枫桥经验"，而是因为其中"广泛发动群众""矛盾不出基层"这两个基本理念的价值与新治理实践进行了有机结合，既坚守了"枫桥经验"的内核，又用赋能的方式在新时代重新焕发了生机。总而言之，如果不能守正，创新就会"失根"，也会"无魂"。只有最大化地挖掘旧事物本身的价值、最大化地为新事物赋能，才能推动可持续的健康发展。

⑤放大现实的"广角"，我们正处在经济和社会转型的关键时期：在经济领域面临着从传统产业向新兴产业的升级，在文化领域面临着传统文化与时代观念融合，在社会领域面临着传统管理与现代治理的过渡……在新旧事物不断更新迭代的过程中，既要向前走，也要回头看，回头拾起那旧事物中可能被遗忘的价值。

**⑤结尾写作思路**

第一，联系现实：指出我们正处在经济和社会转型的关键时期，在各领域面临新旧事物更新迭代的情况（"放大现实的'广角'"是为了呼应开头"拉长历史的'景深'"）。第二，总结论点：提出在这个过程中既要向前走，也要回头看，拾起旧事物中被遗忘的价值，再次强调文章的论点。

---

## 话题2  长期价值

【2023年国考地市级执法卷】请你深入思考"给定资料5"中这位学者文章的有关内容，参考给定资料，联系实际，自选角度，自拟题目，写一篇文章。

要求：（1）观点明确，见解深刻；（2）参考给定资料，但不拘泥于给定资料；（3）思路清晰，语言流畅；（4）字数1000～1200字。

## 一 思路点拨

分析给定资料中学者文章的内容，有以下信息：第一，文章的主题是"追寻长期价值"。第二，全球经济社会发展面临复杂变化和更多不确定性，需增加应对不确定性的韧性和适应环境的能力，把时间和精力投入能产生长期价值的事上。第三，分别从个人、企业、政府、社会四个层面阐述了追寻长期价值的具体要求：于个人而言，这是一种清醒，要求人们建立理性的认知框架，不受繁杂噪声的影响；于企业而言，这是一种格局，要求企业不断进化、不断创造价值；于政府而言，这是一种担当，必须立足长期利益，致力长远发展；于社会而言，这是一种热忱，无数力量汇聚到支撑人类长期发展的领域，形成一个个生生不息、持续发展的正向循环。这些角度，正好可以搭建成这篇文章的完整架构。

 **写作实操**

## 寻"价值"，追"长期"

**标题拟定思路**

这是一个比较"讨巧"的标题，它对"追寻长期价值"进行了重新组合搭配，寻"价值"表达"先找到价值所在"，追"长期"表达"找到价值以后长期坚持下去"。

① 身处变革时代，百年未有之大变局的序幕逐渐拉开。无论是小概率"黑天鹅"事件，还是大概率"灰犀牛"事件，都让这个时代的未知性越来越大，环境的复杂性越来越强，未来的不确定性越来越多。

② 面对纷繁复杂的风险和考验，向着未知之未来前进的密码是什么？是追寻长期价值。追寻长期价值就是不计较短期利益、不惧怕短期挫折、不沉沦短期诱惑，就是要树立长远眼光、心怀长久信念，就是要把时间和精力聚焦于有利于长远发展、能够持续发展的事情上，既能兼顾于价值，又能着眼于长远。这应该是个人、企业、政府乃至全社会的共同追求：要不断增加应对不确定性的韧性，不断增强适应持续变化环境的能力。

③ 于个人而言，这是一种清醒，要求人们建立理性的认知框架，不受繁杂噪声的影响。近些年来，新冠疫情这只"黑天鹅"突然飞来，给人们带来了前所未有的竞争压力、生存压力和发展压力。在此背景

**①②开头写作思路**

第一，背景铺垫：开篇描述身处变革时代，未知性、复杂性和不确定性较多。第二，提出问题：面对这些变化，提出"向着未知之未来前进的密码是什么"的问题。第三，给出答案：明确答案是追寻长期价值，并进行阐述。第四，铺垫下文：提出个人、企业、政府乃至全社会的共同追求，为下文做好铺垫。

### ③段写作思路

中心句：于个人而言，这是一种清醒，要求人们建立理性的认知框架，不受繁杂噪声的影响。第一，列举问题，分析为什么要建立理性认知框架。第二，给出对策，阐述如何建立理性认知框架。

### ④段写作思路

中心句：于企业而言，这是一种格局，要求企业不断进化、不断创造价值。第一，释观点：解释企业创造什么样的长期价值。第二，举例子：列举有代表性的国内企业进行论证。

### ⑤段写作思路

中心句：于政府而言，这是一种担当，必须立足长期利益，致力长远发展。第一，指出问题：分析为什么政府要立足长远。第二，提出对策：阐述政府如何追寻长期价值。

下，很多人丧失了理性和耐心，渴望"一夜成名"、渴求"一夜暴富"，加上一些媒体不负责任的炒作推崇，逐步被繁杂的噪声裹挟、被眼前的利益驱使，失去了独立思考的能力。因此，人们只有建立理性的认知，向内清醒地看清自己的优势和不足、向外清醒地看清环境的现实和趋势，才能拨开眼前的"迷雾"，才能回归自我、重塑自我、发展自我，这是个人的长期价值。

④ 于企业而言，这是一种格局，要求企业不断进化、不断创造价值。企业创造的价值应该是包括经济价值和社会价值的长期价值，企业进化的方向应该是兼顾经济效益和社会效益的长远格局。企业的长期生存与发展有赖于产品的质量、员工的忠诚、用户的认可，也包括对经济的推动、对社会的引领。譬如华为，只有不断提升自主创新的能力和转型升级的资本才能在面对不确定时适应市场变化；又如胖东来，只有持续加强对员工的能力培养和人文关怀才能在面对未知时凝聚力量；再如白象、鸿星尔克，只有坚持对用户的服务理念和责任担当才能在面对风险时得到社会的大力支持……这是企业的长期价值。

⑤ 于政府而言，这是一种担当，必须立足长期利益，致力长远发展。经济和社会发展的转型期，各种社会问题层出、各种社会矛盾凸显，破解这些问题和矛盾离不开政府营造"大环境"的责任担当，尤其是在制定相关政策时，政府要充分考虑政策的科学性和连续性，要充分评估政策的当下影响和长远影响，减少因政策的短视性、不连续性等局限因素导致民众对未来的不确定感，减少对个体造成刺激和重大挑战。这样的责任担当是政府的长期价值。

⑥ 于社会而言，这是一种热忱，无数力量汇聚到支撑人类长期发展的领域，形成一个个生生不息、持续发展的正向循环。这些热忱的力量包括保持理性的

个人、拥有格局的企业、具有担当的政府，这些力量来自教育的塑造、文化的滋养、民生的保障、经济的支撑，这种对长期价值的追寻理应成为一种社会风气，一种既能够对抗又能够压倒庸俗化、功利化、浮躁化风气的正能量，一种既可以面对又可以应对发展环境不确定性和未知性的正能量。这些能量可以像生命一样成长，能够随着时代的变化而变化，在不同发展领域形成持续发展的正向循环，这才是社会的长期价值。

⑦寻"价值"，追"长期"。社会各方寻找的价值各有不同，但是追求长期的目标应该一致，这是一个伟大的时代，前面将是各种伟大的变革，追寻长期价值才能让我们有胆量、有底气向着未知的未来不断前行！

**⑥段写作思路**

中心句：于社会而言，这是一种热忱，无数力量汇聚到支撑人类长期发展的领域，形成一个个生生不息、持续发展的正向循环。第一，释观点：解释中心句中无数力量的来源。第二，讲道理：阐述这些社会力量的价值意义。

**⑦结尾写作思路**

第一，回扣主题：强调社会各方寻找的价值虽不同，但追求长期的目标应一致。第二，升华主题：强调追寻长期价值能给予人们胆量和底气走向未来。

# 话题3 流动与新生

【2023年国考副省级】大河奔腾不息，在流动中焕发生机。纵横交错的桥梁路网，构成了经济发展的动脉，不断产生新的发展机遇；产业通过转型升级，迸发出新的活力，不断释放新的动能……请你参考给定资料，联系实际，自选角度，以"流动与新生"为题目，写一篇文章。

要求：（1）观点明确，见解深刻；（2）参考给定资料，但不拘泥于给定资料；（3）思路清晰，语言流畅；（4）字数1000～1200字。

## 一 思路点拨

第一，对题干给定句子进行分析："大河奔腾不息，在流动中焕发生机"，以大河的流动类比，暗示事物只有处于流动状态才能有生机，可引申为社会的各个方面只有不断流动才能获得新生；"纵横交错的桥梁路网，构成了经济发展的动脉，不断产生新的发展机遇；产业通过转型升级，迸发出新的活力，不断释放新的动能……"说明流动可以带来新机遇、新活力和新动能。第二，对题目进行分析：对"流动与新生"这样的标题形式，除了要分别阐述清楚"流动"和"新生"，还要阐述两者之间的关系。

基于以上原因，本文的结构可以从以下角度进行搭建：什么是流动，流动能带来什么样的新生，流动和新生之间的关系。另外，要提醒考生：本文不建议只写题目背景中的桥梁路网、产业转型，要从这些背景资料说开去，讲清楚"流动与新生"所体现的道理，以及对经济社会发展等各方面的启发。

##  二 写作实操

## 流动与新生

### 标题拟定思路

命题作文，无须自己取标题。

### ①开头写作思路

第一，引用诗句：以水之流动引出关于流动的话题，强调流动意味着活力与生机。第二，由自然规律引申到社会规律。

### ②段写作思路

本段从历史发展的角度，阐述"纵向流动"。第一，释观点：基于中心句中的"万事万物的蜕变前行"，以发展的历史观进一步解释什么是"纵向流动"。第二，举例子：先以中华文化在历史长河中的发展积淀为例，说明精神文化的"历史流动"为中国的历史进步和社会发展带来新生；再以当今发展理念的"历史流动"为例，说明"新生"的力量。

① "竹密不妨流水过，山高岂碍白云飞。"水之流动，无论是竹间的潺潺溪流，还是山间的澎湃河流，都意味着活力，都焕发着生机。流动是自然界的规律，也是社会发展的规律，流动是万事万物的生机所在，新生是万事万物的生命所求。

② 拉长历史的"景深"，万事万物的蜕变前行，可谓之"纵向流动"。事物在历史长河中的穿梭是历史的流动，在这样的流动之中，事物在取精华、在去糟粕，在曲折成长、在蜿蜒蜕变，在不断茁壮成长、在不断重获新生。放眼源远流长的中华文化，在从古至今的流动中，不同历史时期的文化、不同地区的文化在历史长河中发展和积淀，凝聚成中华文化的精神内核，为中华民族生生不息、发展壮大提供了丰厚滋养，精神文化的"历史流动"不仅是精神文化本身一次又一次的新生，也在流动中不断凝聚成精神力量，为中国的历史进步和社会发展不断带来新生。再

看今天"从高速增长到高质量发展"的理念转变,"从中国制造到中国智造"的产业升级,虽然仍然经历着发展的"阵痛",但我们也感受到历史流动中的"新生"萌芽,新的动能在不断释放,新的活力也在不断迸发。

③放大现实的"广角",发展要素的流转联通,可谓之"横向流动"。例如40多年前安徽凤阳小岗村,18户村民以一纸大包干契约把土地要素流转到农民手中,变革了农村生产关系,让广袤的农村土地获得了新生,让广大的中国农民获得了新生,拉开了中国农村改革的大幕,写就了波澜壮阔的时代故事;又如今天的交通运输事业,桥梁路网纵横交错、四通八达,构成了经济发展和社会运行的"血脉",物资在其间流动、人员在其中穿行,推动了经济,也保障了民生;再如当下如火如荼的短视频直播带货,运营平台的技术要素、自媒体博主的流量要素、投资方的资金要素、商家的商品要素、广大网民的消费要素、快递行业的物流要素等,在一根网线中"穿梭流动",让新冠疫情下的消费焕发出了新的生机;倘若放眼世界,人类命运共同体、"一带一路"建设等发展战略,也让全球的发展要素流动起来、融合起来,焕发中国的活力、唤醒世界的生机……从过去到现在、从线下到线上、从中国到世界,流动时时刻刻都在发生着,让我们感受到巨大的潜能正在释放、巨大的机遇正在到来。

④流动能带来新生,新生也能促进新的流动。世纪疫情之后,国家因时、因地、因势制宜,不断优化经济社会发展的政策措施,让人们重新感受到了新的生机和活力,生机就是契机,活力就是动力,生产经济在逐渐复苏、生活秩序在逐步恢复,中国这艘巨轮会在历史洪流的新机中继续破浪前行,一个"流动的中国"也必将释放更大的发展潜力。如果"流"是客

**③段写作思路**

本段从现实发展的角度,阐述"横向流动"。第一,举例子:分别以安徽凤阳小岗村、交通运输事业、短视频直播带货、人类命运共同体和"一带一路"建设等为例,说明流动带来巨大潜能和机遇。第二,做总结:强调从过去到现在、从线下到线上、从中国到世界,流动带来的积极影响。

**④段写作思路**

本段分析流动和新生的关系。第一,举例子:以世纪疫情为例,说明"流动能带来新生,新生也能促进新的流动"的发展观。第二,讲道理:阐述"流"是客观发展规律,"动"是主观能动选择,流动与新生在曲折中交替前行、互相推动。第三,做总结:强调新生是流动的起点。

观发展规律，"动"就是主观能动选择，在客观规律与主观选择之间，流动与新生总是在曲折中交替前行、互相推动，流动能够释放和加强经济社会发展的活力与生机，新的生机又会进一步加快新的流动。因此，新生不是流动的终点，新生只是流动的起点。

⑤结尾写作思路

第一，扣题，以"流动必有新生，新生必见洪流"再次说明两者关系。第二，对策式总结，表达既要在流动中奋斗，又要在新生中前进。

⑤"流动必有新生，新生必见洪流。"我们既要有强烈的历史自觉，在流动中走好奋斗路，也要有积极的主动精神，在新生中走好奋进路。

## 话题4 变与不变

【2023年联考】"给定资料4"中，两处画线部分先后提到，"我们要以不变应万变"，"我们要以变应变"。请你深入思考这两句话之间的关系，参考给定资料，联系实际，自选角度，自拟题目，写一篇议论文。

要求：（1）观点明确，见解深刻；（2）内容全面，结构完整；（3）思路清晰，语言流畅；（4）总字数1000～1200字。

### 一 思路点拨

第一，分析给定两句话的含义："以不变应万变"强调稳定、坚守，用不变的信念、原则、目标应对变化；"以变应变"强调灵活、变通，以与时俱进的方法、策略、路径等应对变化。第二，分析给定两句话的内在联系：坚守核心价值才能在变化中保持方向，灵活应对变化才能在竞争中保持优势。第三，提炼中心论点："以不变应万变"和"以变应变"是辩证统一的关系，共同构成应对复杂局面的智慧法则。

基于以上原因，本文的结构可以从以下角度进行搭建："以不变应万变"的内涵和原因，"以变应变"的内涵和原因，"以不变应万变"和"以变应变"的辩证统一关系。

**二 写作实操**

## 奏响"变与不变"的和谐乐章

**标题拟定思路**

采用比喻的修辞手法，将"变与不变"的关系比喻为和谐的乐章，揭示文章主旨：要正确处理"变"与"不变"的关系，使其相互促进，相得益彰。

① 苟日新，日日新，又日新。世间万事万物时时刻刻发生着变化，变化产生流动，流动带来新生。我们要以何种态度去面对这种变化？有人说，要以变应变；也有人说，要以不变应万变。我认为，面对这种看似矛盾的命题，要统筹兼顾，奏响"变与不变"的和谐乐章。

**①开头写作思路**

首先用名言引出世间万物变化的话题，接着抛出面对变化应持何种态度的问题，引出"以变应变"和"以不变应万变"两种观点，最后表明自己的观点。

② 要以不变应万变，于变化中找到规律，回归根本，不忘初心。物无妄然，必由其理。事物在外在的变化中，总有内在所不变的规律、使命、初心，把握这个"理"，便能把握事物发展变化的逻辑，让我们在变化中有所依托。我国的文化发展传承工作有序运行，如各地博物馆不断丰富形式，创新内容，但保护文物的使命始终不变，传承文化的初心矢志不渝，才能让各色博物馆焕发生机，历久弥新。同样地，在我们的基层服务中，由于各地的实际情况和群众需求不尽相同，总有这样那样的变化等待我们去主动发觉，精准施策，但不管使用何种方式和手段，为人民服务的宗旨始终不变，人民利益至上的信条永远不改，如此才打造了一个善治和谐的社会。可见，以不变应万变，为我们在面对变化时指引方向，奠定基础。

**②段写作思路**

中心句：要以不变应万变，于变化中找到规律，回归根本，不忘初心。第一，释观点：引用"物无妄然，必由其理"，说明事物变化中有内在不变的规律、使命和初心，把握这个"理"就能应对变化。第二，举例子：分别以文化传承和基层服务为例，论证"以不变应万变"的内涵。第三，做总结：概括"以不变应万变"的意义。

③ 要以变应变，于变化中因地、因时、因势创新手段，提供"最佳解决方案"。眼下，我们已经全面进入了互联网高速发展的时代：从全息投影技术让逝去的歌手重返舞台，到阿尔法狗打败围棋大师，从AI

③段写作思路

中心句：要以变应变，于变化中因地、因时、因势创新手段，提供"最佳解决方案"。第一，举例子：以互联网等新技术和传统文化为例，说明通过创新传播能打破困境。第二，做总结：强调在新时代要学习新技术、掌握新知识，在变化中抓住机遇。

④段写作思路

中心句："变"与"不变"是对立统一的。第一，讲道理：分别阐释"不变"和"变"的本质。第二，做总结：处理好两者关系，才能在变局中开新局。

⑤结尾写作思路

第一，引用名言，表明对变化的态度。第二，提出对策和展望。

换脸实现"一键出图"，到 ChatGPT 代替程序员编写程序……各种新形势、新业态、新方式层出不穷，已经与我们的工作生活深度融合。在这样的背景下，我们更要积极运用飞速发展的新技术，让一些传统事物能够通过数字化、智能化的手段彰显在大众面前，实现创新发展。再以传统文化为例，它往往给人一种高深莫测的印象，但是经过新技术对其转换和再造，结合年轻人的需求跨界联动和创新传播，便能打破优秀传统文化被束之高阁的窘境，使其真正地贴近群众，为大众所乐见。因此，我们要在新时代学习新技术、掌握新知识，真正让网络时代为我们赋能，在变化当中抓住机遇，灵活攀升。

④"变"与"不变"看似一对反义词，其中却巧妙地诠释着某种对立统一的意蕴。"不变"是前提，寻找内核与规律、坚定初心与信念，找准"锚点"，扎稳"脚跟"，底气十足迎接变化挑战；而"变"是必然，需求各异，世事流转，变化是符合时代的必经之路，是创新的"窗口"，是发展的"先机"。唯有处理好"变"与"不变"的关系，才能勇立时代潮头，在变局中开新局。

⑤所当乘者势也，不可失者时也。在全面建设社会主义现代化国家的新征程上，面对变化，我们要科学识变、主动应变、积极求变，坚守理想初心，把握创新机遇，奏响"变与不变"的和谐乐章，让中华民族谱写出一首铿锵赞歌。

话题5　　融合、融和、融活

【2022年国考地市级】万物在融合中发展变化，融合不是简单嫁接，而是要

实现融和与融活。请你以"融和·融活"为话题，参考给定资料，联系实际，自选角度，自拟题目，写一篇文章。

要求：（1）观点明确，见解深刻；（2）参考给定资料，但不拘泥于给定资料；（3）思路清晰，语言流畅；（4）字数 1000～1200 字。

## 一 思路点拨

第一，解读话题："融和·融活"强调了融合的两个层次。第二，解读给定句子"万物在融合中发展变化，融合不是简单嫁接，而是要实现融和与融活"："融和"是指不同事物的外部结合，相互依存、功能互补；"融活"是指不同事物内部交流，推动内在的激活与共生。所以，本文的中心论点是：融合不是简单的拼凑嫁接，而是要实现融和与融活，才能真正激发创新活力，推动事物发展。文章的结构可以围绕"融和的内涵、原因和措施""融活的内涵、原因和措施""融和与融活的关系"等进行搭建。

## 二 写作实操

### 解读"融合"的密码

**标题拟定思路**

第一，确定关键词：文章围绕"融合"展开，因此"融合"是标题中的关键词。第二，突出文章主题：文章旨在阐释实现真正融合的关键在于"融和"与"融活"，因此需要在标题中体现这两个方面。第三，增强吸引力：用"密码"一词代替"融和"与"融活"。

①万事万物都不是独立的、都是有关联的，是在融合中发展变化的。"融合"是经济社会发展的重要规律，也是推动经济社会进步的重要思想。解读"融合"的密码，就必须认识到：融合不是简单的嫁接，而是要实现"融和"与"融活"。

②融合，要实现"融和"。"融和"不仅是让各发展主体做简单的"物理嫁接"，更是要实现静态上的相互依存、功能互补、和谐共生，是激发发展活力的手段和途径。以城乡发展为例，我们经历了城

**①开头写作思路**

第一，直接点明"融合"是文章主题。第二，说明融合很重要。第三，点明"融合"的密码，引出中心论点。

**②段写作思路**

第一，亮观点：提出"融合，要实现'融和'"的中心观点。第二，释概念：阐释"融和"的内涵以及"融和"和"融合"的关系。第三，举例子：以城乡发展为例，阐述城乡融合发展的历程，说明实现"融和"需要解决发展主体之间"不平衡"的问题。

**③段写作思路**

第一，亮观点：提出"融合，要实现'融活'"的中心观点。第二，释概念：阐释"融活"的内涵以及"融活"和"融合"的关系。第三，举例子：以粤港澳大湾区发展、东中西区域协调发展、城乡融合发展为例，说明"融活"需要实现发展要素的双向流动，解决发展"不充分"的问题。

**④段写作思路**

本段是基于前文的拓展，指出融合发展任务大、局面杂、问题多，必须做好充足的准备，要具备坚定的信心。这样的文章思路，更能体现思辨性。

乡分割发展、乡村支持城市发展、城市反哺农村发展、城乡一体化发展的历史变迁，这个发展历程就是逐步实现"融和"的过程，城市与乡村的发展不是各自独立的发展，也不是一方带动另一方的发展，而应该是城乡一体化的共同发展，城市文明和乡村文明、人造文明和自然文明相互依存、相互补充、相互协调，从而实现城市和乡村和谐发展。其中蕴含的就是"一体化"发展思想，是要解决各发展主体之间"不平衡"的问题，这便是融合发展中"融和"的要义。

③融合，要实现"融活"。"融活"不仅是要把各发展主体摆在同等重要的位置上，更是要实现动态上平等交换、双向流动、激发活力，是融合发展的追求和目标。粤港澳大湾区的发展，不仅是各区域之间的共同发展，更是区域之间协调合作、政策互通、资源流动整合；东中西区域协调发展，不仅是东部、中部、西部的共同发展，而是西部的资源向东送、东部的资源向西走，东西联通、互相带动；城乡融合发展，不仅是农村劳动力向城市流动，和城市的资本、技术、市场、管理等要素的单向融合，也是城市经济要素向农村流动，和农村的土地、资源、劳动力双向融合。通过双向融合，用一方的"活动"带动另一方的"活力"，让各发展要素双向流动、自由游走，实现"你中有我，我中有你"，这样才能解决各发展主体发展"不充分"的问题，这就是融合发展中"融活"的密码。

④我们也要深刻认识到：融合发展会牵扯到多领域、多主体、多要素，是一个艰巨的任务，在实现"融和"与"融活"过程中，会遇到各种复杂的局面和"难啃的骨头"，可能是制度性障碍、技术性难题，可能是认识性限制、阶段性分歧，可能是暂时性失败、持续性风险……因此，践行融合发展的思想，必

须做好充足的准备，要具备坚定的信心。

⑤"物无妄然，必由其理。"只要我们深刻把握融合发展的社会规律，在"融和"上铆足干劲、在"融活"上下足功夫，就一定可以在新时代高质量发展的征程中迸发出惊人的力量。

**⑤结尾写作思路**

第一，总结全文：引用"物无妄然，必由其理"的名言强调融合发展是社会规律。第二，展望未来：指出在"融和"和"融活"上下功夫，就能在高质量发展中迸发惊人力量。

## 话题6　风、天空和道路

【2021年联考】"给定资料5"中提到"风后面是风，天空上面是天空，道路的前面还是道路"，请深入思考这句话，联系实际，自拟题目，写一篇文章。

要求：（1）观点明确，见解深刻；（2）思路清晰，语言流畅；（3）参考"给定资料"，但不拘泥于"给定资料"；（4）字数1000～1200字。

## 一　思路点拨

第一，分析给定句子含义："风后面是风，天空上面是天空"，风与天空都是广阔且似乎没有尽头的意象，暗示着世界的无限性、多变性；"道路的前面还是道路"明确指出道路是绵延不断的，无论走多远，前方永远有新的道路等待着人们去开拓。第二，总结中心论点：事物发展永无止境且充满变化，我们应不断前行，在追求的道路上持续探索、不断超越，只有迈开大步向前走才是成就伟业的正确姿态。文章的结构可以围绕"事物发展具有无限性与多变性（为什么要持续探索超越或者迈步向前）""如何在追求的道路上持续探索超越"等角度搭建。

## 二 写作实操

### 路在远方，也在脚下

#### 标题拟定思路

第一，理解题干给定句子传达出的世界的无限性、变化性以及人生道路的延续性。第二，结合实际明确在不断变化的时代中，既要看到远方的道路，又要脚踏实地走好当下的路，强调对未来的憧憬与当下行动相结合。第三，提炼标题"路在远方，也在脚下"。

#### ①开头写作思路

开篇直接对给定句子进行解读，点明中心论点，将其与时代背景相结合谈出自己的理解，理解的具体内涵可以灵活一些，但是主旨方向应该明确：世界是无限的、多变的，必须迈开大步向前走。

#### ②段写作思路

第一，提出观点：迈开大步向前走，必须认识到"变化者乃天地之自然"。第二，举例论证：以2020年的新冠疫情为例，说明世界局势变化迅速，充满挑战。第三，总结提升：强调准确把握新变化、新特点的重要性。

① 曾有诗云："风后面是风，天空上面是天空，道路前面还是道路。"这就是我们所处的时代，急速变迁、风云变幻：风的背后是风，变化和革新是永恒不变的主题；天空上面是天空，追求和期待是不断更新的梦想；道路的前面还是道路，务实和奋斗是一往无前的姿态。一个人、一个企业、一个国家都深处在这样的时代紧迫感之中，背后有飓风、头顶有天空、眼前有道路，虽说前路并非平川坦途，一路变化万千，但要坚信：路在远方，也在脚下，在这个崭新的时代，只有迈开大步向前走才是成就伟业的正确姿态。

② 迈开大步向前走，必须认识到"变化者乃天地之自然"。客观实际不是一成不变的，是发展变化的。2020年的新冠疫情，给我们上了刻骨铭心的一课：从经济发展到社会治理，从个体生活到企业经营，从国家发展到世界格局，都让我们见识到世界百年未有之大变局正在加速演进。在挑战层出不穷、风险日益增多的时代，必须用全面、辩证、长远的眼光看待形势变化，科学研判形势、把握发展规律、洞悉发展本质。准确把握新变化、新特点，是应对日益复杂的国际环境、统筹国内经济社会发展、加快构建新发展格局的重要前提。

③ 迈开大步向前走，必须因势而谋、因时而动、

顺势而为。要善于根据时与势灵活调整发展策略，用发展的方式解决发展中的问题、应对发展中的变化，这也是中国制度、中国治理、中国发展的魅力所在。我们的企业，面对变化因势而谋、因时而动，不断创新发展思路、推动转型升级，在互联网等新技术的加持下和政府全方位的政策扶持下插上了腾飞的翅膀；我们的国家，面对变化顺势而为、利势而行，依靠"一茬接着一茬干、一棒接着一棒跑、一张蓝图干到底"的执政理念，带领全国人民"心往一处想、劲往一处使"，在现代化征程中真抓实干、砥砺前行。2020年，纵然有新冠疫情的严重影响，我国脱贫攻坚战依然取得了全面胜利，现行标准下9899万农村贫困人口全部脱贫……这样的历史性成就，无一不证明我们坚定前行的能力和决心。

④"竹密不妨流水过，山高岂碍白云飞。"在实现中国梦的伟大征程中，我们不可避免地会遇到密竹之艰险，也不可避免地会遇到高山之困境，但流水之势不可当、白云之志不可灭，只要我们脚踏实地、迈开大步向前走，就一定能乘着时代春风，实现民族梦想！

**③段写作思路**

第一，提出观点：迈开大步向前走，必须因势而谋、因时而动、顺势而为。第二，解释观点（道理分析）：阐述什么是因势而谋、因时而动、顺势而为。第三，举例论证：分别以企业发展和国家发展为例，说明如何根据实际情况灵活调整发展策略，取得成功。

**④结尾写作思路**

第一，引用诗句，比喻前进道路上的困难和挑战，同时表达了克服困难的信心和决心。第二，回扣主题并展望未来，呼应开头提出的"迈开大步向前走"，强调只要脚踏实地、努力奋斗，就能实现梦想。

## ☯ 话题7 ▤ 静与动

【2019年联考】根据给定资料4中画线部分"'静'会给予很多'如果'的假想，可唯有'动'能带来'但是'的希望"，自选角度，自拟题目，写一篇文章。

要求：（1）立意明确，结构完整；（2）联系实际，不拘泥于"给定资料"；（3）思路清晰，语言流畅；（4）字数不少于1000字。

**思路点拨**

> 第一，分析给定句子含义：安静地停留在原地，只会陷入无休止的假设和空想；只有行动起来，才能创造转机，将美好的愿望变成现实。第二，提炼中心论点：行动是连接想象与现实的桥梁，是将"如果"变为"但是"的关键。在结构上，可以围绕"静与动的内涵""静的作用和局限性""动的作用""如何从静到动"等进行搭建。

 **写作实操**

## 静与动的辩证法

**标题拟定思路**

给定句子中核心的关键字是"静"与"动"，而且它们本来就是相对的，所以直接用"静与动的辩证法"作为标题。

**①开头写作思路**

用一句"常谈"引出题目中的给定句子（这类常谈可以自己进行"改写"，尽量有一些哲理即可），直接亮明本文主旨。

**②段写作思路**

本段意在强调"动"更重要。先做铺垫，承认"静"的必要性。之后转话锋，分析"静"的局限性，引出"动"并阐释"动"的意义。

① 有人说：成功的哲学只有一个字——动。的确，"静"会给予很多"如果"的假想，可唯有"动"能带来"但是"的希望。

② 这样讲并非认定"静"就是一无是处的。我们都需要"静"，因为静下来才能思考，不思考就会陷入迷茫，就无法在困境中找到希望的出口。但不容否认的是，当我们处于静止状态，只是停留在思考层面，我们会陷入无尽的假设和可能性之中，有时甚至会导致懒惰、引发疑虑和焦虑，让人安于现状、疲于现状，最终苦于现状、无计可施、走向失败。因此，"久静不如一动"，也就是说，只有行动起来才能打破假想，才能带来希望。无论面临多么困难的境况，只有勇敢地迈出第一步，踏踏实实走下去，才能充分调动得天独厚的资源禀赋，才能转危为安、化险为夷，变被动为主动，让成功的可能性变得更大。

③ 改革开放之初，安徽凤阳小岗村的村民们就面

临着一场"静"与"动"的较量。大多数村民因为历史的局限性不敢轻举妄动，"静静地"思索着要不要分田到户，如果这么做，会不会是冒天下之大不韪？如果这么做，会不会有牢狱之灾？这引发了一系列"如果"的遐想。可是有这么18位村民，他们"动"了起来，摁下了手印，签下了"生死状"，将村内土地分开承包，开创了包干到户和包产到户，开辟了家庭联产承包责任制的先河，这一行动由此成为历史壮举，为农村土地承包制度乃至整个农村改革带来了"神转折"，这就是"动"所带来的"但是"的希望。

④历史的经验告诉我们一个简单的道理：行动就是力量。当年深圳蛇口开放发展时有一句"时间就是金钱，效率就是生命"的标语，这句标语的精神实质就是"行动"，所以才开辟了改革开放的新路；黄大年留学回国后惜时如金、果断行动，带领团队填补了多项巡天、探地、潜海的技术空白；廖俊波以"起步就是冲刺、开局就是决战"的拼劲和干劲把一个"省末县"带成了"省十佳"……无数事实证明：唯有行动才是最有力的证明，唯有行动才是最亮丽的风景。

⑤当然，果断行动也不是毫无规划的盲目行动，更不是漫无目的胡乱行动。动有动的道理，静有静的原因：如果一时看不懂、看不透，或者思想不统一、认识不一致，就要"静"；如果已经看懂了、搞透了，明确了方向和重点，统一了思想和认识，就要"动"。深思熟虑、全面权衡后拿出科学决策，要合乎规律、不越边界、遵循科学，既快速又审慎地付诸行动，才能开出希望之花、结出成功之果。

⑥在追求美好事物的路途中，时而会遇到迅猛的疾风，时而会面临停滞的困境，在这个多变世界中不改定力、不忘初心，在动静结合的节奏中找准定点、果断发力、及时行动，才能稳中求进、行稳致远。

---

**③段写作思路**

本段采用举例论证的方式，以小岗村的例子阐释"静"与"动"的不同结果，具体说明"动"带来的希望。

**④段写作思路**

本段重点阐释"动"：行动就是力量。用深圳和黄大年、廖俊波的事例，从不同角度论证"行动"的重要性，以举例子为主要论证方法。

**⑤段写作思路**

本段论述"动"和"静"的关系，强调"动"并非盲目行动，而是在"深思熟虑、全面权衡"基础上的科学决策和行动，以讲道理为论证方法。

**⑥结尾写作思路**

先提未来可能会有疾风和困境，在动静结合中行动起来，才能行稳致远。背后的逻辑是"面对不好的情况＋怎样做（中心论点）＋结果"。

## 话题8 ：水的精神

【2017 年国考地市级】请深入理解"给定资料 5"结尾画线句子"只要我们能静下心来向水学习，我们的智慧和情操就一定能得到提高"。联系实际，自拟题目，写一篇文章。

要求：（1）自选角度，立意明确；（2）参考"给定资料"，但不拘泥于"给定资料"；（3）思路明晰，语言流畅；（4）总字数 1000～1200 字。

## 一 思路点拨

画线句子"只要我们能静下心来向水学习，我们的智慧和情操就一定能得到提高"，可以直接作为文章的中心论点。其中"智慧""情操"是最关键的两个信息，因为想要提高这两个方面，就必须向水学习这两个方面。根据给定资料，水的"智慧"主要有"柔能克刚""动能变化"，水的"品德"主要有"静能映物""滋养万物而不争"。

这篇文章的结构可以直接以"学习水的道德""学习水的智慧"为主题分论点，也可以直接用"柔能克刚""动能变化""静能映物""滋养万物而不争"直接作为分论点。两种结构只有形式的区别，内容是一致的。

## 二 写作实操

### 师水之智，习水之德

**标题拟定思路**

本文的核心论点是"学习水的智慧和品德"，所以直接拆分即可，可以是"学水之智，习水之德"，也可以是"师水之智，习水之德"。

①"君子之交淡如水"，一句通俗易懂的古语，足以让我们领略到水之至尊，体会到水之至美，感悟到水之至善。柔可攻其至坚、动可幻化无形、静可映

照万物，滋养万物而从不争夺，养育亿人却从不苛求……水是智慧的化身，亦是道德的载体，水之柔顺、水之变通、水之包容、水之谦和、水之奉献，都饱含着人生真谛，以水为师，可以提升我们的智慧，可以陶冶我们的情操。

②静心师水，提升智慧。水的智慧体现在它的"柔顺"与"变通"。学习水之"柔顺"，"柔顺"并非"柔软""柔弱""顺服""顺从"，而是一种坚忍不拔的精神、一种持之以恒的态度，"冰冻三尺，非一日之寒；水滴石穿，非一日之功"，讲的就是这个道理；学习水之"变通"，"变通"并非"任意妄为"，而是尊重规律、利用规律、顺势而为。面对险阻，水总能随形就势，或缓缓绕行，或滴水穿石，这种柔中有刚、刚柔相济、灵活应变的智慧，在中国历史上有诸多体现：古代，三国时期的诸葛亮巧借东风火烧赤壁，以弱胜强，成就千古佳话；新民主主义革命时期，中国共产党在革命斗争中，灵活运用游击战术，避敌锋芒，最终取得了抗日战争和解放战争的伟大胜利。在当今社会发展中，面对日益复杂的国际形势和竞争环境，我们更要学习水的智慧，以刚柔并济的心态灵活应对各种挑战，才能在激烈的竞争中立于不败之地。

③静心师水，陶冶情操。水的情操体现在它的"包容"与"谦和"。学习水之包容，就是"心境平静无澜，万物自然得映"的胸怀，水之心境是平静的、是宽容的，既可以实事求是地映照出万物的千姿百态让人三省吾身，也可以海纳百川地将万物纳入胸怀，"河海不择细流，故能就其深"。唐太宗李世民虚怀纳谏，任人唯贤，开创了"贞观之治"的盛世局面，而反观那些刚愎自用、心胸狭隘之人，最终都难逃失败的命运。学习水之谦和，就是"滋养万物而不争"的品质，无论是为人处世，还是为官一方，我们都要学习水的谦和恭让、低调谦逊。当今社会浮躁之风盛

① 开头写作思路

第一，用古语引出"水"。第二，概括水的优秀品质并总结象征意义，水是智慧与道德的化身，与主旨句建构关联。第三，点明主旨：以水为师，可以提升智慧、陶冶情操。

② 段写作思路

第一，提出观点：学习水的精神以提升自身智慧。第二，讲道理＋摆事实：解释"柔顺"的含义，并以"诸葛亮借东风"为例说明；解释"变通"的含义，并以我党灵活运用游击战术取得胜利为例说明。第三，总结：在当今社会，学习水的智慧，灵活应对挑战，才能立于不败之地。

③ 段写作思路

第一，提出观点：学习水的精神以陶冶情操。第二，讲道理＋摆事实：解释"包容"的含义，并以"海纳百川"和唐太宗李世民虚怀纳谏为例说明；解释"谦和"的含义，并以"滋养万物而不争"和当今社会浮躁之风进行对比说明。

④结尾写作思路

第一，以水的两种形态做引子，为了写水的"抽象精神"，就用水的"物质形态"做对比。第二，顺承前文，表达人们愿意学习水的精神品质。第三，回扣主旨句。

行，谦虚品质愈显珍贵，若不懂得谦和，骄傲自满，则容易迷失自我，止步不前。相反，若能像水一样谦虚谨慎，虚怀若谷，便能不断进步，成就一番事业。

④ 水，展现为一种物质，无色无味；水，饱含着一种精神，大智大德。古往今来，人们赋予了水很多内涵，也寄予水很多追求，更重要的是发现水的很多品质。老子说"上善若水"，只要我们静下心来，习其善、学其智、师其德，我们的智慧与情操一定会得以提高。

## 话题9 ：成长的烦恼

【2022年联考】给定资料5中画线句子写道："成长的烦恼总是在成长中化解的。"请结合你对这句话的思考，联系实际，自选角度，自拟题目，写一篇议论文。

要求：（1）立意明确，观点正确；（2）思路清晰，语言流畅；（3）参考给定资料，但不拘泥于给定资料；（4）1000～1200字。

## 一 思路点拨

第一，分析给定句子的含义："成长的烦恼总是在成长中化解的"表明了成长和烦恼之间的辩证关系，即烦恼是成长过程中不可避免的一部分，而解决烦恼则是成长的必经之路。第二，提炼主旨：成长是一个不断经历烦恼、解决烦恼并最终获得成长的过程。进一步想，"成长的烦恼"除了被理解为一个人成长中的烦恼，还可以引申为国家或者社会的发展中遇到各种问题或者挑战，基于此，本文在结构上就可以重点论证两个角度：成长中有烦恼（发展中有问题）、烦恼要在成长中化解（问题要在发展中解决）。

## 二　写作实操

## 在成长中化解烦恼，在发展中把握契机

**标题拟定思路**

在题干给定句子中，"成长的烦恼"很容易被理解为一个人成长中的烦恼，以此道理引申，国家或者社会发展中遇到问题、挑战该怎么办，因此，本文标题可以确定为"在成长中化解烦恼，在发展中把握契机"。

①古语有云："世异则事异，事异则备变。"意思是"事因于世，而备适于事"，万事万物在成长发展的过程中都是不断变化的，不同的成长阶段会有不同的烦恼，不同的发展时期会有不同的问题，但是新的烦恼往往伴随着新的转机，新的问题也常常孕育着新的契机，从这个意义上讲，事物的成长与发展恰恰是"烦恼和问题"的结果。

②事物成长难免会有烦恼，发展难免会带来新问题。以新能源汽车为例，近些年来，新能源汽车新产业快速发展，为我国经济增长注入了强劲动能，为推动清洁能源革命和绿色交通发展提供了有力支撑。然而，充电桩成了其成长的烦恼：相关管理权责不清、地域分布极不均衡、运营平台管理分散、布局规划脱离实际、燃油车辆挤占车位……客观地讲，这是事物发展的必经阶段，新事物在刚刚问世的时候总是会经历一段阵痛期，在发展过程中也会不断遇到新的问题和挑战，这是在所难免的。

③但是问题和挑战恰恰是事物发展的关键，想要在成长中化解烦恼，就必须在新问题中把握新发展的契机。再看新能源汽车的充电桩难题，其实都能在发展中破解：进一步理顺管理权责、优化资源配置、统筹平台运营、科学规划布局等，都可以逐步在管理上探索化解之道、在技术上寻求破解之法，让充电桩既能为民生"充电"，又能为产业"续航"。所以说，对

**①开头写作思路**

通过引用古语"世异则事异，事异则备变"及对其的解释，引出核心观点中的三个要素：事物的成长发展中会有变化，不同成长发展阶段会有不同问题，这些问题能在成长和发展中解决（其中后两个是题干给定句子的关键）。

**②段写作思路**

第一，提出观点：事物发展必然遇到问题。第二，举例论证：以新能源汽车为例，说明其发展过程中遇到的充电桩难题。第三，总结归纳：事物发展过程中遇到问题是难免的。

**③段写作思路**

第一，提出观点：问题和挑战是发展的契机。第二，举例论证：继续以新能源汽车为例，说明如何解决充电桩难题。第三，总结提升：引申出其他新事物、新业态、新模式，强调要用发展的办法解决发展中的问题。

任何新事物、新业态、新模式在发展中出现的新问题都不应有抵触心态、逃避心理，要以问题为契机，正视问题、直面挑战，要不断突破、持续创新，用发展的办法解决发展中的问题，这才是高质量发展的题中之义。

④我们不妨借此拉长经济社会发展的"景深"。以"直播电商"为例，电商的兴起最初冲击了传统零售业，但也为其转型升级提供了新的思路，一些传统企业积极拥抱互联网，发展线上业务，最终实现了"线上线下"的融合发展；再以"新能源"发展为例，随着工业化的推进，环境污染和资源短缺成为全球面临的重大挑战，这些问题引起了广泛的社会关注和政策制定，也催生了清洁能源和可持续技术的快速发展，比如太阳能、风能等替代能源的研发和应用，不仅解决了部分能源危机，也推动了新兴产业的兴起，创造了更多的就业和经济增长点……由此可见，经济社会各个领域在每一历史阶段的迅速发展，正是"烦恼和问题"推动的结果，每一次危机都蕴藏着机遇，每一次挑战都预示着变革。只要能够洞察先机、抓住机遇，就能够在化解烦恼的过程中实现更大的发展。这些启示是我们应该总结的历史发展经验和社会发展规律。

⑤"物无妄然，必由其理。"事物成长和发展过程中的烦恼、问题、挑战都是暂时的，只要能够把握发展本质、遵循变化规律，顺势而为、积极应对，就一定可以不断推动发展的进程。

## ④段写作思路

第一，首句用"拉长景深"的形象表达，说明要从充电桩难题引申开来，分析题干的道理对经济社会发展的启发。第二，举例论证：以"直播电商"和"新能源"为例，说明经济社会各个领域在每一个历史阶段的迅速发展，正是"烦恼和问题"推动的结果，每一次危机都蕴藏着机遇，每一次挑战都预示着变革。

## ⑤结尾写作思路

第一，用"物无妄然，必由其理"再次强调事物发展的规律性，呼应开头。第二，总结论点并展望未来。

## 话题 10　标准化与个性化

【2020 年北京市考（区级）】结合给定材料，围绕"标准化与个性化"这一主题，自拟题目，写一篇文章。

要求：联系实际，观点鲜明、正确，分析深入、合理，语言流畅，字数控制在 800～1000 字。

### 一　思路点拨

第一，解构话题："标准化"强调统一规范，能提高效率、降低成本；"个性化"注重独特差异，可以满足多样需求、激发创新和活力。第二，分析关系：表面上两者存在矛盾，但是实际上并非非此即彼，而是在不同领域、不同情境下需要寻求平衡点。所以，本文的中心论点可以确定为：标准化与个性化并非对立矛盾的概念，而是相辅相成的两种力量，在不同领域和情境下寻求平衡，才能实现最佳效果。文章的结构可以围绕"什么是标准化和个性化""标准化的利弊""个性化的利弊""标准化和个性化的关系"等进行搭建。

### 二　写作实操

#### 从盆景到风景，从复制到粘贴

标题拟定思路

第一，确定主题中的关键元素，即标准化和个性化。第二，寻找能够代表这两个概念的形象比喻，盆景通常是精心雕琢、具有独特个性的，而风景则更具普遍性和标准化；复制往往是机械地重复标准化的内容，粘贴则是将标准化的东西进行灵活性推广应用。第三，将这两组比喻组合起来，形成一个标题，体现两者之间的辩证关系。

①通过鱼鳔的收缩与膨胀可以在水中下沉和上浮，这是鱼类的个性化特点，据此人类发明了潜水艇；通过嘴和耳朵的回声定位系统实现无碰撞飞行，

这是蝙蝠的个性化特点，据此人类发明了雷达。鱼类和蝙蝠的独有特点，是其个性化特征，潜水艇和雷达的发明，是根据动物个性化特征的标准化生产。这就是个性化和标准化关系中最简单的道理，两者看似对立，实则统一。

② 个性化是独特性、创新性，这些独特性和创新性可以带给技术、经济、社会发展很多启发，是推动事物向前发展、取得突破的关键，这是标准化的前提。比如，海绵可以吸水，这是海绵的特性，据此特性我们提出了"海绵城市"的概念，用以缓解城市积水内涝和热岛效应等问题，但最初海绵城市的建设标准在国内尚属一片空白，经过各方的调研努力，最终有了"评价导则"和"技术导则"两项标准，以此标准为参照，北京市多个小区、学校、主要道路开展了"海绵城市"试点，当试点卓有成效之时，就可以通过标准化的形式在全国推广。从这个意义上讲，对个性化进行总结，就有了标准化，对标准化进行推广，就有了社会的发展与进步。

③ 标准化是规范性、复制性，是对个性化的科学经验汇总和客观规律总结，更加成熟、更富成效、更可持续，其作用也更广泛、更直接、更灵活。这样的例子有很多，比如：在技术创新领域，北京市累计发布地方标准100多项，为支撑首都城市规划建设和精细化管理、保障安全运行、服务和改善民生发挥了重要作用；在城市交通领域，北京市引入标准化建设的理念，扎实了持续提供服务的技术基础，自主研发了自动售检票系统，地铁服务不断升级；在公共服务领域，北京市积极探索服务标准化建设的新思路和新举措，通过选取最有代表性的地区和行业建立公共服务标准化示范区，为公共事业管理、行政管理和城市管理升级提供了新的天地、指出了新的方向。因此，建立和完善标准体系的"最后一公里"在制度建设中至

关重要，对于具有推广价值的改革探索，不但要使之制度化，而且要制定相关标准，发挥好示范引领作用。

④ 从"盆景"变"风景"、从"复制"到"粘贴"，个性化是前提，标准化是目的。个性化是可以标准化的，要善于对个性化进行规律总结和经验提炼，这样才能形成高质量标准；标准化也是可以个性化的，要善于对标准化进行因地制宜的操作细化和个性推广，这样才能引领高质量发展。

**④结尾写作思路**

第一，再次强调个性化和标准化的关系，即个性化是前提，标准化是目的。第二，给出处理两者关系的方向，分别阐述个性化如何标准化以及标准化如何个性化，并且拔高到了高质量发展，提升文章高度。

## ⊙ 话题 11 ┆ "快与慢"的平衡

【2017 年联考】参考给定资料，以"平衡"为主标题，自拟副标题，自选角度，写一篇议论文。

要求：（1）自选角度，立意明确；（2）联系实际，不拘泥于"给定资料"；（3）思路清晰，语言流畅；（4）总字数 1000～1200 字。

### 一 思路点拨

题目中的主标题是"平衡"，给定资料均是围绕各个领域中"快"与"慢"的辩证关系展开，因此，这里的"平衡"应该是"快"与"慢"的平衡。文章的中心论点也就清晰了："快"与"慢"相互依存、互相转化，应该在两者之间把握平衡。本文的结构可以围绕"什么是快和慢""为什么要快""为什么要慢""如何平衡快和慢的关系"等角度进行搭建。

### 二 写作实操

平衡
——把握好"快与慢"的节奏

**标题拟定思路**

见上文"思路点拨"部分。

**①开头写作思路**

第一，引出话题：用相关的成语和名言，引出"快"与"慢"的话题。第二，提出观点：阐明对两者的态度立场，两者相互依存，应该把握平衡。

**②段写作思路**

本段主要讨论"快"的概念和意义。第一，亮明观点，否定"快"是速度上的绝对快，强调也可以是积极的转变和创新。第二，举例子：证明"快"的重要性（改革开放之初、信息时代）。第三，做总结：指出什么时候应该"快"。

**③段写作思路**

本段主要讨论"慢"的概念和意义。第一，亮明观点，否定"慢"是速度上的绝对慢，强调也可以是自然轻松的意境和积极健康的状态。第二，讲道理：分析现代社会"快节奏"带来的负面影响，论证"慢"的必要性。第三，做总结：指出什么时候应该"慢"。

①"兵贵神速""时不我待"，总有这样的成语提醒我们"快一些"；"自在有为的生活急不得"，总有这样的名言告诫我们"慢下来"。"快"与"慢"就像一对孪生兄弟，相互依存，在"快"与"慢"的节奏变换中找准定点是一种选择，在"慢"与"快"的循环更替中把握平衡是一种智慧。

②"快"不是速度上的绝对快，而是一种意识，一种转变思维、突破创新的意识，是一种尊重规律的选择，是一种积极向上的态度。改革开放之初，如果没有抓住历史的机遇，如果没有创新求变，如果没有快马加鞭，如果没有"发展就是硬道理"的指引，就不会为今天的发展打下殷实的物质基础；信息时代，如果不能乘上"互联网的快车"，如果不能与时俱进，如果不能把握新的市场规律，如果停留在过去的功劳簿上迷恋"旧日辉煌"，就不会有今天"大众创业、万众创新"的盛况空前。再厚实的基础都不应该成为停滞不前的借口，当"慢"与"快"的天平向"慢"倾斜时，我们必须督促自己"快起来"。

③"慢"不是速度上的绝对慢，而是一种意境，一种回归自然、轻松和谐的意境，是一种积极的生活方式，是一种健康的心理状态。今天，社会变革持续加速，利益结构不断调整，经济地位重新洗牌，加之互联网时代的信息爆炸与各种诱惑，我们的工作节奏越来越快，生活状态越来越急，终日被巨大的生活压力困扰，被浮躁的焦虑心态笼罩，"感觉身体被掏空"的调侃背后，是精神的疲惫、身体的损伤，更是理想的泯灭，社会节奏加快带来的这些紧张和焦虑，已成为当代国人的普遍心态。信息时代"快餐文化"盛行，人们习惯了快节奏生活，总想一蹴而就、立竿见影。然而，很多美好的东西需要慢工出细活，需要持之以恒的积累和坚守。当"快"与"慢"的天平向"快"倾斜时，我们应该让自己"慢下来"。

④ 显而易见，"快"与"慢"并非对立，关键在于统筹兼顾、动态平衡。个人的工作生活如此，国家经济社会的发展也是如此：发展快不等于发展好，发展慢也不等于发展差。我们既要以时不我待的紧迫感加快发展，又要以久久为功的韧劲厚植根基；既要以"快"的进取争取机遇，又要以"慢"的定力直面挑战；既要以"快"的效率提升发展质量，又要以"慢"的温度增进民生福祉。唯有在"快"与"慢"平衡的辩证法中找到最佳节奏，才能实现生产力和生产关系、经济基础和上层建筑的全面发展和良性互动。

⑤ "许自己以执念，给执念以时间。在多变中不改定力，会是我们对世上美好事物最好的致意。"在追求美好事物的路途中，时而遇到迅猛的劲风，时而面对停滞的困境，在这个多变世界中不改定力、不忘初心，在这个快慢交加的节奏中找准定点、把握平衡，才能稳中求进、行稳致远，个人如是，社会如是，国家如是，世界如是……

**④段写作思路**

本段讨论"平衡"。第一，亮明观点，"快"与"慢"并非对立，关键在于平衡。第二，讲道理：从个人、国家等多个角度论证平衡"快"与"慢"的必要性。第三，提对策：阐述如何平衡"快"与"慢"及其重要性。

**⑤结尾写作思路**

深化式总结："平衡"最关键的不是在两端跑来跑去，而是能根据实际情况找准平衡点，所以结尾的引语中强调的是"定力"，找准定点才能把握平衡。

## ☉ 话题 12  主观能动性

【2025 年国考副省级】事物的劣势在特定条件下可以转化成优势，这种转化往往有赖于人的主观能动性。请你对此进行深入思考，参考给定资料，联系实际，自选角度，自拟题目，写一篇文章。

要求：观点明确，见解深刻；参考给定资料，但不拘泥于给定资料；思路清晰，语言流畅；字数 1000 ～ 1200 字。

**思路点拨** ·········································································

　　题目要求围绕"事物的劣势在特定条件下可以转化成优势"进行深入思考，并强调"这种转化往往有赖于人的主观能动性"，侧重点在于"主观能动性"的作用。基于此，文章立意可以聚焦于三个方向：第一，对"主观能动性"的理解。第二，劣势和优势之间的对立统一关系（重点分析劣势转优势），同时强调主观能动性在实现转化中的作用。第三，分析如何发挥主观能动性，才能将劣势转化为优势、将困境转化为机遇。如此，这篇文章的架构也就比较清晰了。

**二 写作实操** ·········································································

<h3 style="text-align:center">"势"在人为</h3>

**标题拟定思路**

　　题目给定句子中包含几个重要的关键词，比如劣势与优势、人的主观能动性等。取"势"字可以涵盖"劣势"和"优势"，喻指"劣势转为优势"；取"人"字点明人的主观能动性在这一转化过程中的作用。借用"事在人为"的谐音，取此标题。

**①开头写作思路**

　　第一，理论引入：用唯物辩证法的普遍哲理引出"主观能动性"，以此说明文章的讨论并非片面强调主观，而是将主观能动性置于客观规律的框架下进行探讨，体现文章的思辨性。第二，引出观点：对"主观能动性"进行解释，同时强调其在劣势转化为优势过程中的作用，引出本文的核心观点。

　　①唯物辩证法认为，人类生活在客观现实之中，必须尊重客观规律，但与此同时，作为有意识的主体，人类也能够在认识和利用客观规律的基础上，通过发挥主观能动性达到预期目标。主观能动性不仅是简单的"主观努力"，还包括对客观现实的深刻认识、科学判断和创造性行动，不仅是一种思维方式，也是一种实践能力。事物发展的劣势在特定条件下可以转化为优势，往往依赖的就是这种主观能动性。

　　②拉长历史的景深，我们有"主观能动性"基因。几千年前，中华民族的先民们就秉持"周虽旧邦，其命维新"的精神，开启了缔造中华文明的伟大实践；自古以来，中国大地上发生了无数变法变革图

强运动，留下了"治世不一道，便国不法古"的豪迈宣言……正是这种"天行健，君子以自强不息"的精神，铸造了我们不甘落后、敢为人先、大胆探索、善于变革的"主观能动性"品格。

③放大现实的广角，百年未有之大变局带来诸多困难，面对发展的劣势，充分发挥主观能动性才能增加转化为优势的可能性。以我国的经济发展为例，外部封锁与内部结构性问题迫使我国更加积极地加快经济转型升级，也加速了国产芯片、光伏、新能源等领域的崛起，使"卡脖子"问题成为激发自主研发动力的契机。这表明，困难本身并不可怕，关键在于能否充分发挥人的主观能动性，将被动的劣势转化为主动的优势，在挑战中寻找机遇，在危机中实现突破。

④发挥主观能动性需要量力。量力而行，就是要尊重客观规律。事物发展的劣势并非凭空而来，它是历史条件、现实环境和客观规律共同作用的结果，只有准确把握事物发展的内在逻辑，认清自己所处的客观条件，才能找到突破劣势的切入点。如果脱离实际条件，盲目行动，不仅无法转化劣势，反而可能使劣势进一步加剧。

⑤发挥主观能动性需要尽力。主观能动性最重要的体现便是思考力和行动力，尊重规律并不等于被动等待，相反，要敢作敢为、善作善成。从曾经的一穷二白到如今的世界第二大经济体，"中国奇迹"的背后是无数企业的拼搏奋斗，是科技创新的持续推动，是每一家企业努力提高产品质量、拓展市场份额，是每一位企业家勇于创新、开拓进取，是每一位劳动者兢兢业业、勤奋工作，这都是在为经济的繁荣添砖加瓦……只有尽力而为，敢于突破困境，才能将可能性变为现实，将潜力变为优势。

⑥发挥主观能动性需要定力。定力，就是要保持

### ②③段写作思路

第一，核心观点：这两段旨在论述"主观能动性"在劣势转化为优势的过程中发挥着重要作用。第二，论证方式：从历史角度出发，通过引用典故、列举历史事件等方式，论证"主观能动性"的来源和历史传承；从现实角度出发，分析当前面临的挑战，强调"主观能动性"在应对挑战中的重要性。第三，总结升华：强调"主观能动性"在应对挑战、抓住机遇、实现突破中的关键作用。

### ④段写作思路

第一，提出观点：发挥主观能动性需要量力。第二，解释概念：对"量力"进行解释。第三，正反论证：正面分析劣势成因，强调必须尊重客观规律；反面强调不"量力"的后果，进一步论证其的重要性。

### ⑤段写作思路

第一，提出观点：发挥主观能动性需要尽力。第二，解释概念：阐述"尽力"的内涵，并指出尊重规律与积极主动并不矛盾。第三，举例论证：以"中国奇迹"为例，列举多个角度的努力，论证"尽力"的重要性。第四，总结升华：强调"尽力"的重要性。

**⑥段写作思路**

第一，提出论点：发挥主观能动性需要定力。第二，解释概念：对"定力"进行解释。第三，道理论证：论述劣势转化为优势的艰巨漫长，分析保持"定力"的必要性。第四，举例论证：以中国科技发展为例，强调"将劣势转化为优势不可能一蹴而就"，需要长期努力，呼应论点。

**⑦结尾写作思路**

第一，引用古语，既指出要遵循规律，也强调发挥主观能动性。第二，总结历史经验，强调了困难的普遍性和克服困难的必然性。第三，展望未来，激励前行。

历史耐心、坚持长期主义。劣势转化为优势的过程是艰巨的、漫长的、曲折的，所以发挥主观能动性就要求在困难面前不退缩、在诱惑面前不动摇、在挫折面前不放弃。我国的科技发展就是一个缩影：在将强未强、不进则退的关键阶段，一些关键核心技术受制于人、顶尖科技人才不足，从科技大国迈向科技强国，必然会遭遇各种阻碍遏制……将劣势转化为优势不可能一蹴而就，形成推动发展的强大动力必然需要一个久久为功的过程。

⑦"遵道而行，但到半途须努力；会心不远，要登绝顶莫辞劳。"什么时候都有困难，一个一个过，年年过、年年好，中华民族5000多年来都是这样。笃信为者常成、行者常至，我们一定能在推动高质量发展的征程中破浪前行。

## 话题 13 "互补"关系

【2025年国考地市级】给定资料反映了事物间的"互补"关系不是简单的拼合，而是互相作用、互相激发、互相促进的机制。请你对此深入思考，联系实际，自选角度，自拟题目，写一篇文章。

要求：观点明确，见解深刻；参考给定资料，但不拘泥于给定资料；思路清晰，语言流畅；字数1000～1200字。

## 一 思路点拨

"事物间的'互补'关系不是简单的拼合，而是互相作用、互相激发、互相促进的机制"，这句话中的主题是围绕"事物间的'互补'关系"，其中强调了两点：第一，"互补"关系不是简单拼合；第二，"互补"关系是互相作用、互相激发、互相促进的机制。基于此，本文的结构可以围绕事物间"互补"关系存在的问题（简单拼合）、"互补"关系的三个机制等进行搭建。

本文的重点是把"互相作用""互相激发""互相促进"的机制论证清楚，这也是本文的难点，如果把三者当成并列关系，这三者非常难以区分。但是，如果从递进的关系解读三者，会发现这正好是事物间互补的三个过程，就像两个人谈恋爱：首先，从自身优势出发给予对方一些作用力，感受双方是否匹配；随后，看对方能否激发出自身的一些美好，看感情是否能够升温；最后，如果双方都能让对方变得更好，这就是成功的恋爱关系。

 **二 写作实操**

## "互补"之道

**标题拟定思路**

题目中给定句子的主题是"互补"关系，所以可以直接取其作为标题关键词，"道"意指探讨"互补"背后的规律和方法。这个标题具有普遍适用性，方便从多个角度阐述主旨，也能暗合题干的句意观点，总结性较强。

① "互补"，是万物和谐发展的重要规律之一。这种关系意味着两个或多个事物在各有优劣的情况下，通过彼此的有机结合，共同构建一个相辅相成的功能系统。

② 高质量的"互补"，并非仅靠简单的资源堆叠相加即可达成。近年来，各地都在摸索新质生产力的发展路径，有不少地方过度关注新技术、新产业、新业态，与自家的产业"硬加硬套硬互补"，完全不顾自己的资源禀赋和发展水平，对引进的人才、资本和技术等资源造成了极大浪费，偏离了发展新质生产力的初衷。这表明，简单的拼合式"互补"难以支撑长远发展。真正的"互补"，必须建立在互相作用、互相激发、互相促进的机制之上。

③ 互相作用是事物间"互补"的前提。互相作用

**① 开头写作思路**

开门见山，直接对文章主题进行阐释，采用"总—分"的结构，先提出主题，然后用具体化的语言解释"互补"的含义，包括前提、方式和目的。

**② 段写作思路**

本段围绕题目句子前半句"事物间的互补关系不是简单的拼合"展开。第一，提出观点：点出"高质量的'互补'"不是简单的资源堆砌。第二，举例论证：以"各地发展新质生产力"的错误做法论证"简单拼合式互补"的局限性。第三，总结观点：引出本文主旨，通过先破后立的写法，使题目观点更加鲜明有力。

### ③段写作思路

第一，提出观点：互相作用是事物间"互补"的前提。第二，解释内涵：对"互相作用"进行解释。第三，举例论证：以数字经济与传统产业的融合为例，分析事物各方互相给予作用的注意事项。

### ④段写作思路

第一，提出观点：互相激发是事物间"互补"的关键。第二，解释内涵：对"互相激发"进行解释。第三，举例论证：以科技与传统产业的结合为例，说明互相激发在实践中的应用和意义。第四，总结升华：对互相激发的结果进行总结，突出其深刻、深远影响，以强调其关键作用。

### ⑤段写作思路

第一，提出观点：互相促进是事物间"互补"的目的。第二，道理论证：阐述互补对于促进事物发展的重要性。第三，举例论证：以"粤港澳大湾区"和"一带一路"倡议为例，说明互补在事物间的促进作用。第四，总结升华：对互补目的进行深入阐释，突出互补的最终目标和深远意义。

### ⑥结尾写作思路

第一，回顾核心观点，点明"互补"的本质属性。第二，展望未来发展，强调"互补"的实践意义。

要求各方根据自身特性和发展需要相互匹配、磨合、调试，通过给予彼此"作用力"，探寻合作发展的契合点。比如数字经济与传统产业的融合互补，就需要在不断的相互作用中对市场前景、商业模式、技术系统和制度环境等进行动态探索，在这一过程中根据对方的需求调整自己的优势资源，同时需要寻求自身发展与整体协同的平衡。

④互相激发是事物间"互补"的关键。互相激发，是不同事物通过彼此的优势，催生出彼此内在的潜能、活力或创造力。科技与传统产业的结合便是一个典型的互补关系，制造业通过与人工智能、大数据等高新技术的结合，在提升生产效率和质量的同时，还推动了整个产业链的升级，不仅提高了传统行业的竞争力，也激发了新兴技术的应用场景。从这个意义上讲，互相激发的结果不仅仅是量的增加，更是质的提升，甚至能让事物具备比单独存在时更强更优更新的功能和状态。

⑤互相促进是事物间"互补"的目的。单一事物往往难以独立地走向完善，它需要外部的力量或与其他事物的配合，才能获得更大的突破。无论是"粤港澳大湾区"等国内区域协调发展战略，还是"一带一路"倡议等国际命运共同体发展战略，无一不是在推动构建优势互补、共同发展的多方位布局。所以说，"互补"并不仅仅是为了平衡差异或弥补短板，而是为了更进一步的互相促进，也就是不同事物通过彼此的协同发展、良性互动，实现共同提升、共同发展、共同繁荣。

⑥事物间的"互补"关系，既是一种客观规律，也是一种实践智慧。在未来的发展道路上，唯有深刻理解并践行"互补"之道，才能在协同中迈向更高质量的发展。

## 考点点拨

　　"哲学道理"类作文，考查形式主要是通过给定资料中的具体案例引申出一个比较有哲学道理的主题或观点，要求考生根据这个哲学道理说开去，结合社会发展实际、政府政策（也可以是个人成长）等谈出自己的思考见解和感悟。根据近年来的命题，经常考查的哲学道理有以下几种：

　　第一，事物是不断运动、发展、变化的：比如，2024年国考副省级"旧事物的价值"，"旧物新生"的过程本身就是一种创新和改变，蕴含着不断发展变化的道理；2023年国考副省级"流动与新生"，只有在不断的流动中，事物才有可能发生质的变化，产生新的事物；2021年联考的"风、天空、道路"，形象地表达了事物发展的持续性和无限性。第二，量变与质变：比如，2023年国考地市级执法卷的"追寻长期价值"等，体现的就是量变走向质变的过程。第三，矛盾的对立和统一：比如，2023年联考的"变与不变"看似对立，但是不变的信念会推动变化的行动，变化的行动会坚定不变的信念，两者实现统一；2020年京考的"标准化与个性化"看似对立，但是没有标准的个性化可能会失去方向，个性化也为标准化带来活力和创新，两者实现统一；2019年联考的"静与动"看似对立，但是静是动的前提和基础，动是静的目的和结果，两者实现统一；2017年联考的"快与慢"看似对立，但是快时应该慢下来，慢时应该快起来，两者实现统一。第四，联系的普遍性：比如，2025年国考地市级的"互补关系"，强调事物之间的互相作用、激发和促进；2022年国考地市级的"融合"，不同事物之间通过融合相互影响、相互促进，从而推动整体不断发展。第五，事物发展前进性与曲折性的统一：比如，2022年联考"成长的烦恼"，成长虽然伴随着烦恼，但发展的总趋势是前进的、上升的；2021年联考的"风、天空、道路"，前进的道路会遇到各种困难和挑战，其中必然包含着曲折性，但是曲折过后也必然会向前发展。第六，物质与意识的辩证关系：比如，2017年国考的"以水为师"，向水学习，就是从客观存在的事物中汲取智慧和感悟，体现了物质对意识的决定作用，而将水的精神转化为意识内容，进而指导行动，则体现了意识的能动作用。第七，主观能动性：比如，

2025 年国考副省级的"主观能动性"，题目要求围绕"事物的劣势在特定条件下可以转化成优势"进行深入思考，并强调"这种转化往往有赖于人的主观能动性"。

# 第三章

# 个人与时代发展

## 话题 1　"打磨"和"修补"力量

【2024年国考地市级】给定资料5中提到："投入自己的领域，不断'打磨'，不断'修补'，为人们温暖笃定的生活秩序默默付出，稳步前行。"请根据对这句话的理解，参考给定资料，联系实际，自选角度，自拟题目，写一篇文章。

要求：（1）观点明确，见解深刻；（2）参考"给定资料"，但不拘泥于"给定资料"；（3）思路清晰，语言流畅；（4）总字数1000～1200字。

### 一　思路点拨

题干给定句子本身就是简单明了的核心论点。对其进行拆分，"投入自己的领域""不断'打磨'、不断'修补'""默默付出、稳步前行"均可作为文章的结构要素。"投入自己的领域"强调专注于自身的工作、事业或兴趣，提高专业性，这是个人实现价值的基础；"不断'打磨'、不断'修补'"意味着精益求精、不断完善、不断创新自我和工作成果，体现了对品质的追求；"默默付出、稳步前行"明确了行动的坚持与坚守，即通过个人在自己领域的努力，为社会的稳定和美好贡献力量。

### 二　写作实操

#### 相信"微不足道"的力量

**标题拟定思路**

第一，深入理解给定句子，明确主题是强调在自己的领域不断努力、默默付出的力量，这种力量虽然看似微不足道，却能产生巨大影响；第二，从主题中提取关键词"微不足道"和"力量"；第三，将这两个关键词组合成标题。

**①开头写作思路**

以网络上流传的数学题目引出虽"微"也"足道"的道理，并与题目中的给定句子进行关联，引出全文中心论点。

① 网络上流传着这样一组对比：1的365次方等于1；1.01的365次方约等于37。只有0.01的差别，在365次方之后的结果却拉开了很大差距。或许数学的逻辑和现实的逻辑不同，但也告诉我们一个朴素的

道理：要投入自己的领域，不断"打磨"和"修补"微不足道的 0.01，为人们温暖笃定的生活秩序默默付出，稳步前行。这也是一种力量，一种看似简单但坚定的力量，一种看似微小却无穷的力量。

②要相信专业和专注的力量。自己的领域，是专业；投入自己的领域，就是专注。辛勤农民耕种出的累累硕果、人民教师培养出的莘莘学子、建筑工人建造出的座座楼宇、花匠师傅栽培出的朵朵盛花、木匠师傅打造出的排排桌椅……这些成果无一不是因为依靠专注在自己专业的力量，如果专业是一种能力，专注就是一种毅力。"核潜艇之父"黄旭华，当组织找他谈话说国家要建造核潜艇，他毅然选择 30 年隐姓埋名潜心研发，用自己的专业和专注成就了赫赫而无名的人生、完成了国家赋予的使命。如果问什么是"为人们温暖笃定的生活秩序默默付出"，黄老的例子就是缩影。作为普通人，虽然没有黄老的丰功伟绩，但是正是每个人都能在自己的领域专业地做事业、专注地做事情，才能汇聚起强大的力量，支撑起人们稳定幸福的生活秩序，这就是在成就有价值的精彩人生，这就是在铸就有价值的中国梦想。

③要相信精致和创新的力量。在自己的领域不断"打磨"，不是反反复复地"磨洋工"，而是在明确自身优势的基础上精益求精；在自己的领域不断"修补"，不是简简单单地"打补丁"，而是在清楚自身劣势的前提下探索创新。2024 年淄博为方便市民和游客休息游玩、打卡拍照，在全市 36 条道路开启了"落叶缓扫"的环卫模式，此举引发了网友点赞。2023 年以来淄博因烧烤引人关注，因低调优质的政府服务、热情好客的风土人情让游客爱上了这座城市。在这样的成绩之下，淄博汲取经验在各种政策上"打磨"，听取意见在各种服务上"修补"，让人们感受到了满满的诚意。如果问什么是"为人们温暖笃定的生活秩序

**②段写作思路**

中心句：要相信专业和专注的力量。第一，释观点：阐释"专业"和"专注"的含义。第二，举例子：先列举农民、教师、工人等各行各业的人们专注于自身专业的例子，再详谈"核潜艇之父"黄旭华的例子，证明专业和专注的力量。第三，做总结：引申出普通人的专业与专注。

**③段写作思路**

中心句：要相信精致和创新的力量。第一，释观点：阐释"打磨"和"修补"的深层含义。第二，举例子：以淄博城市服务升级的例子，证明精致和创新的力量。第三，做总结：强调微不足道的"打磨"和"修补"能提升人们对美好生活的追求。

默默付出"，淄博给出了答案。正是这些微不足道的"打磨"和"修补"，才让人们对美好生活的追求从"有没有"走向了"优不优"。

④ 要相信坚守和坚持的力量。"默默付出"是坚守的力量，"稳步前行"是坚持的力量。面对当今社会的各种利益诱惑、各种困难挫折、各种"未知的未知"，我们更要持续增加应对不确定性的韧性，增强适应持续变化环境的能力。2023 年，华为新一代旗舰手机引发广泛关注，在经历近些年来自外部的技术封锁和打压之后，华为 1 万多个零部件实现国产化，在自主创新的道路上取得了实质性突破。这一场暂时的胜利来之不易，虽然制胜因素众多，但最重要的无疑是华为在"你争我抢"的喧闹中坚守住了企业为国家争光、为民族争荣的使命，在"你死我活"的斗争中坚守住了企业忍辱负重、潜心研发的责任。如果问什么是"为人们温暖笃定的生活秩序默默付出"，华为作出了示范。虽然众多中小企业不能像华为那样杰出，但是如果所有的企业都能如此坚韧，高质量发展的步伐就能走得坚实稳健、走得气势恢宏。

⑤ 从一个个体的人生道路，到一个企业的规划发展，再到一个政府的责任使命，务必要重视那些看似普通琐碎、容易被人忽视的地方，要坚信：用"微不足道"的小力量，一样可以创造出壮阔美好的大未来。

**④段写作思路**

中心句：要相信坚守和坚持的力量。第一，释观点：解释"默默付出""稳步前行"的力量。第二，举例子：以华为在外部打压下实现国产化突破为例，说明华为坚守使命和责任，在自主创新道路上取得胜利。第三，做总结：强调众多中小企业若能像华为一样坚韧，高质量发展步伐就能走得坚实稳健。

**⑤结尾写作思路**

采用总结归纳的方式，从个人、企业到政府三个层面，再次强调"微不足道"的力量，并畅想用"微不足道"的小力量可以创造出壮阔美好的大未来。

## 话题2　平凡与伟大

【2020 年联考】习近平总书记曾言："伟大出自平凡，平凡造就伟大。"请深入理解这句话的含义，自拟题目，写一篇议论性文章。

要求：（1）自选角度，立意明确；（2）联系实际，不拘泥于"给定资料"；（3）思路清晰，语言流畅；（4）字数在1000字左右。

 **思路点拨**

> "伟大出自平凡，平凡造就伟大"这两句话本身就可以作为文章主旨，它强调了伟大与平凡之间的辩证关系：伟大不是遥不可及、高高在上的，而是从平凡中孕育而生的；或者可以说，平凡的人通过不懈努力和积累也能够成就伟大。文章结构可以围绕"什么是平凡和伟大""伟大出自平凡或平凡造就伟大""如何从平凡走向伟大"等角度进行搭建。

 **写作实操**

## 从平凡到伟大

**标题拟定思路**

"伟大出自平凡，平凡造就伟大"这两句话的内涵实际是相似的，表达了"从平凡到伟大"的过程，故而以此为标题。

①"灿烂星空，谁是真的英雄？平凡的人们给我最多感动……"一首《真心英雄》道出了一个再朴素不过的道理：伟大出自平凡，平凡造就伟大。

②何谓平凡？何谓伟大？白方礼老人，从1987年开始，连续十多年靠自己蹬三轮的收入帮助贫困的孩子实现上学的梦想，直到他将近90岁。他一生蹬三轮近20年，捐了35万元善款，圆了三百多个贫困孩子的上学梦。白方礼就是一个平凡的人，但他做了一件伟大的事。回首新冠疫情的防控工作，有白衣执甲、逆行出征的医务人员；再看抗洪救灾的战斗，有闻令即动、英勇善战的人民解放军和消防战士；放眼脱贫攻坚的岗位，有勇挑重担、无私忘我的党员干部……他们当中的每一个人都是平凡的人，他们靠着坚定不移的理想信念、不懈奋斗的精神品质、脚踏实

**①开头写作思路**

用《真心英雄》的歌词引出主题句。

**②段写作思路**

本段阐释何谓平凡和伟大，以及如何从平凡走向伟大。第一，举例子：通过讲述白方礼的事迹，以及回顾新冠疫情防控、抗洪救灾、脱贫攻坚中的平凡人物做出伟大之事，解释了什么是平凡和伟大。第二，做总结：指出靠坚定不移的理想信念、不懈奋斗的精神品质、脚踏实地的务实作风可以从平凡走向伟大。

地的务实作风，让平凡的自己铸就了伟大的人生，在平凡的工作中创造了伟大的成就。

③ 只要有坚定不移的理想信念，就能书写从平凡到伟大的传奇。"理想指引人生方向，信念决定事业成败"，没有理想信念，就会导致精神上"缺钙"、行动上"迷失"。带领群众在绝壁上凿出万米生命之渠的"当代愚公"黄大发，历时十年造林治沙的"沙漠愚公"苏和，把自己融入强国事业的"氢弹之父"于敏，深藏功名六十余载的"战斗英雄"张富清……他们都是广大人民群众中再平凡不过的一员，但是他们是如何造就了这不平凡的人生？是靠心系群众、心系国家的理想，是靠一心为党、一心为公的信念。

④ 只要有不懈奋斗的精神品质，就能创立从平凡到伟大的丰功。什么是奋斗精神？奋斗精神就是敢于斗争、敢于胜利，就是面对困难无所畏惧的信心，就是经风历雨勇往直前的行动，就是心怀理想顽强拼搏的精神。袁隆平，一生扎根稻田，用不懈的努力和奋斗，攻克了杂交水稻难关，让中国人远离饥饿，为世界粮食安全作出了巨大贡献，他的成就并非一蹴而就，而是数十年如一日的坚持与拼搏；屠呦呦，面对疟疾肆虐，她带领团队孜孜不倦地研究，从浩瀚的中医药典籍中找到灵感，成功提取出青蒿素，挽救了无数生命，她的成功源于对科学真理的执着追求和不懈探索。伟大的成就并非偶然，而是长期坚持和不断努力的结果，他们的经历验证了持之以恒的奋斗精神可以将一个普通人的梦想转化为超越时代的伟大成就，这种精神是每个平凡人不可或缺的品质，也是推动社会进步的重要力量。

⑤ 只要有脚踏实地的务实作风，就能铸就从平凡到伟大的伟绩。何谓务实？务实就是每个人都能够脚踏实地地把每件平凡的事情做好。张桂梅校长，在滇

③段写作思路

第一，亮观点：理想信念是成就伟大的关键。第二，讲道理：分析理想信念的重要性。第三，举例子：以黄大发、苏和、于敏、张富清等人的例子，证明理想信念的重要性，对例子的总结即本段总结。

④段写作思路

第一，亮观点：奋斗精神是成就伟大的必要条件。第二，讲道理：阐述什么是"奋斗精神"。第三，举例子：以袁隆平、屠呦呦的例子，说明奋斗精神的意义。第四，做总结：持之以恒的奋斗精神是走向伟大的关键。

西贫困地区就做了一件事：教书育人。但是她让 1600 多名女孩子走出了大山，改写了她们的人生轨迹。她只是一个平凡的人，她只做了一件平凡的事，但是她铸造了不平凡的成就：她用自己平凡的坚守拯救了贫困大山深处的一代人。这是对平凡最真实的诠释，这也是伟大最形象的写照。只要脚踏实地把每件平凡的事做好，一切平凡的人都可以获得不平凡的人生，一切平凡的工作都可以创造不平凡的成就。

⑥ 一个国家不能没有英雄，他们的品质要成为伟大的象征；一个国家不能只有英雄，他们的精神要融入平凡中传承。

### ⑤段写作思路

第一，亮观点：务实作风是成就伟大的基础。第二，讲道理：阐述什么是"务实"。第三，举例子：以张桂梅的例子，阐述务实精神的价值。第四，做总结：脚踏实地做好每一件小事，就能成就伟大。

### ⑥结尾写作思路

既强调了英雄对国家的重要性，又强调了平凡人传承英雄精神的意义，使文章的主题得到进一步升华。

## 话题3　时代与个人

【2019 年国考地市级】"给定资料 5"提到"跟着时代的大潮往前走，尽到我所有的力量，做好我要做的事情"，请深入思考这句话，自选角度，联系实际，自拟题目，写一篇文章。

要求：（1）观点明确，见解深刻；（2）参考"给定资料"，但不拘泥于"给定资料"；（3）思路清晰，语言流畅；（4）字数 1000 ～ 1200 字。

### 一　思路点拨

题目中的给定句子可以直接作为中心论点。"跟着时代的大潮往前走"，意思是：时代的大潮代表着社会的进步方向、主流价值观和发展机遇，要顺应时代发展趋势；"尽到我所有的力量"意味着要全力以赴、不遗余力地积极行动，体现出一种责任感和担当精神。结合中心论点，文章的结构可以围绕"时代大潮的趋势是怎样的""为什么要跟着时代大潮走""如何尽我所有力量做好要做的事情"等角度进行搭建。

## 二 写作实操

### 顺应时代大潮，不辱时代使命

**标题拟定思路**

采用对仗的形式，概括文章的主旨。"顺应时代大潮"呼应原文"跟着时代的大潮往前走"；"不辱时代使命"与"尽到我所有的力量，做好我要做的事情"相呼应。

**①②开头写作思路**

第一，比喻引题：将时代喻为潮水，将个人喻为浪花，提升文章的文采。第二，背景铺垫：回顾历史先贤，阐述他们在他们的时代如何做好自己的事。第三，引出主旨：顺承上文，引出当代人的责任与担当，同时对主旨句进行阐释说明。

**③段写作思路**

第一，亮观点：要顺应时代潮流。第二，讲道理：解释"时代的大潮"的含义，强调个人与时代的联系以及顺应时代潮流的具体行动，即要思考、观察、探索。第三，举例子：以新中国成立初期科学家的故事为例，证明顺应时代潮流的重要性。

① 时代如潮水，奔腾不息；个人如浪花，沉浮不定。浪花只有融入浪潮之中，才有机会激荡出生命的华彩。

② 自古以来，我们的先祖、先辈、先烈都关注着自己所在时代的现实，关注着自己所在时代的生命，关注着生命层次的提升，关注着生民立命的探索，将"为国利民"作为至善的人生追求。历史的接力棒传递到了我们这代人的手中，毫无疑问，我们也必须清醒地意识到：时代的大潮滚滚向前，我们不能停下前进的脚步，不能终止奋斗的步伐，要顺势而为，要竭尽全力，要明确自己的历史责任，要履行自己的时代使命。要立时代之鸿鹄志，要做时代之奋斗者。

③ 我们要"跟着时代的大潮往前走"。"时代的大潮"是社会发展的大趋势，在大潮中没有人是一座孤岛，个人的命运与时代紧密相连，要认清现实赋予我们的职责，认清时代交付给我们的担当。因此，我们不能做时代的"行尸走肉"，要做思考者、观察者、探索者，去思考历史、去观察时代、去探索未来。新中国成立初期，一大批科学家怀着报国之心投身新中国建设，他们克服重重困难，在极其艰苦的条件下研制出"两弹一星"，为新中国的国防事业奠定了坚实基础，这些伟大的先驱都紧跟时代步伐、勇担时代使命，以其非凡的勇气和智慧谱写了时代的华章。历史和现实都证明，那些准确把握时代脉搏、勇立时代潮头的

人，往往能够取得非凡的成就，推动社会的进步。

④ 我们要"尽到所有的力量，做好要做的事情"。这不仅是一种态度，更是一种行动。在时代大潮中，每个人都应发挥自己的优势，为社会发展和历史进步贡献力量。"尽力而为"有历史的见证：屈原忧国忧民，留下《离骚》千古绝唱；岳飞精忠报国，成为民族英雄；鲁迅弃医从文，唤醒民众思想……他们的事迹告诉我们，只有将个人命运与国家、民族的命运紧密相连，才能实现人生价值的最大化。"竭力而行"有现实的榜样：他们或是扎根基层，为乡村振兴贡献力量；或是勇攀科技高峰，为国家发展注入动力；或是投身公益事业，为社会进步奉献爱心。他们的故事告诉我们，要在时代大潮中找准自己的定位，发挥自己的优势，才能激流勇进，实现人生价值。正如鲁迅先生所说："愿中国青年都摆脱冷气，只是向上走，不必听自暴自弃者流的话。能做事的做事，能发声的发声。有一分热，发一分光，就令萤火一般，也可以在黑暗里发一点光，不必等候炬火。"

⑤ "竹密不妨流水过，山高岂碍白云飞。"在实现中国梦的伟大征程中，我们不可避免地会遇到密竹之艰险，也不可避免地会遇到高山之困境，但流水之势不可当、白云之志不可灭，只要我们"跟着时代的大潮往前走，尽到我所有的力量，做好我要做的事情"，就一定能乘着时代的春风，实现民族的梦想。

### ④段写作思路

第一，亮观点：要"尽到所有的力量，做好要做的事情"。第二，讲道理：解释观点的内涵。第三，举例子：一是"尽力而为"，以历史人物为例论证将个人命运与国家民族命运相连的重要性；二是"竭力而行"，以现实榜样为例论证在时代大潮中找准定位、发挥优势的重要性。第四，做总结：引用鲁迅先生的话进行总结。

### ⑤结尾写作思路

运用比喻贯穿结尾，将人生道路上的困难比喻为"密竹"和"高山"，将克服困难的决心比喻为"流水"和"白云"，呼应开头比喻，增强文章的整体感。

## 🗨 话题4　┊┊┊ 人生的奖杯

【2020年联考】给定资料5中提到："这个奖杯是对奋斗者坚持梦想的最好

褒奖，这个奖杯上不仅有我的名字，有我们团队的名字，其实还应该有国家的名字。"根据你对这句话的理解，结合给定资料，联系实际，以"人生的奖杯"为话题，自拟题目，写一篇议论文。

要求：（1）观点明确，内容充实，论证合理，结构清晰，语言流畅；（2）结合给定资料，但不拘泥于给定资料；（3）字数800～1000字。

## 一 思路点拨

　　本文主题是"人生的奖杯"。理解给定句子的含义："这个奖杯是对奋斗者坚持梦想的最好褒奖"明确了奖杯与奋斗者坚持梦想之间的关系；"这个奖杯上不仅有我的名字，有我们团队的名字，其实还应该有国家的名字"指出奖杯的归属不仅仅是个人和团队，还与国家息息相关。综合以上分析，可以确定中心论点为：人生的奖杯是奋斗者坚持梦想的见证，它凝聚着个人的努力、团队的协作和国家的支持。文章的结构可以直接围绕个人、团队、国家这三个方面进行搭建。

## 二 写作实操

### 人生奖杯的名字

**标题拟定思路**

　　主题是"人生的奖杯"，题目给定句子围绕的是"奖杯上都有谁的名字"，两者直接结合，题目确定为"人生奖杯的名字"。

**①开头写作思路**

第一，背景铺垫：以时代浪潮中奋斗者的脚步开篇。第二，引出主题：通过奋斗者的逐梦引出对人生奖杯的渴望。第三，引出观点：引用题目语句，明确表达文章的核心观点。

① 时代的浪潮滚滚向前，奋斗的脚步从未停歇。在这个充满机遇与挑战的时代，每个人都在追逐着自己的梦想，都渴望拥有一座属于自己的人生奖杯。这座奖杯，不仅承载着奋斗者的梦想与荣耀，也凝聚着坚持与拼搏的力量。当然，奖杯上不仅有奋斗者的名字，也有团队的名字和国家的名字。

② 人生的奖杯上，应该有奋斗者的名字。奋斗者实现梦想的方式会有不同，但是实现梦想离不开两个品质：既要有仰望星空的格局与胸襟，也要有坐住

板凳的定力和意志。解放战争中九死一生的战斗英雄张富清，在新中国成立后响应国家号召扎根偏远基层，为贫困山区奉献了一生；敦煌研究院名誉院长樊锦诗，把半生的光阴都奉献给了敦煌石窟，扎根大漠潜心石窟考古研究，为文物研究和保护作出了卓越贡献；回乡扶贫不幸遇难的黄文秀，重压之下投身扶贫一线，带领群众脱贫致富，用实际行动诠释了光辉的一生……张富清、樊锦诗、黄文秀，他们是不同时代的奋斗者，他们是不同战线的奋斗者，他们的心中都有一个梦，他们用奋斗者的姿态和心态坚守着自己的梦想。奋斗是人生的主旋律，只有那些不畏艰难、勇攀高峰的人，才能最终在人生的奖杯上，留下属于自己的姓名。

③人生的奖杯上，还应该有团队的名字。团队，是一个协作的单位组织，更是一种同舟共济、守望相助、精诚协作的精神品质，人生并非孤军奋战，团队的力量同样不可或缺。正如足球场上，单凭一己之力无法赢得比赛，需要每个队员的默契配合、相互支持，才能最终捧起冠军奖杯。神舟系列载人飞船的成功发射，背后是无数科研工作者夜以继日的付出，是他们用汗水和智慧浇灌出科技之花；中国女排、中国乒乓球在赛场上顽强拼搏，团结一心，最终站上世界之巅，靠的是团队成员之间彼此信任、相互鼓励、永不放弃的精神。因此，我们要深刻认识到团队合作的重要性，奋斗者的背后有支持者、协作者，在人生道路上与志同道合的伙伴并肩作战，共同创造辉煌，让团队的名字，也铭刻在人生的奖杯上。

④人生的奖杯上，更应该有国家的名字。奋斗者是乐观的、幸福的、坚韧的，但是奋斗之路是长期的、曲折的、艰辛的，小到一个人梦想的实现，大到一个国家民族复兴的实现，都不可能是轻轻松松就能

**②段写作思路**

第一，亮观点：人生的奖杯上，应该有奋斗者的名字。第二，讲道理：阐述奋斗者实现梦想所具备的品质。第三，举例子：列举张富清、樊锦诗、黄文秀等奋斗者事例进行论证。第四，做总结：奋斗是人生主旋律，只有奋斗者才能在人生奖杯上留下姓名。

**③段写作思路**

第一，亮观点：人生的奖杯上，还应该有团队的名字。第二，讲道理：阐述团队合作的含义。第三，举例子：以足球比赛为例说明团队合作的重要性，然后列举神舟系列载人飞船成功发射和中国女排、中国乒乓球的成就，论证团队合作的力量。第四，做总结：强调要认识到团队合作的重要性，让团队名字铭刻在人生奖杯上。

**④段写作思路**

第一，亮观点：人生的奖杯上，更应该有国家的名字。第二，讲道理：阐述奋斗之路除了个人和团队，也需要国家这个坚实后盾。第三，举例子：以苏炳添和中国航天为例，说明个人和团队成就的背后离不开国家的支持。第四，做总结：强调个人命运、团队命运与国家命运息息相关，要让国家名字出现在人生奖杯上。

**⑤结尾写作思路**

第一，以"一万年太久，只争朝夕"引出奋斗的紧迫感。第二，总结奋斗者应努力追求和坚持梦想，呼应开头。第三，扣主旨：奋斗者的人生奖杯是时代见证，属于自己、团队和国家。

完成的。面对问题、矛盾和挑战，除了个人的拼搏、努力和奋斗，团队的协作、配合与支持，也离不开国家这个坚实的后盾。苏炳添在奥运会百米赛道上创造历史，刷新亚洲纪录，背后离不开国家体育事业的蓬勃发展和对体育人才的培养；中国航天从"东方红"一号卫星到"天宫"空间站，从无人探月到载人航天，一步一个脚印，实现着中华民族的飞天梦，这背后是国家综合实力的提升和科技创新的不断突破。个人的命运、团队的命运与国家的命运息息相关，只有将个人和团队梦想融入国家发展，才能在更广阔的天地间实现更加闪耀的价值，让国家的名字，成为人生奖杯上最耀眼的印记。

⑤ 一万年太久，只争朝夕。我们坚守着、奋斗着、前进着，因为这是一个距离梦想最近的时代，每一个奋斗者都应该努力追求梦想、坚持梦想；因为这是一个前所未有的伟大时代，每一个奋斗者的人生奖杯都是时代的见证，它属于自己，也属于团队，更属于国家！

## 话题5　就业的选择

【2023年浙江省考A卷】关于就业，一方面，把"收入""舒适""稳定"等因素作为评价工作好坏首要标准的大学生比例有所提高；另一方面，也有越来越多的大学毕业生选择去基层"吃苦"，而这些年轻人在谈感受时，多用"成就感""开心""骄傲""满足""值得"这样的词。对此，你有怎样的思考？结合给定资料，联系实际，自选角度，自拟题目，写一篇议论性文章。

要求：（1）主旨明确，结构完整，思路清晰；（2）内容充实，论述深刻，语言流畅；（3）不拘泥于给定资料；（4）字数1000～1200字。

# 一 思路点拨

分析题目中提到的两种现象。一方面，部分大学生将"收入""舒适""稳定"等作为评价工作好坏的首要标准，这反映出部分大学生在就业时对物质条件和工作环境的关注，是一种较为现实的考量。另一方面，越来越多的大学生选择去基层"吃苦"，并从工作中获得"成就感""开心""骄傲""满足""值得"等感受，这体现了大学生的价值追求和担当精神。这两种选择侧重不同，但并无是非之分，应该综合考虑两种现象，得出中心论点：年轻人就业应在追求物质保障的同时，不忘精神价值的追求，平衡现实考量与理想担当，将个人发展与时代发展相结合，实现个人价值与社会价值的统一。因此，本文的结构可以围绕"个人就业选择与时代发展"或者"个人就业选择中个人价值与社会价值的关系"进行搭建。

# 二 写作实操

## 一道"多选题"

### 标题拟定思路

题目背景是年轻人就业面临的不同选择，所以标题可以直接确定为"一道'多选题'""就业的'十字路口'"等，表达年轻人就业面临的现状，给文章留出一些悬念。

① 去哪儿就业？这是社会各界每年的焦点，时代会变，话题不会变，因为这是人们步入社会的第一个重要选择，关乎个人的生存与发展质量，关乎社会的稳定与发展需求，关乎时代的进步和发展空间。

② 对此，"网络时代"的年轻人有自己独特的想法：有人选择留在大城市，也有人选择去非一线城市；有人选择去国企享受稳定，也有人选择去民企接受挑战；有人选择在城市发展，也有人选择下基层锻炼；有人选择把"收入""舒适""稳定"作为评价工作好坏的标准，也有人选择把"成就""骄傲""值得"作为判断职业价值的感受……无论哪种选择，既不能

**①开头写作思路**

题目中提到两种选择：一种是去"不吃苦"的地方，另一种是去"吃苦"的地方。所以，开头直接就用"去哪儿就业"引出要讨论的话题，同时，简要分析了这个话题的重要性。

**②段写作思路**

确定中心论点，先举例后归纳。第一，举例子：结合题干中的两种选择列举一些具体案例。第二，做总结：归纳出本文主旨，并阐述具体理解，明确就业选择的价值所在。

脱离对现实的考量，也不能脱离对理想的追求：在满足个人生存和生活需要的前提下，就业创业的人生规划应该与时代和社会紧密相连、与城市和乡村紧密相连，通过自己的力量一步步融入其中，将个人价值与社会价值的实现有机统一，将个人发展与时代责任紧密结合，这才是就业选择的意义所在。

③就业的选择，离不开时代和社会的发展。一个基本的逻辑是：随着经济社会的发展、时代技术的进步，社会分工越来越明确，职业分类越来越精细，就业选择也越来越丰富。有了平台经济发展，网约车司机、外卖员、快递员等职业开始出现；有了直播经济爆红，选品师、网络直播等职业随即到来；有了乡村振兴战略，智慧农业、乡村治理、特色产业、乡村文教等提供了就业机会……在此背景下，我们应该跳出"躺平"和"内卷"这两种极端化的选择困境，不妨回归个人发展、社会期待和时代责任的平衡，在时代和社会的发展中寻找机会、抓住机遇，去挑战自我、去发展自我、去实现自我，把论文写在大地上，把设计做在实践中，把发展融入时代里。

④时代和社会的进步，离不开就业的选择。习近平总书记多次强调"就业是最大的民生工程、民心工程、根基工程"，党的二十大报告明确提出"强化就业优先政策，健全就业促进机制，促进高质量充分就业"，足以见得就业的重要性。就业重要，就业的选择更重要，举个简单的例子：城市治理需要人才，乡村治理同样需要人才；高科技创新需要人才，新智慧农业同样需要人才；发达地区需要人才支撑，落后地区更加需要人才支持。一方面，要引导青年人改变就业观和择业观：幸福生活是靠劳动创造的，客观看待个人条件和社会需求，从实际出发选择职业和工作岗位，热爱劳动，脚踏实地，在实践中一步步成长。另一方面，哪些地区、哪些行业、哪些领域需要人才，

### ③段写作思路

本段意在阐述"就业选择要结合时代和社会发展"。第一，讲道理：说明时代和社会发展对就业选择的影响，强调就业选择的丰富性。第二，举例子：通过具体事例进一步阐述新职业的出现提供了就业机会。第三，提对策：针对现实问题给出建议，即回归平衡，在时代中发展自我。

### ④段写作思路

本段意在阐述"就业的选择对时代和社会发展很重要"。第一，引用论证：引用领导人讲话和党的理论政策，强调就业和就业选择的重要性。第二，举例子：举例说明不同领域、行业和地区都需要人才。第三，提对策：从引导青年人改变就业观和用政策吸引人两方面提出解决就业选择问题的办法。

就要用政策吸引人、用待遇留住人、用平台发展人。比如近几年来，从中央到地方出台各项创业就业帮扶政策，给出真金白银做就业补贴，通过访企拓岗挖掘就业供给，通过技能培训和住房补贴护航就业求职等，这不仅关系到年轻人选择"去哪儿"，更关系到年轻人"留哪儿"。

⑤就业的选择，其实也是社会的选择、政府的选择。这道选择题不是单选，而是多选，作出选择的参考原则是：个人就业要与时代的发展相融合。

> **⑤结尾写作思路**
>
> 第一，强调就业不仅是年轻人的事情，也需要得到社会和政府的关注。第二，回扣论点，即个人就业要与时代的发展相融合。

## 话题6　学以"成人"

【2019年四川省考】从给定资料出发，联系实际，以"学以'成人'"为题目，写一篇议论文。

要求：（1）观点明确，见解深刻；（2）思路清晰，结构严谨；（3）语言流畅，书写工整；（4）总字数800～1000字。

### 一　思路点拨

> 写好这个话题的关键在于对"成人"的理解，在题目语境中，"成人"是一种结果或者目标，它并非指单纯的年龄增长，更侧重于人格的完善、性格的健全、心智的成熟、精神的升华等。本文的结构可以围绕"什么是学以'成人'""学以'成人'的意义""如何学以'成人'"等角度展开。

### 二　写作实操

#### 学以"成人"

**标题拟定思路**

命题作文，无须自拟标题。

## ①开头写作思路

开门见山，直接通过解释标题作为开头，分别解释了"成人"和"学以'成人'"的内涵，谈出自己的理解。

## ②段写作思路

第一，亮观点：阐述"学以'成人'"对个人和社会的重要意义。第二，举例论证：通过具体例子说明缺乏"成人"之学带来的负面影响。第三，总结重申：再次强调"学以'成人'"的重要性。

## ③段写作思路

第一，亮观点：将"学以'成人'"作为学习的目标。第二，举例论证：通过列举负面现象，说明"成人"之学的必要性。第三，具体阐释：详细说明"成人"之学的目标包含哪些精神品质和行为准则。

① 孔子曾论及"成人"之学。所谓"成人"，不是指现代汉语语境的"成年人"，而是指具备成熟的、健全的人格。所谓"学以'成人'"，不仅是对学习目的的一种描述，更是对个人成长和发展的终极目标的概括，包括但不限于人格的完善、性格的健全、心智的成熟、精神的升华等。

② 学以"成人"关系到个人的幸福和社会的进步。一个人的品德和素养不仅影响其个人的生活和职业发展，也影响其与他人的关系和社会的和谐。比如，一个医生经过寒窗苦读掌握了精湛的医术，但如果缺乏同情心和职业道德，就难以提供优质的医疗服务，可能给患者带来伤害，甚至会影响人们对职业道德、社会公德的认知，让社会秩序面临失去公信力的风险。因此，学以"成人"关乎个体的全面发展和社会的和谐稳定，是每个人成长过程中的重要一课。

③ 学以"成人"是目标。将其作为学习的目标，可以帮助我们在面对复杂多变的社会时保持正确的方向。这样的目标看似简单，欲要达成却任重道远：公共场合大声喧哗不遵守公共秩序，穿衣饮食铺张浪费且盲目攀比不注重勤俭节约，撒娇任性不懂独立，撒谎骗人不讲诚信，以自我为中心不懂感恩……这些都是当下青少年面临的突出问题，再好的成绩，也无法掩饰教育在塑造人格方面的缺失。这些问题时刻警示着我们，教育或学习的目标不仅仅是取得成绩、功名、利禄，更是要具备健全的人格修养：一方面要具备"有智慧、有节制、有勇气、有才艺、有修养"等精神品质，另一方面要遵循"见利思义、见危授命、信守诺言"等行为准则。

④ 学以"成人"是过程。学以"成人"是一个持续不断的过程，不是一个阶段性任务，它伴随着我们的整个生命周期。一位哲学家有这样一个观点：学做人，要从生物人到文化人、文明人、政治人、经济

人、生态人等发生各种人物角色的转换，人始终处在转化和被转化、塑造和被塑造的变化过程之中。学以"成人"，应该是理论和实践的结合，应该与个人成长同步、与时代发展同步：人在成长的过程中，年龄心智、环境经历、社会角色等都是不断变化的，比如有的人会从学者转换为政要，有的人会从文人转换为商人，社会角色和社会职业的变换会对人的智力要求、能力要求、素养要求产生变化。既然是一个过程，学以"成人"就必须结合实际，因时制宜、因材施教。

⑤学以"成人"，要在见闻中体悟，要在实践中学习，要在学习中运用。比如近些年来国务院办公厅和教育部提出并推行的"研学旅行"概念，这是学校教育和校外教育衔接的创新形式，也是综合实践育人的有效途径。通过研学旅行，不仅能够培养学生发现问题、分析问题、解决问题的能力，也可以培养学生探究合作、安全自护、健康环保、文明公德等意识素养。这是让青少年学生增长见闻的有益尝试，也是素质教育的实践探索。

⑥自古以来，我们就有"修身、齐家、治国、平天下"的崇高理想。而其中"修身"是基础，学以"成人"便是打好这一基础的关键，教育只有抓住这一核心使命，才能让理想之花得以绽放。

**④段写作思路**

第一，亮观点：将"学以'成人'"当成过程而不是任务。第二，引用论证：引用哲学家的观点支持论点。第三，提出对策：指出在这一过程中学习要理论联系实际，并将个人成长融入时代发展，同时，以社会角色转换的例子进行论证。

**⑤段写作思路**

第一，亮观点：提出"学以'成人'"的途径——见闻、实践、运用。第二，举例子：以"研学旅行"为例进行论证。

**⑥结尾写作思路**

引用相关传统理念或名言警句，强调论述主题与所引用内容的关系或重要性，最后表达对实现美好愿景的期望。

## 考点点拨

"个人与时代发展"类作文，主要是考查在时代发展中的个人的理想信念和行为选择，强调个人价值与社会价值相结合、个人选择与时代责任相结合、个人奋斗与外部环境相结合、个人追求、个人成长等，倡导积极向上的价值追求、脚踏实地的奋斗精神、适应社会的成长进步、坚定长远的理想信念等。根据近年来的命题，常见的考查角度有以下几种：

第一，个人价值与社会价值相结合：比如，2024年国考地市级"打磨与修补"，"投入自己的领域"强调了个人价值的实现，"为人们温暖笃定的生活秩序默默付出"则体现了社会价值的实现。第二，个人选择与时代责任相结合：比如，2019年国考地市级"跟着时代的大潮往前走"，强调个人命运与时代紧密相连，认清时代赋予的责任担当；2023年浙江省考A卷"就业选择"，强调个人就业要与时代的发展相融合。第三，个人奋斗与外部环境相结合：比如，2020年联考"人生的奖杯"，强调个人奋斗与团队协作、国家支持共同成就人生。第四，个人追求：比如，2020年联考的"平凡与伟大"，鼓励从平凡中发现伟大，通过努力成就自我，强调脚踏实地、勤奋努力、坚持梦想等品质。第五，个人成长：比如，2019年四川省考的"学以'成人'"，强调学习教育要重视能力提高、道德提升、精神塑造、责任培养等。

# 第四章

# 青年干部

## 话题 1 　青年干部的砥砺

【2021 年江苏省考 A 卷】请结合你对"给定资料 7"中"牡丹花大空入目，麦花虽微结成实"这句话内涵的理解，围绕习近平总书记"开学第一课"上对青年干部的要求，联系实际，写一篇文章。

要求：（1）自选角度，自拟标题；（2）参考给定资料，但不拘泥于给定资料；（3）观点明确，内容充实，结构完整；（4）篇幅 1000 字左右。

### 一　思路点拨

> 分析题目给定句子"牡丹花大空入目，麦花虽微结成实"，是指外表华丽不一定实用，朴实无华却能带来实实在在的收获，强调"重实干、求实效"；分析习近平总书记"开学第一课"上对青年干部的要求，强调青年干部要提高多种能力，意在激励青年干部要注重实干，担负起时代重任。将习近平总书记对青年干部的要求与"重实干、求实效"的精神相结合，得出中心论点：青年干部要做"麦花"，立足岗位扎实苦干，在实践中锤炼本领、增长才干。本文的结构可以围绕"青年干部为什么要做'麦花'""青年干部如何做'麦花'"等角度进行搭建。

### 二　写作实操

#### 践行新时代"麦花精神"

**标题拟定思路**

第一，文章围绕"麦花虽微结成实"的内涵，探讨青年干部应具备的素质和能力，据此可提炼一个"麦花精神"作为关键词。第二，青年干部是新时代的中流砥柱，因此可体现时代特征，加入"新时代"。文章旨在号召青年干部行动起来，因此选择"践行"作为动词，既体现行动力，又与"麦花精神"的内涵相呼应。

①党和国家的事业，关键在广大党员干部；广大党员干部的未来，关键在青年干部。每一位青年干部

都有一堂成长的课，这堂课的目标就是要提高能力，做干事创业、担当负责的中流砥柱。年轻干部既要有担当之责，又要有干事之能。这是习近平总书记的要求，也是人民群众的期盼，广大青年干部必须化之于思、成之于悟、见之于行。

②要在思悟中不忘实干初心。"牡丹花大空入目，麦花虽微结成实"——一则小小的谚语，道出了青年干部成长最朴素的真谛：不要做"牡丹花"，空洞的表面文章、虚伪的政绩粉饰都只是看起来漂亮而已，都是形式主义，对个人的成长、党和国家的公信、人民群众的事业都是有百害而无一利。广大青年干部要做"麦花"，麦花虽小但是能结出沉甸甸的果实，然而果实不会自己长出来，需要抗击虫害、逆风成长的生命力，因此青年干部需要在新时代不断提升综合能力：面对是非要有政治能力，面对问题要有调查研究的能力，面对复杂局面要有科学决策的能力，面对困局要有改革攻坚的能力，面对突发事件要有应急处置的能力，面对基层要有群众工作的能力，面对政策要有抓落实的能力。这是青年干部必须思考、领悟、牢记的实干初心，初心正则使命达。

③要在实践中牢记实干使命。实践不但出真知，实践也能够长本事，青年干部有没有担当、有没有责任，只有在实践中才能检验出来。"宰相必起于州部，猛将必发于卒伍"，武汉大学一位研究生考上选调生后，没能分到家乡甘肃兰州，而是被分去了嘉峪关，她在网上写下自己的"心路历程"，也记录了对嘉峪关的"埋怨"。年轻人在网上吐槽工作环境和内容可以理解，但不能忘记其选调生的特殊身份，做选调生需要一份情怀，更需要一份扎根基层、建功立业的心气和决心。

④所以说，深入基层实战才是对青年干部能力素质的真正提升，深入艰苦地区才是对青年干部责任的

### ①开头写作思路

直接点明了青年干部的重要性以及提高能力的必要性，并结合习近平总书记的讲话精神，为下文展开论述做好铺垫。

### ②段写作思路

第一，亮观点：青年干部要在思悟中不忘实干初心。第二，讲道理：解释"牡丹花大空入目，麦花虽微结成实"的内涵，并从"形式主义"的角度分析青年干部像麦花一样实干的必要性。第三，借喻提对策：借用"麦花"成长比喻青年干部需要提升的七种能力。第四，做总结：呼吁青年干部牢记实干初心。

### ③段写作思路

第一，亮观点：青年干部要在实践中牢记实干使命。第二，讲道理：分析只有实践才能检验干部。第三，引用＋举例论证：引用"宰相必起于州部，猛将必发于卒伍"，并举例说明部分青年干部缺乏扎根基层、奉献基层的觉悟，以此警示。

### ④段写作思路

第一，亮观点：顺承上文指出青年干部要深入基层。第二，讲道理：分析基层对青年干部的考验和磨炼，以及青年干部在基层的担当作为，证明在基层可以增长才干。

### ⑤结尾写作思路

总结式展望：紧扣主题中的核心关键词"青年干部"和"麦花精神"做总结，发出号召并展望未来。

真实考验。只有在基层复杂的环境中，青年干部才能砥砺品质、增长才干。社会发展日新月异，百年未有之大变局体现在社会的方方面面，特别在基层中，群众需求之多元、社会问题之复杂，各种挑战层出不穷。但恰恰是在这些挑战中，我们大胆起用青年干部，解决了一个又一个的新问题，创造出了一个又一个的新模式，让我们看到了他们在中国特色社会主义的实践中敢于担当、牢记使命的光辉形象，他们都是建设社会主义现代化强国的中坚力量。

⑤ 青年干部是党和国家事业的希望，肩负着实现中华民族伟大复兴的历史使命。新时代的中国青年要牢记习近平总书记的殷殷嘱托，以"麦花精神"为指引，坚定理想信念，志存高远，脚踏实地，在实现中国梦的伟大征程中书写精彩人生，让青春在为祖国、为人民、为民族的奉献中焕发出更加绚丽的光彩！

## 话题2　青年干部的自我实现

【2022年联考】"给定材料4"中，闫锋说"最是需要自己的地方，就是最能实现自我的地方"，对于这句话，展开你的思考，写一篇文章。

要求：（1）观点明确，见解深刻；（2）结合材料，但不拘泥于材料；（3）思路清晰，语言流畅；（4）字数为1000～1200字。

### 一　思路点拨

题干的给定句子是"最是需要自己的地方，就是最能实现自我的地方"，给定材料介绍了青年干部被调赴各街道社区的抗疫一线的案例。因此，句子里的"地方"就是"一线或者基层"。这句话强调了两个关键要素：一是"需要自己的地方"，意味着有需求、有挑战、有责任的地方；二是"最能实现自我的地方"，即能够发挥个人价值、成就自我、获得成长的地方。综上所述，本文的中心论点是：青年干部要到国家和人民最需要的一线去，到充满挑战和困难的一线去，在服务人民、奉献社会的过程中实现自我价值、获得自我成长。文章的结构可以围绕"哪里是需要自己的地方""为什么在这些地方被需要""如何在被需要的地方实现自我"等角度进行搭建。

 **二　写作实操**

### 青年干部的自我实现之路

**标题拟定思路**

根据立意，文章的核心在于"青年干部的自我实现"，直接用进标题传达文章主旨。

① 实现自我，是人之常情，也是人之常志。对于青年干部而言，亦是如此。青年干部实现自我，既要实现作为青年的个人价值，也要实现作为干部的社会价值，更为重要的是要找到最能实现自我的地方，那就是最被需要的地方。

**①开头写作思路**

开篇点明"青年干部实现自我"的主题并阐释内涵，随之引出题干中的给定句子，表明主旨。

② 哪里是青年干部最被需要的地方？是一线、是基层，基层一线是整个社会的"大地基"、政策落地的"最前沿"、服务群众的"主战场"。发展农业科技建设数字乡村、开展基层普法建设法治乡村、改善人居环境建设美丽乡村、守护乡野安宁建设平安乡村，都离不开基层干部。无论是在脱贫攻坚的战场上，还是在实现乡村振兴的征程上，每一个基层一线的"阵地"上，都能看到青年干部的身影。这里的工作千头万绪，这里的矛盾复杂繁多，这里的挑战层出不穷，这里最需要青年干部。

**②段写作思路**

第一，亮观点：基层一线是青年干部最被需要的地方。第二，讲道理：分析基层一线的重要性。第三，举例子：通过各种具体任务和场景阐述基层对青年干部的需要，强化"最被需要"的论点。

③ 这些最被需要的地方，最能实现青年干部的价值。从青年干部的个人价值来说，提升能力是最主要的，面对问题要有调查研究的能力、面对复杂局面要有科学决策的能力、面对困局要有改革攻坚的能力、

### ③段写作思路

第一，亮观点：最被需要的地方最能实现青年干部的价值。第二，从个人价值角度分析，阐述深入基层能够通过实际工作提升青年干部的多种能力。第三，从社会角度出发，分析青年干部在基层如何通过解决群众问题实现社会价值，并引用优秀基层干部增强说服力。

### ④段写作思路

第一，提问题：如何在最被需要的地方实现自我？第二，列对策：指出需要青年干部自身努力，同时需要工作机制、党组织优势以及制度优势等多方面的支持。

### ⑤结尾写作思路

总结呼吁式结尾，引用名言呼吁青年干部肯奋斗敢担当，深入基层一线，为国家发展和民族复兴贡献力量，升华文章主题。

面对突发事件要有应急处置的能力、面对基层要有群众工作的能力、面对政策要有抓落实的能力。"宰相必起于州部，猛将必发于卒伍"，只有深入基层实战才是对青年干部能力的真正提升，深入一线实践才是对青年干部素质的真实考验；只有在基层复杂的环境中，青年干部才能砥砺品质、增长才干。从青年干部的社会价值而言，把人民群众急难愁盼问题解决好、把人民群众多元多样的需求满足好是最首要的。只有走进一线、深入基层、贴近群众，才能知道问题在哪里、需求在哪里、意见在哪里，才能把好事做实、把实事做好；只有像焦裕禄同志一样、像黄文秀同志一样，以百姓之心为己心、以群众之事为己事，才能让"个人存在"变成"社会存在"，才能让"个人价值"变成"社会价值"。

④ 如何在最被需要的地方实现自我？广大青年干部在各种一线的"大战场""大考场"的实践中给出了答案。这离不开青年干部火热的为民之心和过硬的能力素质，但是实现自我不能只靠自身，也离不开分工明确、力量集中的工作机制，离不开党组织把党的政治优势、组织优势和密切联系群众的优势转成斗争优势，离不开通过集中力量办大事的制度优势发动各种社会力量……

⑤ "士不可以不弘毅，任重而道远。"青年干部当以奋斗为笔、以担当为墨，在基层一线的广阔天地中，绽放青春光彩，实现自我价值，为国家发展和民族复兴贡献自己的智慧和力量，书写无愧于时代、无愧于人民的青春华章。

考点点拨

　　"青年干部"类主题的作文，主要是考查青年干部的成长与担当。根据近年来的命题，常见的考查角度有："如何成为一名合格的青年干部"，强调实干精神、实践能力的重要性（2021年江苏省考A卷"麦花"）；"青年干部如何实现价值"，强调扎根基层、服务群众、奉献社会的价值追求（2022年联考"最需要自己的地方"）。

　　此外，结合当前社会热点，以下话题也建议大家关注一下。第一，"攻坚克难"的斗争精神、责任担当等话题：例如，以乡村振兴为背景，探讨青年干部如何发扬斗争精神，勇于担当、善于作为。第二，"适应时代、增强本领"等话题：例如，以数字化转型为背景，探讨青年干部如何加强学习、提升能力，更好地适应新时代发展要求。第三，"坚定信念，锤炼品格"等话题：例如，以基层干部年轻化为背景，探讨青年干部如何坚定理想信念，锤炼过硬政治品格，永葆共产党人政治本色。

# 第五章

# 政治

## 话题 1　政务服务

【2020 年山东省考 A 卷】请根据资料 3，以"流程·服务·效能"为主题，自选角度，自拟题目，写一篇文章。

要求：（1）观点明确，立意深刻；（2）思路清晰，语言流畅；（3）参考给定资料，但不拘泥于给定资料；（4）字数 1000 字左右。

## 一　思路点拨

> 材料是围绕"政务服务"这一主题展开，作文题干要求以"流程·服务·效能"为主题，两者结合，揭示了文章探讨的核心：政务服务的优化路径。其中，"流程"指的是政务服务的办理流程，强调其合理性、便捷性等；"服务"指的是政务服务的内容和质量，强调以人民为中心；"效能"指的是政务服务的效率和效果，强调优化流程、提升服务质量最终要落脚于提高行政效率、满足群众需求、促进经济社会发展等。文章的结构可以直接围绕这三个方面进行搭建。

## 二　写作实操

### 激活政府服务的"一池春水"

**标题拟定思路**

"流程·服务·效能"三个关键词全部体现在题目中有难度，但其背后的大主题是"政务服务"，所以可以以此为切入命制标题，套入"激活……的一池春水"或"解读……的密码"均可。

①"一枚印章管审批""企业一窗通""数据多跑路，群众少跑腿"……近年来，许多先进省市纷纷发布新政，让企业、群众办事"最多跑一次""一生跑一次"，甚至"一生一次不用跑"，降低了公共服务的制度性交易成本，促进了创业就业和民生改善，推动了

## ①②开头写作思路

第一，引出大主题：开篇列举多个先进省市优化政务服务的举措和成效，引出"政务服务"的大主题。第二，引出小主题：直接指出实现高效便捷政府服务的三条路径：流程再造、服务升级、效能提升。

## ③段写作思路

第一，亮观点：解释"流程再造"的概念。第二，讲道理：分析"流程再造"的困难。第三，举例子：以政府办事流程"怪象"，强调流程再造的必要性。第四，提对策：提出"流程再造"的具体措施。

## ④段写作思路

第一，亮观点：解释"服务升级"的概念。第二，讲道理：分析"信息化服务"的意义。第三，举例子：列举数字政府建设的成功案例，论证服务升级的可行性。第四，提对策：提出服务升级的具体措施。

城市的高质量发展。

② 任何省市的高质量发展，都离不开高效便捷的政府服务，激活政府服务"这池春水"，离不开三个关键：流程再造、服务升级、效能提升。

③ 所谓"流程再造"，就是涉及社会治理和市场机制等方面的行政审批、公务运转的相关办事程序要进行制度性创新，推进行政审批制度改革。流程再造，是一个"痛苦"的过程：砍掉一道程序，就可能触及一个部门的利益；取消一项审批，就必须削减一个机构的权力。在不少地方，依然存在着一些怪象：无论是群众个人开具个证明，还是企业个体申请个项目，都要经过科长、处长、局长三个"关口"，时间就这样被消耗，效率就这样被降低。因此，这就要求我们必须拿出"壮士断腕"的决心和勇气，借鉴先进省市的经验，结合本地实际问题，不断探索创新，制定好标准规范、整合好部门职责，让企业和群众真正在政府的办事流程中"一马平川"。

④ 所谓"服务升级"，就是要通过"智慧引领"推进政务服务的效率和质量。信息技术日新月异，数字化、网络化、智能化深入发展，在推动促进国家治理体系和治理能力现代化、满足人民日益增长的美好生活需要方面发挥着越来越重要的作用。当前，很多省市的数字政府建设受到了社会的广泛关注和赞誉：如今的数字政府建设不仅仅是把线下政府办事窗口搬到网站和手机上"物理链接"，而是以数据化运营为核心的数据联通、数据共享和数据协同，能够更好、更快地推进更多政务服务"网上办""掌上办""简化办""快速办"。这就要求我们的政府拿出创新创造的朝气，打通数据信息壁垒，以企业和群众的真实需求为出发点和落脚点升级政务服务。

⑤ 所谓"效能提升"，本质上是通过政府效能的提高为企业发展和群众生活赋予更大、更多的效能。

2020 年的一场疫情，让很多小微企业和工商个体遇到了前所未有的危机，但是新冠疫情之"危"，也带来了经济发展之"机"，地摊经济、零工经济、直播经济等新经济、新模式、新产业、新业态应运而生，为社会经济的复苏注入了活力。当然，经济发展说到底要依托于市场主体发挥根本作用，但是市场主体走得起、走得远、走得好不仅依托于自身的能量有多大，也在于政府如何给这些市场主体赋能。这就需要政府拿出激发市场活力的锐气，进一步简政放权，出台扶持和监管政策，优化提升政务服务，为企业和个体发展"保驾护航"。

⑥ 我们完全有理由相信：只要有魄力推进流程再造、有能力推进服务升级、有眼力促进效能提升，就一定可以激活政府服务的"一池春水"，就一定可以实现经济社会的高质量发展。

**⑤段写作思路**

第一，亮观点：解释"效能提升"的本质。第二，举例子：以新冠疫情后的经济发展为例，说明政府效能提升面临的机遇和挑战。第三，提对策：提出效能提升的具体措施。

**⑥结尾写作思路**

总结式展望：总结文章的三条路径并展望未来，坚信可以实现经济社会高质量发展。

## 话题2 好政策

【2016 年国考地市级】"给定资料 4"中提到："从某种意义上说，好的政策不仅仅是对公民意愿的满足，更是对公民理性乃至德性的滋养。"请你从对这句话引发的思考说开去，写一篇文章。

要求：自选角度，自拟题目，见解明确、深刻；思路明晰，语言流畅；参考"给定资料"，但不拘泥于"给定资料"；总字数 800～1000 字。

## 一 思路点拨

"从某种意义上说，好的政策不仅仅是对公民意愿的满足，更是对公民理性乃至德性的滋养"，这句话简洁明了，可以直接作为中心论点。文章结构可以直接围绕"好政策满足公民意愿""好政策滋养公民理性""好政策滋养公民德性"进行搭建。

## 二 写作实操

## 好政策是"民之大者"

**标题拟定思路**

题目给定句子中，无论是需求、理性、德性，都是好政策之于人民的，所以仿照"国之大者"，把标题定为"好政策是'民之大者'"。

**①开头写作思路**

通过列举古往今来好政策的例子引出中心论点，三个例子分别是关于满足需求、滋养德性、培养理性的。

**②段写作思路**

过渡段。第一，承上：对中心论点进行进一步具体解释。第二，启下：指出当前某些政府政策的不足之处，为下文阐述"制定好政策"做铺垫。

**③段写作思路**

第一，亮观点：好政策要满足民众的社会需求。第二，引用论证，引用领导讲话以及中央要求，阐释为什么要满足民众的社会需求。第三，举例子：以精准扶贫政策说明好政策满足民众的社会需求的积极意义。

① 古有苏东坡运用良策发挥民智治理西湖，今有国务院通过"限塑令"培养民众的良好习惯；一则《全民健身计划纲要》激起民众健身热情，恢复高考政策唤醒了人们的读书欲望……可以这样讲："从某种意义上说，好的政策不仅仅是对公民意愿的满足，更是对公民理性乃至德性的滋养。"

② 一项好的政策不仅仅要满足民众的需求、维护公共利益、构建和谐社会生活，更重要的是要能够促进民众理性思考、合理引导民众善意、有效提升民众自我修养，让民众更理性，更加崇尚和维护社会公德，从而提高整体国民素质。然而，我们不得不承认，当前一些政府政策缺乏合法性、可行性、有效性，"一刀切""乱作为""庸政懒政"的政策时常出现在民众视野，饱受诟病，不仅不能满足民众需求，更不能滋养民众的理性与德性。因此，制定政策必须慎之又慎。

③ 好政策要满足民众的社会需求。"人民对美好生活的向往，就是我们的奋斗目标。"民众对"美好生活的向往"就是民众的需求，做到这一点是制定一项好政策的前提，中央不断强调必须坚持"从群众中来，到群众中去"的用意也正是在此。以精准扶贫政策为例，这一政策通过一系列措施，如产业扶持、教育支持和医疗保障等，极大地改善了贫困地区群众的生活条件，这不仅体现了政府对公民意愿的尊重和回

应，也为社会的稳定和长远发展奠定了基础。

④好政策要能够培养民众的理性。没有绝对感性的民众，也没有绝对理性的民众，民众总是在感性与理性之间游走，但是引导民众走向理性是政府制定政策的职责与担当。比如，互联网的普及给了民众相当大的言论自由、表达的权利，但是很多网民"听风是雨"，造谣、传谣的现象时有发生，影响了社会公共秩序，败坏了社会风气，通过互联网实名制、互联网法律规范等政策规范网民行为，让民众趋于理性是必然的选择。因此，好的政策应当具有教育功能，通过引导公民的行为和价值观，对个体理性进行塑造，从而提升社会的公共理性水平。

⑤好政策要能够塑造民众的德性。所谓塑造民众德性，就是通过一项好的政策，以春风化雨的方式，引导公民树立正确的价值观和道德观，让民众更加崇尚和维护社会公德。比如志愿服务制度的建立和完善，为公民参与社会公益事业提供了平台，也促进了公民社会责任感和奉献精神的提升；又如通过完善信用体系、惩戒失信行为、奖励守信行为等政策，营造诚实守信的社会氛围。通过政策的道德引导，可以提升公民的文明素养，促进社会和谐。

⑥良法善政，是社会治理的基石，也是公民素养提升的沃土。相信在好的政策的引导下，公民的理性之光将更加闪耀，德性之花将更加芬芳，共同绘就出一幅社会文明进步的美丽画卷。

**④段写作思路**

第一，亮观点：好政策要能够培养民众的理性。第二，讲道理：分析民众在感性与理性之间游走的特点，证明用政策培养理性的必要性。第三，举例子：以互联网政策为例，论证好政策培养民众理性的必要性。第四，提对策：阐述如何让好政策培养理性。

**⑤段写作思路**

第一，亮观点：好政策要能够塑造民众德性。第二，讲道理：解释什么是"塑造德性"。第三，举例子：举例说明不同政策对民众德性的塑造作用。第四，做总结：总结用政策引导道德的意义。

**⑥结尾写作思路**

总结展望式结尾：首先强调良法善政的重要性，随后围绕中心论点展望好政策能带来美好未来。

## 话题 3　智库建设

【2019年吉林省考甲级】给定资料7提到："大厦之成，非一木之材也；大

海之阔，非一流之归也。"根据你对这句话的理解，结合给定资料，围绕"智库"这一话题，联系实际，自拟题目，自选角度，写一篇议论文。

要求：（1）观点明确，内容充实，论证合理，结构清晰，语言流畅；（2）参考"给定资料"，但不拘泥于"给定资料"；（3）符合文体要求；（4）字数800～1000字。

 **思路点拨**

> 第一，理解题目给定句子："大厦之成，非一木之才也；大海之阔，非一流之归也。"这句话强调了成就大厦需要众多木材，成就大海需要众多河流，强调了积累、汇聚的力量。第二，理解"智库"话题：智库是由多方面的专家、学者、研究人员等组成的智力集合体，其目的是为决策提供科学依据和智慧支持。综上所述，可以确定中心论点：智库建设需要众多不同领域、不同背景的人才共同努力，需要各种思想、观点的交流与融合。本文的结构可以围绕"什么是智库""为什么建设智库""如何建设智库"等角度进行搭建。

 **写作实操**

### 汇聚多方智力资源，加强新型智库建设

> **标题拟定思路**
>
> 直接把题目中的给定句子和主题相结合，突出"汇聚力量""智库建设"等关键词，简化表达、明确表意，可得标题。

**①②开头写作思路**

第一段，引出主题：开篇点明智库的概念和重要性。第二段，引出观点：指出智库包括官方或半官方智库、民间智库，以此引出论点"要凝聚各方的智慧和力量"。

① 智库，是智者之库、智慧之库，是一个国家和一个民族的智力资源，是国家软实力和民族竞争力的集中体现。智库不仅可以为政策制定提供更精确的科学依据和多维的视角，还可以引领社会舆论，推动社会共识的形成，促进社会发展和进步。

② 智库不仅包括党委政策研究室、党校研究机构、高校研究机构和企业战略研究室等官方或半官方智库，也包括民间公共政策研究组织或群体等民间智

库，正所谓"大厦之成，非一木之才也；大海之阔，非一流之归也。"也就是说，加强新型智库建设，要凝聚各方的智慧和力量。

③ 在我国智库建设中，官方智库与民间智库各具优势，但也面临各自的发展瓶颈。官方智库往往拥有雄厚的资源、广泛的政策影响力和强大的研究团队，但同时也容易受到行政体制的束缚，创新不足且独立性欠佳。相较之下，民间智库具有更大的灵活性和创新能力，其研究视角更加多元化且贴近实际，但由于政策法律、资金资源匮乏以及政策影响力有限，难以发挥更大的作用。

④ 要继续做好官方智库的体系建设。目前，党政机关、党校行政学院、社科院、高等学校、重点企业拥有大比例的政府资源、财政资源和学术资源，在制定公共政策的过程中发挥着关键作用，具有一定的权威性，短期内依然会是公共决策咨询的主要力量。要在现有智库资源的基础上，进一步深化体制机制改革，理顺与决策部门的关系，完善决策咨询的渠道和机制，推动成果转化和实践应用，形成特色鲜明、规模适度、具有较大影响力和国际知名度的高端智库体系。

⑤ 要充分调动民间智库的有效力量。一方面，要加强与市场化智库机构的合作。以"零点研究咨询集团"为例，这是一家民营的综合性智库机构。多年来，他们围绕扶贫、就业、养老、医疗等领域开展研究，形成了一系列有价值的政策建议，为政府决策提供了有益参考。另一方面，要重视民间的"布衣身份"。人民群众的责任感和使命感、人民群众的执着精神和智慧能力、人民群众对于社会问题的体察和认知，是比高端智库毫不逊色的民间优势，如果可以参与公共决策，对于推进城市民主、提升城市文明、改善城市环境、推进党和国家事业有着积极重要的作

**③段写作思路**

本段分析官方智库和民间智库各自的优势和瓶颈，证明加强智库建设的必要性。

**④段写作思路**

本段重在阐述如何进一步做好官方智库建设，一方面阐释目前已经取得的成绩，另一方面提出在此基础上进一步改革的措施。

**⑤段写作思路**

本段强调要充分调动民间智库的有效力量。一方面，加强与市场化智库机构合作，并举例说明。另一方面，重视民间"布衣"力量，说明其优势、指出其问题并提出具体建设建议。

用。但是，有一组数据值得重视：除去官方和半官方背景，中国目前约 2500 个智库中，民间智库所占比例还不到 5%，这与发达国家经营良好的民间智库形成了鲜明的对比，这就意味着我国相当大的民间智力资源没有得到有效挖掘。因此，政府应加大对民间智库的扶持力度，给予其更多的政策支持和资源倾斜，鼓励其参与重大决策研究，提升其在国家智库体系中的地位。同时，民间智库也要加强自身能力建设，提高研究水平和话语权，努力成为官方智库的有益补充。

⑥ "有库无智"和"有智无库"是摆在智库建设面前的两大难题，但"合木足以成厦、汇流足以成海"，多策并举、多方汇智、通力协作，就一定能为国家和民族发展筑牢智慧的根基。

**⑥结尾写作思路**

第一，重申问题：再次强调"有库无智"和"有智无库"是智库建设面临的两大难题。第二，总结展望：再度引用题干给定句子，表达对未来智库建设的美好展望。

## 话题4　利民为本

【2025 年国考行政执法】请你对给定资料 5 中提到的"为群众办好事""让群众感到好办事""把群众的事办好"进行深入系统的思考，联系实际，自拟题目，写一篇文章。

要求：观点明确，见解深刻，内容充实；参考给定资料，但不拘泥于给定资料；思想清晰、语言流畅；1000～1200 字。

## 一　思路点拨

题目要求分析三个部分：为群众办好事，让群众感到好办事，把群众的事办好。"为群众办好事"是从服务理念的角度出发，坚持以人民为中心、为人民做好事的服务宗旨，为群众做真正有利的事情；"让群众感到好办事"是从服务方式、服务态度的角度出发，通过技术创新、制度优化、流程再造等可感可及的改革举措，提升为民服务的质量；"把群众的事办好"是从服务目的角度出发，找准为民服务的落脚点，让为民惠民政策避免流于形式，真正落到实处，让群众有实实在在的获得感、幸福感。

另外需要注意，本题要求"进行深入系统的思考"，须关注三者之间的递进关系："为群众办好事"是基础，它体现了为民服务的初心；"让群众感到好办事"是过程，它强调了服务的体验感；"把群众的事办好"是结果，它检验了服务的质量和效果。这三者之间存在着递进关系，缺一不可。三者要作为整体，根据"群众""事""办""好"等共性，总结提炼出政府工作的"利民"本质，在开头或者结尾进行体现。

##  二 写作实操

### 治有常，民为本

**标题拟定思路**

文章围绕"为群众办好事""让群众感到好办事""把群众的事办好"展开思考，核心在于政府如何服务群众。因此，文章的主题应紧扣政府治理与群众的关系展开，突出"民本"理念。"治国有常，而利民为本"是《淮南子》中颇富民本色彩的主张，意思是：治国有一些常规的要求和规律，但一定以利民为根本。所以，本篇文章可以借鉴其中的核心词"治有常，民为本"作为标题。

① 政府工作关系到人民群众的幸福生活和经济社会的高质量发展，政府的权力来源于人民群众、政府的服务面向着人民群众，处理好政府工作与人民群众的关系，有三个关键：为群众办好事，让群众感到好办事，把群众的事办好。"为群众办好事"是基础，它体现了为民服务的初心；"让群众感到好办事"是过程，它强调了服务的体验感；"把群众的事办好"是结果，它检验了服务的质量和效果。

② 为群众办好事，是政府工作的根本宗旨。"好事"，顾名思义，指的是对人民群众有利的事情，即能够保障群众合法权益、满足群众合理诉求、解决群

**①开头写作思路**

第一，背景铺垫：从宏观角度引入，强调了政府工作的广泛影响。第二，点明主旨：强调了人民是国家权力的根基、政府的职责就是服务人民，揭示了政府与人民之间的核心关系，点明主题。第三，亮明观点：提出题干中政府与人民关系的三个关键点，并从基础、过程、结果三个角度切入，系统分析三者之间的关系，贴合题目中"深入系统的思考"的要求。

## ②段写作思路

第一，提出观点：为群众办好事，是政府工作的根本宗旨。第二，解释观点：阐明对"好事"的理解。第三，对比论证：通过主观与客观的对比分析，说明办"好事"必须考虑实际情境和群众的感受。第四，总结观点：结合前文举的例子对本段观点进行总结升华。

## ③段写作思路

第一，提出观点：让群众感到好办事，是政府工作的改革抓手。第二，解释观点：阐明对"感到好办事"的理解。第三，举例论证：以"放管服"改革的实践为例论证"让群众好办事"。第四，总结观点：补充上述论证案例之外的举措，如服务理念和态度的转变、工作制度和机制的完善等，确保对观点总结的完整性。

## ④段写作思路

第一，提出观点：把群众的事办好，是政府工作的职责和使命。第二，解释观点：阐明对"办好"的理解。第三，举例论证：结合当下"办不好"的社会实际论证"办好"的必要性。第四，总结观点：对策式总结，给出确保"办好"的具体举措。

众实际困难的事情。然而，"好事"不仅仅是从政府主观愿望出发，更多需要从群众的实际感受出发。比如同样是"严格执法"，交通部门查酒驾醉驾、市场监管部门查假冒伪劣，再严格，群众也欢迎。但是，城管部门查处占道经营、环保部门查处用煤取暖，这些"严格"的执法却屡遭群众诟病……说到底，"好事"是要通人性、讲情理的，只有政府工作真正解决了群众关心的问题、提升了群众的安全感和满意度，才能被称为"好事"。反之，如果偏离了群众需求或侵犯了群众利益，即使相关部门认为自己是"严格"的，也可能被群众视为"坏事"。

③ 让群众感到好办事，是政府工作的改革抓手。简单来说，"感到好办事"就是要让群众在办理行政事务时感受到便利、高效、透明和公平，减少烦琐的流程、避免不必要的障碍，让政府工作成为服务群众、促进社会发展的力量。以近年来的"放管服"改革为例，政府通过简政放权、优化审批程序和提升服务质量，推动各类行政事务从"群众跑腿"向"数据跑路"转变，通过"一网通办""一枚印章管审批""最多跑一次"等改革，群众可以足不出户办理许多行政事项，极大提升了办事效率。需要注意的是，"让群众感到好办事"不仅仅是技术层面的提升，也包括服务理念和态度的转变、工作制度和机制的完善，只有站在群众角度思考问题，用群众可感可及的制度化改革举措，才能全面提升服务水平和质量。

④ 把群众的事办好，是政府工作的职责和使命。"办好"的本质是"落实"，"落实"是政府工作的"最后一公里"，是让政策既不停留在纸面，也不流动在通知，更不执行在形式。纵观当下，依然存在很多"办不好、落不实"的问题：一些单位作风漂浮、工作不扎实，对群众反映强烈的问题重视不够、落实不力，用文件落实文件；一些部门职能交叉、条块分

割，权责边界不清晰，相互推诿扯皮，置群众问题于不顾；一些人员知识储备不足、业务能力不强，甚至缺乏与群众沟通的技巧，难以有效应对复杂问题；一些地方依然存在选择式、粗暴式面对群众的工作方式，落得很实但办得不好……落实、办好，不仅是执行政策、规范秩序，更重要的是解决实际问题、满足实际需求，这就需要不断改进和优化政府工作，比如做好端正工作意识、改进工作作风、提高工作能力、加强工作监督等。

⑤"治国有常，利民为本。"为群众办好事、让群众感到好办事、把群众的事办好，看似是不同的要求，其中却隐含着相同的追求：把"群众"放在心上，把"事"放在心上，把"办"放在心上，把"好"放在心上。

**⑤结尾写作思路**

第一，引用古语升华主题，并与文章标题呼应。第二，合三为一，将题干中三个关键词的信息进行共性提炼，再次呼应题目中"深入系统的思考"要求，同时总结文章主旨。

## 考点点拨

"政治"类主题的作文，一般是从政府如何行政、政策如何制定、政务如何改革等角度进行考查。比如，聚焦政府工作的利民宗旨（2025年国考执法卷"为群众办好事"）、聚焦为民服务探讨政府自身改革（2020年山东省考A卷"政务服务"）、聚焦对民众个体及社会整体的影响探讨政策制定（2016年国考地市级"好政策"）、聚焦于政府决策的科学性和专业性探讨如何汇聚众智加强政府建设（2019年吉林省考甲级"智库建设"）等。

此外，结合当前社会热点，以下话题也建议大家关注一下。第一，以人民为中心的角度：探讨政府决策如何问需于民、问计于民，为了人民、依靠人民。第二，数字政府建设的角度：探讨政府如何运用数字技术优化政务流程，提高服务效率；探讨数字政府建设对公民生活的影响。第三，共同富裕与民生政策的角度：分析政府通过制定合理的政策，实现资源均衡配置、提升民生福祉；分析政府在推动共同富裕过程中的责任与担当。第四，改革创新的角度：探讨政府通过各领域制度和体制改革，更好地满足人民需求。第五，务实高效的角度：探讨政府工作要注重实际效果，杜绝形式主义、官僚主义，切实为人民群众解决实际问题。

# 第六章

# 经济

# 话题 1　创业的驱动

【2016 年联考】给定资料 3 提到："为钱创业是肤浅的，应为梦想所驱动。"请你根据对这句话的理解，自选角度，自拟题目，写一篇文章。

要求：观点明确，认识深刻，内容充实，结构完整，逻辑清晰，语言流畅。1000 ～ 1200 字。

## 一　思路点拨

　　"为钱创业是肤浅的，应为梦想所驱动"，这句话中包含两个观点："为钱创业是肤浅的"和"应为梦想所驱动"。实际上，"为钱创业是肤浅的"是一种绝对化的表达，现实中"为钱"和"为梦想"并非完全对立，因为创业需要物质基础，"为钱"可以是实现梦想的手段，梦想也可能带来财富，只是不能只为金钱创业，有梦想才能更长久。综上所述，本文的中心论点是：创业的驱动力不能仅为金钱，更要为了梦想。基于此，本文的结构可以围绕"创业应该有梦想驱动""为梦想创业和为金钱创业并不矛盾，应该将二者结合起来""梦想驱动的创业更易创造社会价值""创业应该为哪些梦想所驱动"等角度进行搭建。

## 二　写作实操

### 创业之道

**标题拟定思路**

　　题目中的给定句子围绕"创业为何驱动"，涉及创业的理念、方向、动力、战略等，这些可以用"道"进行替代表达，故此标题为"创业之道"。

　　①"为钱创业是肤浅的，应为梦想所驱动。"星巴克 CEO 舒尔茨这句话道出了创业的真谛所在。这句话揭示了创业的本质问题，即：创业的底层驱动力是

**①开头写作思路**

　　开篇直接引用题干中的给定句子，并通过解读表明立场，引出中心论点。

金钱还是梦想？实际上，创业不仅仅是追逐财富的过程，更应是一场追寻梦想、实现自我价值和社会价值的旅程。

② 梦想是创业的底层驱动力，是赋予创业者前进动力的源头活水。梦想驱动的创业者通常有更深远的责任、更高远的愿景和更长远的目标，他们不只是追求短期的商业利润，而是希望通过自己的努力，为社会带来积极的改变。任正非怀揣"为祖国电子工业崛起"的理想创办华为，一步步将华为打造成通信领域的世界级企业；比尔·盖茨在创办微软时的梦想是"让每个家庭都有一台电脑"，在这一愿景驱动下不断开发创新软件产品，使微软迅速发展成为全球顶尖的科技公司……这些创业典范无不诠释了理想对创业成功的重要意义。

③ 事实上，梦想和金钱并不矛盾，关键在于把握平衡。理想需要资金支撑，离开资金支撑的创业梦想很容易变成空想。创业者在追求梦想的过程中，只有企业盈利，才能吸引更多的投资，推动梦想的进一步实现。为钱创业与为梦想创业的关键区别在于：梦想驱动的创业者将金钱视为实现梦想的工具，而不是最终目的。而那些只为钱而创业的人则很容易在追逐金钱的过程中迷失方向，失去企业的初心。因此，创业者在平衡金钱与梦想的关系时，不能因为过分追求利润而忽视产品与服务质量、忽略用户利益和社会责任，应当始终牢记自己的初心，将梦想作为企业发展的核心动力。

④ 在百年未有之大变局和当前的经济形势下，中国正处在转型升级、高质量发展的关键阶段，新时代赋予了创业更多使命和意义。创业者的梦想，应该是运用创新的思维和技术，解决社会问题、满足人民需求，助力经济转型和产业升级。无论是发展数字经济，还是升级智能制造，抑或践行绿色发展，都需要

②段写作思路

第一，亮观点：梦想是创业的底层驱动力。第二，讲道理：解释什么是为梦想创业。第三，举例子：列举任正非创办华为、比尔·盖茨创办微软的例子，诠释理想对创业成功的重要意义。

③段写作思路

第一，亮观点：创业应该平衡梦想和金钱。第二，讲道理：阐述金钱对实现梦想的重要性，接着对比"为钱创业"和"为梦想创业"的区别。第三，做总结：阐述创业者如何平衡金钱与梦想的关系。

④段写作思路

本段结合当前经济发展的形势，论证时代更需要有梦想的创业者，同时指明了创业者应该朝着哪些方向逐梦。

一批有梦想、敢创新、善创造的创业者去开拓和引领，在推动科技进步、产业升级中彰显价值，在助力乡村振兴、共同富裕中展现情怀。

⑤创业为梦想所驱动，就应该立足国家战略与社会需求，将创业梦想与国家的发展紧密结合，与民族的前途命运紧密相连。创业者要胸怀"国之大者"，主动服务新发展格局，唯有将小我融入大我，一家之利系于国计民生，创业的意义才能获得升华，创业者才能在实现梦想的道路上行稳致远，成就一番伟业。

**⑤结尾写作思路**

总结深化式结尾：顺承上一段，指出创业者应该胸怀"国之大者"，才能行稳致远、成就伟业。

---

## 话题2 夜间经济

【2019年四川省考】"给定资料1"中提到"夜间经济成为消费领域的一个新的增长点，是城市发展的新引擎"，请根据你的理解，结合给定资料，联系社会生活实际，自选角度，自拟题目，写一篇议论文。

要求：（1）观点明确，见解深刻；（2）思路清晰，结构严谨；（3）语言流畅，书写工整；（4）限800～1000字。

### 一 思路点拨

题目中的给定句子强调了夜间经济在消费领域的重要性和对城市发展的推动作用，这个句子可以直接作为本文的中心论点。在结构上，文章可以围绕"什么是夜间经济""夜间经济对城市经济发展的作用（需求侧的民生和供给侧的经济）""夜间经济给城市发展带来的挑战（如经济环境的治理）""如何推动夜间经济等类似经济业态的发展"等角度进行搭建。

**二 写作实操**

## 用夜间经济"点亮"城市发展

**标题拟定思路**

题目给定句子中"夜间经济"是主语，"城市发展"是落脚点，两者结合便可以确定本文的标题。

**①开头写作思路**

通过一些夜间的具体经济形态，引出题目中的给定句子，亮明中心论点。

**②段写作思路**

解释"夜间经济"的含义，同时指出夜间经济涉及的三个话题，既包括消费领域需求侧的民生课题，也包括消费领域供给侧的经济命题，还包括夜间经济发展环境的治理考题。

**③段写作思路**

第一，亮观点：夜间经济是城市发展的"民生课题"。第二，举例子、列数据：通过具体行为和数据论证夜间经济的实际需求。第三，做总结：分析这些需求背后的社会和经济意义。

① 夜幕降临处、华灯初上时，摩肩接踵的步行街道、推杯换盏的深夜食堂……人们的夜间消费越来越丰富，城市的夜间经济越来越繁荣。在促消费成为经济发展着力点的当下，夜间经济作为消费领域新的增长点，成了城市发展的新引擎。

② 夜间经济是消费升级的表现，一般是指晚7点至次日6点在城市特定地段发生的各种合法商业经营活动的总称。在城市发展过程中，"夜间经济"不仅是一个民生课题，也是一篇经济命题，更是一道治理考题。

③ 夜间经济是城市发展的"民生课题"。发展夜间经济就是要满足民众在夜间的物质和精神生活需要，人们需要在白天忙碌之后为心灵放松找到一种健康的方式，在夜晚打卡城市景点、在夜晚观看文艺表演、在夜晚品尝特色美食、在夜晚享受购物快感，便成为人们夜生活的新选择、新需求。这些需求印证了当前我国社会主要矛盾已经转化为人民日益增长的美好生活需要和不平衡不充分的发展之间的矛盾，人们的消费结构和消费需求逐渐升级，在这样的背景下，夜间经济就是"新需求"背后的"大民生"。

④ 夜间经济是城市发展的"经济命题"。发展夜间经济，是很多地方塑造城市特色品牌、繁荣文化旅游产业的重要举措。近些年来，北京、上海、天津、南京、成都等城市纷纷打造夜间经济示范街区、建设国际消费城市、引入现代新兴消费业态，推动了夜间

经济繁荣发展，激发了夜间经济新动能。夜间经济的繁荣，又能够创造大量的就业机会，促进消费增长，提升城市经济活力。同时，夜间经济的发展，也能带动相关产业的发展，形成新的经济增长点，助力城市经济转型升级……中国经济已经由高速增长阶段转向高质量发展阶段，夜间经济的发展和繁荣，能倒逼文旅服务业发展水平的提升，提高服务业在产业结构中的数量和质量，是推进城市经济结构调整的动力，也是各城市因城制宜转变经济发展方式的契机。

⑤ 夜间经济是城市发展的"治理考题"。人民群众的新需求、城市发展的新业态，对城市治理者而言就意味着新挑战：如何保障夜间消费者的安全，如何管理夜间繁忙的交通，如何平衡夜间经济发展与居民休息的关系……这些都是需要政府和社会各界共同努力解决的新问题。这些问题不仅阻碍着夜间经济的发展，也考验着城市治理的智慧。比如，有的城市建立"夜间区长"和"夜生活首席执行官"制度，统筹协调夜间经济发展；又如有的城市出台繁荣夜间经济促消费政策，支持基础设施建设。既尊重市场规律，也重视群众需求，这些都是规范协调夜间经济发展的有益探索。归根结底，就是要通过精细化、法治化、人性化的管理，为夜间经济的经营者和消费者提供健康有序的营商环境和消费环境，做好夜间经济的"守护人"。

⑥ 夜间经济是城市发展的新引擎，是回答好城市发展民生课题、经济命题、治理考题的重大考验，相信在政府的科学引领下、在市场的积极探索下、在社会的广泛参与下，夜间经济一定会成为城市发展的"新星"。

---

**④段写作思路**

第一，亮观点：夜间经济是城市发展的"经济命题"。第二，举例子：举例说明不同城市如何发展夜间经济的现状，并分析对经济发展的促进作用。第三，做总结：分析这些作用对于产业结构调整、经济转型升级的意义。

**⑤段写作思路**

第一，亮观点：夜间经济是城市发展的"治理考题"。第二，讲道理：提出夜间经济带来的治理挑战。第三，举例子：阐述政府和社会各界如何应对这些挑战。第四，做总结：提出治理夜间经济相关问题的建议。

**⑥结尾写作思路**

总结展望式结尾：第一，再次总结中心论点和分论点；第二，表达在共同努力之下对夜间经济发展前景的信心。

## 话题3　经济体的底气

【2020年联考】给定资料5中提到，"一个经济体的底气，既要看眼前静态的'形'，更要看长远发展的'势'"。根据你对这句话的理解，结合给定资料，联系实际，自拟题目，自选角度，写一篇议论文。

要求：（1）观点明确，内容充实，论证合理，结构清晰，语言流畅；（2）结合给定资料，但不拘泥于给定资料；（3）字数800～1000字。

### 一　思路点拨

给定句子的核心关键词是"经济底气""形""势"。"经济底气"指经济发展的潜力和信心，"形"指当前经济发展的规模、速度等静态指标，"势"指未来经济发展的趋势、动能等动态因素。"既要看……更要看……"的递进句式，强调了"势"比"形"更重要。也就是说，本文的中心论点是：判断一个经济体的发展前景，不能只看眼前的规模和速度，更要看长远的发展趋势和内在动力。文章的结构可以围绕"什么是经济体的底气""底气要看'形'""底气更要看'势'""如何获得'势'"等角度进行搭建。

### 二　写作实操

#### 察"形"者智，驭"势"者赢

**标题拟定思路**

从给定句子中提取"形""势"两个关键词，两者相辅相成，但更强调"势"的重要性。基于经济体发展的未来，将"形"和"势"与"智"和"赢"联系起来，表达"洞察'形'者明智，把握'势'者才能赢得未来"的意思。

①中国，世界第二大经济体。这个庞大的经济体，如何在如此复杂的国际环境中勇往直前？如何在多重困境下顶住压力？如何看待中国经济的发展？如何读懂中国经济的"底气"？

② 一个经济体的底气，来源于资源禀赋、产业基础、技术创新、市场潜力、政策环境等多方面因素。有了底气，在面对外部冲击时就能表现出更强的适应性和恢复力。看待中国经济，既要讲辩证法，也要有历史观，既要看眼前静态的"形"，更要看长远发展的"势"。形，是眼前的表象，是经济发展的阶段性成果；势，是内在的动能，是推动经济高质量发展的关键力量。

③ 着眼于眼前静态的"形"，我们能清晰地看到一个经济体当下的发展状况。经济总量、人均收入、产业结构等指标，如同经济体的"体检报告"，反映着其整体实力和发展水平。中国作为世界第二大经济体，近年来经济发展稳中求进、长期向好，取得了很多成绩，这些都是"形"的体现，彰显着中国经济的强大韧性和活力。尤其是全球新冠疫情后，中国面对复杂的国际形势和国内困境，能够用全面、辩证、长远的眼光直面问题、研判形势、精准施策，让中国经济不畏挑战、不惧危机，向世界证明了自身的基底、潜力和韧性，在宏观政策的指导下支撑了抗疫的重大胜利、实现了经济的迅速复苏，这是无可比拟的"底气"。

④ 然而，经济发展如同逆水行舟，不进则退。如果只关注眼前的"形"，忽视长远的"势"，就会陷入"路径依赖"，失去前进的动力。正如一棵树，如果只追求枝繁叶茂，而不注重根深蒂固，就难以抵御风雨的侵袭。因此，读懂中国经济的"底气"，更要看长远发展的"势"。

⑤ "势"代表着未来发展的方向和潜力，蕴藏着无限可能。它体现在科技创新能力、人才队伍建设、营商环境优化等方面，是推动经济高质量发展的核心要素，能够为经济发展注入新的动能。尤其是在创新方面，我国时刻保持着迅猛势头：以"共享单车、共

**①②开头写作思路**

第一段，由几个围绕中国经济的设问句引出"经济体底气"的话题。第二段，解释"底气"的来源及重要性，点明如何看待中国经济发展，引出"形"和"势"并分别进行初步简要解释。

**③段写作思路**

第一，亮观点：底气要看"形"。第二，讲道理：解释"形"的具体含义，从"形"的角度分析中国经济发展现状。第三，举例子：以全球新冠疫情后的表现为例，说明中国经济的韧性和活力。

**④段写作思路**

过渡段：转折引出对"势"的讨论，使用比喻来形象说明"势"的重要性，引出下文。

**⑤段写作思路**

第一，亮观点：底气更要看"势"。第二，讲道理：解释"势"的含义及其作用。第三，举例子：以各类经济业态为例，说明"势"的具体体现，论证"势"能够为中国经济发展注入新的动能。

享汽车、共享员工"为代表的"共享经济"、以"移动互联技术"为支撑的"直播经济"、以"大数据、云计算、人工智能"等新一代数字技术为基础的"数字经济"，不仅在与传统实体经济结合的过程中不断赋能、实现产业升级，而且催生了新产业、新业态、新模式，比如近年来兴起的"低空经济""首发经济"等，扎牢了中国经济的基础、树立了中国经济的信心、增强了中国经济的底气。

⑥从世界经济发展史来看，谁掌握了科技创新这个"秘诀"，谁就能占领先机、赢得优势，只要把发展着力点更多放在创新上，加快形成以创新为主要引领和支撑的经济体系和发展模式，就一定可以推动实现经济的高质量发展。创新不是一个口号，要继续传承创新的文化基因，要通过主动适应新兴领域竞争储备专业的创新和技术人才，要通过改革体制机制释放和激发创新驱动发展的活力，要通过完善制度营造促进科技创新的良好环境，要通过政策扶持加强新型基础设施建设，从而形成良性互动、多向赋能，为中国经济拓展更广阔的发展空间。

⑦"形"是"势"的结果，"势"是"形"的保障。两者相互作用、相互促进。只注重"形"而忽略"势"，就会陷入短期行为，导致发展后劲不足；只关注"势"而轻视"形"，则可能导致发展信心不够，难以持续。只有以"形"观当下，以"势"谋未来，才能坚定不移地推动经济高质量发展和中华民族的伟大复兴。

**⑥段写作思路**

第一，亮观点：科技创新是赢得优势的关键。第二，讲道理：分析创新的重要性。第三，提建议：从多个方面提出推动科技创新的具体措施。

**⑦结尾写作思路**

深化总结式结尾：进一步分析"形"和"势"的关系，只有辩证地看待才能让经济体更有底气，才能推动经济高质量发展。

话题4 :::: 中国制造的高质量发展

【2023年联考】深刻理解"给定资料4",以"追求·努力·创新"为题目,联系实际自选角度写一篇文章。

要求:(1)观点明确,见解深刻;(2)思路清晰,语言流畅;(3)1000~1200字。

## 一 思路点拨

本题要求以"追求·努力·创新"为题目,同时要求"深刻理解'给定资料4'",资料的中心思想是"中国盾构机产业通过自主创新,实现了从无到有、从弱到强、从追赶到引领的跨越式发展,彰显了中国制造的崛起之路"。因此,本文的"追求·努力·创新"可以选择"中国制造"的角度切入。结合题目中三个关键词,再次理解中国盾构机产业的崛起之路,不难发现这是"中国制造"追求卓越、努力奋斗、持续创新的生动写照。这一成功经验也启示我们,在其他领域的发展中,同样要秉持这种精神,才能实现从"跟跑"到"并跑"再到"领跑"的跨越,最终实现中华民族伟大复兴的中国梦。综上所述,本文的中心论点也就清晰了。在结构上,可以直接围绕"追求、努力、创新"以及"三者之间的关系"进行搭建。

## 二 写作实操

### 追求·努力·创新

**标题拟定思路**

命题作文,无须自拟标题。

① 中国制造高质量发展的密码是什么?

② 答案是追求、努力和创新。

③ 矢志不渝地追求,中国制造才能在重重封锁下

**①②开头写作思路**

一问一答,各自成段,直接点明切入角度和文章主旨。

③段写作思路

第一，亮观点：点明追求对中国制造的重要性。第二，讲道理：解释中国制造的追求是"自主"和"最好"，并分析重要性。第三，举例子：以盾构机为例，通过对比过去依赖进口的无奈和如今自主研发的成就，突出核心技术的重要性，并引申到中国制造的整个行业。

④段写作思路

第一，亮观点：点明努力对中国制造的重要性。第二，讲道理：阐释"努力"的具体含义。第三，举例子：以中国首台盾构机的诞生为例说明努力的成果，并在结尾句总结努力对中国制造发展的推动作用。

走向光明。中国制造的追求是什么？是"自主"，是"最好"，从自力更生到自主研发，从突破核心技术到掌握核心技术，这样中国制造才能牢牢把握话语权，才能不再受制于人。遥想20世纪后半叶，中国面临大量基础设施建设对盾构机有巨大需求的情况下，却没有一台真正属于自己的盾构机，无奈只能从国外采购。但旧机器却要按新设备付钱、维修保养不许中方参加、维修进度中方说了不算……这是无奈，也是耻辱，更是警钟：没有核心技术就没有话语权，就会受制于人。从那时起，"造中国人自己的盾构机"成为中国盾构人的梦想和追求。我们的追求不只是搞好基建，也是要完全自主地搞好基建，要自己说了算。"造中国自己的、造中国最好的、造世界最好的"，这是中国一家制造业企业的车间标语，也是中国制造的梦想。正是这样的追求，才让中国制造穿越了黑凉的夜色，走向了黎明的曙光。

④ 坚持不懈地努力，中国制造才能在重重难关之下走向未来。努力是国家为中国制造制订重大战略计划、实施重大战略工程、提供重大战略支撑，努力是无数科研人员和专家学者通宵达旦地刻苦钻研、反反复复地实验论证，是一代又一代人地坐"冷板凳"，是一批又一批人地啃"硬骨头"。众所周知，中国首台具有自主知识产权的盾构机的诞生，就是在无数科研工作者长达6年的努力下实现的，彻底打破了"洋盾构"一统天下的局面……正是这样的努力，中国制造才攻克了一个又一个困难，才一步一个脚印地走向了未来。

⑤ 扎实稳健地创新，中国制造才能在重重期待之下走向新生。制造业的关键就是创新，就是突破和掌握核心技术，但是创新不是异想天开地创、天马行空地造，而是基于制造业生产需求的创新：是为了成本更低，也是为了效率更高；是为了产量更大，也是

为了品质更好；是为了攻坚克难找突破，也是为了独立自主做保障。2023 年金秋时节，在经历近年来自外部的技术封锁和打压之后，华为突破重围，1 万多个手机零部件实现国产化，在自主创新的道路上取得了实质性突破。这一场胜利来之不易，虽然制胜因素众多，但最重要的无疑是华为在"你争我抢"的喧闹中不断推动技术突破，在"你死我活"的斗争中持续推进技术创新。什么是中国制造发展壮大的根本？无他，唯"创新"尔。如此，高质量发展的步伐就能走得坚实稳健、走得气势恢宏，中国制造就能走向更广阔的未来、走向更有希望的未来。

**⑤段写作思路**

第一，亮观点：强调创新对中国制造的重要性。第二，讲道理：解释"创新"的内涵，并以华为突破技术封锁为例说明创新的重要作用，又在结尾句总结创新对中国制造未来发展的意义。

⑥ 如果没有追求，努力和创新就没有方向；如果没有努力，创新和追求就没有底气；如果没有创新，努力和追求就没有动力。从制造弱国到制造大国，需要坚持不懈的努力；从制造大国到制造强国，需要扎实稳健的创新；对中国制造而言，制造大国、制造强国不是目的和终点，创造大国、创造强国才是目标和梦想，这理应是矢志不移的追求。

**⑥段写作思路**

阐述追求、努力、创新三者之间的辩证关系，说明三者缺一不可。

⑦ 中国制造如此，在其他领域的发展中也是如此，同样要秉持这种精神，才能实现从"跟跑"到"并跑"再到"领跑"的跨越，最终实现中华民族伟大复兴的中国梦。

**⑦结尾写作思路**

引申式结尾，将文章主旨的道理引申到其他领域。

## 话题5  知识的价值

【2017 年四川、重庆下半年联考】从给定资料出发，以"知识的价值"为话题，自选角度，自拟题目，写一篇议论文。

要求：参考给定资料，但不拘泥于给定资料；主题明确，内容充实，结构合理，语言流畅；字数限 800 ～ 1000 字。

**思路点拨** ∷∷∷∷∷∷∷∷∷∷∷∷∷∷∷∷∷∷∷∷∷∷∷∷∷∷∷∷∷∷∷

> 题目要求讨论"知识的价值"，这是一个非常宽泛的话题，可以从知识对个人、社会、国家乃至人类发展的影响角度入手，也可以从知识的教育和社会价值、商业和经济价值入手，探索知识的意义所在。两种结构均可，结合给定资料的考查倾向进行选择即可。

 **写作实操** ∷∷∷∷∷∷∷∷∷∷∷∷∷∷∷∷∷∷∷∷∷∷∷∷∷∷∷∷∷∷∷

### 激活知识的一池春水

**标题拟定思路**

题干中的给定话题是"知识的价值"，取关键词"知识"，套入"激活……的一池春水"的句式，可得标题。

**①开头写作思路**

列举知识付费产品、知识博主活跃等现象和知识付费行为的相关数据，引出"知识"这一话题。

① 值乎、分答、在行、得到、喜马拉雅，10年前一系列知识付费产品井喷式上线；今天，微信公众号、哔哩哔哩、微博、抖音、小红书、知乎等媒体平台活跃着相当一批知识博主。与此同时，相关调查报告显示，超过50%的网友有过知识付费的行为。无论是"供给侧"还是"需求侧"，都让我们感受到"知识"正在成为互联网时代的"网红"，知识的"一池春水"已经被网络激活。

**②段写作思路**

提出"知识的价值"这一核心概念。第一，讲道理：从社会价值角度阐述知识的"文化普及"功能，强调其无价性；从经济价值角度阐述知识生产过程中的劳动价值，强调其有价性。第二，举例子：通过纪录片、课程、学术著作等例子，具体说明知识生产过程中的劳动价值。

② 这"一池春水"便是知识的价值。知识的价值，一方面是指其本身所具有的"文化普及"的教育功能和社会价值，从这个角度来讲，知识是无价的；但是另一方面，知识的价值也是指对相关知识领域进行专业化挖掘、系统化梳理、高效化传播所进行的劳动的价值体现，也就是我们常说的经济价值，从这个意义上说，知识是有价的。一部优秀的纪录片，需要团队花费很长时间进行调研、拍摄、剪辑，才能将知识以生动的方式呈现给观众；一套高效的课程，需要教师反复教研、调整，才能让学员学到方法和经验；

一部严谨的学术著作，需要作者查阅大量文献，进行深入思考和分析，才能将知识系统化地呈现出来……这些努力，都是知识价值的重要组成部分。

③ 不容否认，对于知识我们应该在其社会价值和经济价值之间权衡，但是我们也必须清醒地认识到：为有价值的知识付费是对知识的尊重和保护，这是消费升级的结果，也是信息分享市场专业化、精英化、个性化的体现。随着互联网的更新迭代，商业开发者不断对信息产品在"广度"和"深度"上精耕细作，人们的日常消费也在优化升级，近些年来广大网民的选择可以证明这一切：人们在过去通过互联网获取的信息基本是围绕娱乐八卦和新闻资讯，但是这些信息的营养价值偏低，不能完全满足日益增长的文化需求，人们对系统化、专业化、定制化信息的需求便越来越高，于是，在信息分享市场，知识产品应运而生，其价值也越来越受到重视。

④ 正是基于此，知识付费平台才得以快速发展。"得到"等一系列优秀的知识付费产品凭借其优质内容的整合和输出一路高歌，日渐形成了各自独有的竞争优势，在知识经济时代占据了一席之地，既通过满足消费者文化需求实现了商业转化，也通过知识传播完成了文化普及的社会使命。与此同时，针对知识产品的网络版权政策环境也在不断优化，比如我国对《著作权法》进行了多次修订，进一步强化了对知识产权的保护，提高了侵权的赔偿额度，打击侵权行为，为知识创作者营造了更好的创作环境。但是，安不忘虞，在肯定成绩的同时，仍需有清醒而理智的认知：知识内容质量参差不齐、网络侵权行为依然大行其道、民众版权意识亟待提高，网络版权保护工作任重道远。

⑤ 因此，知识价值的实现，不仅仅依赖于稳定持续的创作能力和优质内容的输出能力，也依赖于认

**③段写作思路**

本段论证"为有价值的知识付费的合理性"。第一，讲道理：分析这是市场专业化、精英化、个性化的体现。第二，举例子：通过描述互联网信息获取方式的变迁，说明人们对知识付费有需求。

**④段写作思路**

本段论证"知识付费的现状"。一方面分析好的状况，得益于优质的内容和网络版权政策环境；另一方面分析不好的状况，知识内容质量参差不齐、网络侵权、版权意识淡薄等问题依然存在。

**⑤段写作思路**

本段重在分析如何为知识的价值保驾护航，一靠自身输出能力，二靠外部环境保护。

**⑥结尾写作思路**

第一，总结主题：从人类进步和文明传承的角度强调知识的重要性。第二，呼吁号召：号召大家珍惜和尊重知识。

同知识价值的外部环境。这就需要我们与时俱进，不断完善现行版权法律制度，健全公平权威、通畅有效的版权授权机制，加大对网络侵权行为的行政执法力度，共同为知识内容产品营造一个长远健康的发展环境。

⑥ 知识是人类进步的阶梯，是文明传承的火种。如今，这池春水的"涟漪"已成"巨浪"，只有珍惜知识、尊重知识，为知识的创造和传播贡献力量，才能共同创造更加美好的未来！

## 考点点拨

从近些年的真题来看，"经济"类主题的作文主要涉及以下考查角度。第一，聚焦经济体的发展前景：探讨经济长远发展趋势和内在动力（2020年联考"经济体的'形'与'势'"）。第二，聚焦经济发展的活力源泉：探讨经济发展中的追求卓越、努力奋斗和持续创新精神（2023年联考"中国制造的'追求·努力·创新'"）。第三，聚焦创业：围绕创业的动机、本质与价值，探讨如何推动经济高质量发展等问题（2016年联考"创业的驱动"）。第四，聚焦特定的经济业态：探讨其对经济发展的作用及面临的挑战（2019年四川省考"夜间经济"）。第五，聚焦具体的商业模式：探讨社会价值与经济价值之间的关系（2017年四川、重庆下半年联考"知识的价值"）。

此外，结合当前社会热点，以下话题也建议大家关注一下。第一，经济高质量发展：比如，探讨如何推动传统产业的转型升级；探讨创新在高质量发展中的地位，包括技术创新、管理创新、商业模式创新等；探讨如何调整和优化经济结构；探讨区域协调发展，推动形成优势互补、高质量发展的区域经济布局；探讨高质量经济发展与政府体制机制改革、社会民生、绿色生态的良性互动；探讨企业在高质量发展中的作用和责任，包括提高企业竞争力、培育具有国际影响力的企业等。第二，数字经济与实体经济融合：探讨数字经济与实体经济融合的意义、挑战和路径。第三，拉动消费与经济转型：探讨从供给侧和需求侧两个方面入手，分析如何拉动消费，推动民生改善、产业升级和经济结构调整。第四，中小微企业的发展与扶持：探讨中小微企业在经济中的重要地位，以及如何为其创造更好的发展环境，促进中小微企业的创新和成长。

# 第七章

# 文化

## 话题 1 ┊ 传统文化中的"营养"

【2023 年江苏省考 A 卷】请结合你对"给定资料 8"中习近平总书记考察殷墟时所作"学习理解中华文明，古为今用"指示精神的理解，围绕"从传统文化中汲取营养，在时代征程上绽放青春"这一主题，联系实际，写一篇文章。

要求：自选角度，自拟标题；参考给定资料，不拘于给定资料；观点明确，内容充实，结构完整；篇幅 1000 字左右。

### 一 思路点拨

第一，本文主题在题干中非常明确："从传统文化中汲取营养，在时代征程上绽放青春"，这也是本文的主旨。第二，习近平总书记的指示精神也非常明确：学习理解中华文明，古为今用。第三，给定资料中的其他信息：中华优秀传统文化是当代中国文化自信的"源头活水"；中华优秀传统文化创造性转化和创新性发展，具有当代价值的文化精神为推进中国特色社会主义伟大事业提供了强大精神动力；当代青年在汲取优秀传统文化的养分后，能够在时代发展的洪流中展现青春力量。

围绕作文主旨，可以对以上信息做如下梳理：第一，传统文化中有营养，且在创造性转化和创新性发展后具有当代价值。第二，当代青年汲取养分后可以在时代发展中展现青春力量。这两点，也是本文结构中最重要的两个部分。另外，还可以谈谈如何让青年在传统文化中吸收营养。

### 二 写作实操

#### 根植优秀传统文化，绽放时代青春之花

**标题拟定思路**

这个标题就是题干主题的同义简化，是考场上比较节省时间又符合自拟标题要求的操作方法，既突出了传统文化的根基性，又表达了青春在时代中绽放光彩的美好愿景。

**①开头写作思路**

第一，先说每一代人都有使命担当。第二，再问青年一代如何践行使命担当。第三，回答上述设问，引出文章主旨。

**②段写作思路**

本段意在分析为什么要学习中华文明。第一，从社会治理和国家发展两个方面举例说明中华优秀传统文化的价值。第二，强调中华优秀传统文化与中国实际和马克思主义相结合的重要意义。

① 一代人有一代人的使命，一代人有一代人的担当。建设社会主义强国，实现中华民族伟大复兴，这一伟大历史使命即将落在当代青年的肩膀上。当代青年如何走好自己的人生道路？如何推进国家的时代进程？这是时代给青年的"考题"，这份"考题"的答案之一，就是优秀的中华传统文化，当代青年只要能够根植于此，就一定可以在时代洪流中绽放青春之花。

② 习近平总书记曾说：要深入学习理解中华文明，古为今用。总书记之所以这样说，根本原因是中华优秀传统文化是当代中国文化自信的源泉，能够为更好地建设中华民族现代文明提供借鉴。立足社会治理的细微之处，"六尺巷"中谦和的文化传统、"河长制"中智慧的制度渊源、"人与自然和谐相处"的远古生态理念、"耕读传家、诗书传世"的人文古训……都在赋能着现代化社会治理，提供了悠长的文化启迪；放眼国家发展的宏图之中，"共同富裕"的目标，与孟子"老吾老以及人之老，幼吾幼以及人之幼"的讲和修睦、孔子"不患寡而患不均，不患贫而患不安"的天下为公一脉相承，与马克思、恩格斯提出的"实现社会共享""实现每个人自由而全面的发展"的思想异曲同工……中华优秀传统文化与中国实际相结合、与马克思主义基本原理相结合，开辟了马克思主义中国化时代化的新境界，成为我们立党立国、兴党兴国的根本指导思想，这些都是中华文明的永恒魅力。

③ 当代青年要根植于优秀传统文化吸收营养、茁壮成长，才能在时代征程中展现青春力量。优秀的中国文化历经数千年传承而未断代，里面有五千多年文明中浓缩的历史养分、五千多年历史中积淀的家国情怀，不仅为中国特色社会主义事业提供了精神动力，也为时代青年提供着文化滋养。传统文化中有很多智

慧和道德精华，与经商有关的"无商不活"、与文明相关的"忠孝仁义"、与治理相关的"和谐共处"，"百善孝为先"的家庭责任、"位卑未敢忘忧国"的社会担当、"苟利国家生死以"的家国情怀等，其中既有当代青年需要学习的精神，又有当代青年需要磨炼的品质。精神上好、品质上强，才能让青年有更深厚、更持久的发展动力，才能在面对困难时自强不息、勇往直前，才能在面对成绩时低调谦逊、谨慎行事，才能在面对小家时有责任担当，才能在面对国家时有情怀使命。

④ 因此，传统文化一定要走进现代生活，走近当代青年，要从年轻受众的角度进行创造性转化和创新性发展。用短视频吸引年轻人对传统文化的兴趣，用纪录片拉近年轻人与恢宏历史的距离，用"剧本杀"让年轻人体验历史感，用"综艺秀"让年轻人感知文化的趣味性……用新时代的方式讲历史，用新青年的视角讲文化，这些都是融合当代青年与传统文化的实践探索。

⑤ 从传统文化中汲取营养，在时代征程上绽放青春，这是当代青年的使命，也是实现使命的密码。如此，青年朋友就一定可以做到鲁迅先生所说的那样：遇见深林，可以辟成平地的，遇见旷野，可以栽种树木的，遇见沙漠，可以开掘井泉的。

### ③段写作思路

第一，提出观点：当代青年要从优秀传统文化中吸收营养。第二，讲道理：阐述优秀传统文化对国家和青年的价值。第三，举例子：列举传统文化中值得青年学习的具体智慧和道德精华。第四，最后说明传统文化中的精神和品质对青年发展的重要作用。

### ④段写作思路

本段重在阐释如何让传统文化走近青年，列举了一些创造性转化和创新性发展的具体措施。

### ⑤结尾写作思路

第一，扣题：结合主题、标题、开头进行观点总结。第二，展望：结合鲁迅先生对青年的希望提出展望。

## 话题2 文化"主角"

【2021年山东省考A卷】请根据对"给定资料8"中画线句子"时代变了，文化不再是后台的配角，已经成长为台前的主力"的理解，结合全部给定资料，自选角度，自拟题目，写一篇文章。

要求：（1）观点明确，见解深刻；（2）参考"给定资料"，但不拘泥于"给定资料"；（3）逻辑清晰，语言流畅；（4）字数在1000字左右。

 **思路点拨**

第一，分析题干给定句子："时代变了"明确指出当前处于一个新的历史时期，暗示着各方面情况与以往不同；"文化不再是后台的配角，已经成长为台前的主力"则直接表明文化的地位发生了重大转变，从被忽视的配角变为备受瞩目的主力。第二，结合材料思考时代背景：当今时代，人们对精神文化的需求日益增长，文化在经济、社会、国际关系等方面的作用越发凸显。例如，文化产业成为新的经济增长点，特色文化助力地方发展，不同国家之间的文化交流日益频繁……第三，得出中心论点：结合题干给定句子的提示和对时代背景的分析，认识到文化在新时代具有不可替代的价值和意义，从而得出"文化应成为推动经济社会发展进步的主力担当"这一中心论点。在结构上可以重点围绕"为什么说文化已经成长为主力（分析时代变化）""如何巩固好、发挥好文化的主力地位（如文化在文化、经济、社会、政治、党建、法治等方面的主力地位，任选二到三个即可）"等进行搭建。

 **写作实操**

## 用文化书写时代华章

**标题拟定思路**

第一，明确文章核心主旨是"文化在新时代的重要性"。第二，提炼"文化"和"时代"两个关键词。第三，组合出"用文化书写时代华章"这一标题，既点明了文化在新时代的重要作用，也体现了文化对时代发展的推动作用。

**①开头写作思路**

第一，引用古语强调"根"。第二，指出国家民族的"根"是文化。第三，再进一步说，文化不仅是"根"，还是时代发展的主力。

① 参天之木，必有其根；怀山之水，必有其源。国家有根基所指、民族有源泉所在，这个源泉就是文化。伴随着时代大潮的奔腾涌动，文化已不再是悠然逍遥的风花雪月，也不再是行有余力时的文学消遣，在新时代的宏图之中，文化不再是配角，而是主力。

②立足当下、回首过往：从新中国建立之初到社会主义建设，从改革开放时期到中国特色社会主义新时代，经济建设快速发展，但是文化建设却面临着新情况、新问题——我国社会主要矛盾已经转化为人民日益增长的美好生活需要和不平衡不充分的发展之间的矛盾。比如公共文化服务体系不健全，城乡、区域文化发展不平衡；又如文化产业规模不大、结构不合理，文化生产力发展仍在很大束缚之中；等等。立足当下、展望未来：我们正站在"两个一百年"奋斗目标的历史交汇点上，从来没有任何一个历史时期如此接近中华民族伟大复兴的目标，新的征程中要攻坚克难、砥砺前行，更加离不开文化提供坚强的思想保证、强大的精神力量和丰润的道德滋养。

③时代变了，文化建设的迫切性、重要性越来越明显，如何发挥好文化的主力价值，是摆在我们面前的一道时代命题。

④加强文化建设，要加强文化保护。文化是我们的根基，这个根基就埋藏在各地的地方特色文化之中：仁德、孝善、和谐、诚信等传统文化在乡风文明建设的过程之中得以传承和发扬；优秀的文化遗产在城市建设的过程之中得以保育和活化；敢于斗争、勇于奋斗等红色精神在红色旅游的发展过程之中得以弘扬和传播……保护文化、传承文化就是扎根，就是在铸魂，这是文化建设的根本所在。

⑤加强文化建设，要重视文化服务。不容否认，我国文化发展同经济社会发展和人民日益增长的精神文化需求还不完全适应，人们的精神文化需要也在不断变化升级，这就对我们的文化服务工作提出了挑战：要重视基层文化服务阵地建设，深入基层了解群众的实际需要，结合群众需求融入农村文化环境，确保基层文化服务工作的长期性和普惠性；要重视城市公共文化服务体系建设，尤其是以图书馆、博物馆、

**②段写作思路**

本段从过去、当下和未来三个时间维度分析"为什么文化已经成长为主力"（这样可以体现"成长"的过程）。第一，举例子：举例说明时代的变化过程中文化建设面临的新问题（回首过往）。第二，讲道理：强调实现民族伟大复兴过程中攻坚克难离不开文化这一主力（展望未来）。

**③段写作思路**

本段是过渡段。

**④段写作思路**

本段重在阐述发挥好文化的主力价值的关键之一：加强文化保护（文化角度）。第一，举例论证：列举传统文化、文化遗产、红色精神等例子，说明文化保护的具体表现形式。第二，总结升华：强调文化保护是在扎根和铸魂。

**⑤段写作思路**

本段重在阐述发挥好文化的主力价值的关键之二：重视文化服务（社会角度）。第一，指出问题：我国文化发展与人民精神文化需求之间存在差距。第二，提出对策：要重视基层文化服务阵地建设和城市公共文化服务体系建设。

⑥段写作思路

本段重在阐述发挥好文化的主力价值的关键之三：发展文化产业（经济角度）。第一，讲道理：说明发展文化产业可以创造经济价值，也能促进文化发展。第二，举例子：列举山东临沂、胶东地区和湖南马栏山视频文创产业园的例子，说明文化产业发展带来的积极影响。第三，做总结：强调文化产业发展不仅能推动新经济发展，还能让文化大放异彩。

⑦结尾写作思路

引用"路虽远，行则将至；事虽难，做则必成"表达两层意思：第一，这事很难，做起来很慢。第二，只要坚持做，就一定能成。

展览馆等为载体的城市文化地标、智慧灯塔和精神家园的建设，确保公共文化服务发挥更大的影响力。

⑥加强文化建设，要发展文化产业。文化产业体系的建设，是一种"双赢"：我国的文化资源极其丰富，可以用文化资源创造出经济价值，助力经济发展；反之，通过生态与文化的融合、经济与文化的融合、科技与文化的融合，既能催生新的文化业态、延伸文化产业链，又能集聚创新人才，更重要的是可以进一步激发文化的活力。比如，在山东临沂和胶东地区，将红色文化资源与旅游产业相结合；湖南以湖湘文化为根基，依托科技赋能建立了马栏山视频文创产业园……不仅推动了新业态、新产业、新模式的新经济蓬勃发展，也让文化得以大放异彩。

⑦"路虽远，行则将至；事虽难，做则必成。"文化建设具有长期性、艰巨性、复杂性，发挥好文化的主力作用是一个在动态中向前发展的过程，不可能一蹴而就，也不可能齐头并进，只要一步一个脚印向着既定的目标进发，我们就一定能抵达光明美好的彼岸。

## 话题3  文化传承与创新

【2023年联考】"给定资料4"中提到"现代让传统更亲切鲜活，传统让现代更丰富厚重"，请结合你对这句话的理解，参考给定资料，联系实际，自选角度，自拟题目，写一篇议论文。

要求：立意鲜明，观点正确；思路清晰，语言流畅；参考"给定资料"，但不拘泥于"给定资料"；1000～1200字。

**思路点拨**

给定句子"现代让传统更亲切鲜活，传统让现代更丰富厚重"本身就是主旨句。第一，分析题干给定句子："现代让传统更亲切鲜活"，意味着现代的技术、理念、传播方式等能够赋予传统新的生命力，让传统以更贴近人们生活、更易被理解和接受的形式呈现出来；"传统让现代更丰富厚重"，表明传统的文化内涵、价值观念、历史底蕴等可以为现代社会提供滋养，使现代更加具有深度和内涵。第二，分析给定资料："时代在变，我们要以变应变，积极运用飞速发展的新技术，实现传统与现代的跨时空对话"，意思是"以变应变地发展利用，方能让文化传承和创新更有现代感"；"在不断变化的时代中，我们要以不变应万变，更好地履行传承文化的使命"，意思是"以不变应万变地保护，才能让文化传承和创新更有历史感"。

基于以上理由，可以围绕"现代对传统的好处""传统对现代的好处""如何以变应变地用好现代手段去发展""如何以不变应万变让传统得到保护"等角度搭建结构。

 **写作实操**

### 让传统与现代交相辉映

**标题拟定思路**

第一，确定文章主题是"现代与传统的关系"，旨在论述如何让现代与传统互相促进、共同发展。第二，提炼关键词"现代""传统"，并确定可以表达"相互促进、共同发展"的词语，比如"交相辉映"，从而确定标题为"让传统与现代交相辉映"。

**①②开头写作思路**

第一，以具体事例引入，通过列举 3D 技术制作的神农形象和汉韵手挽包上的东汉鎏金铜朱雀图案两个例子，展现出现代技术与传统文化元素相结合的成果。第二，阐述现代与传统的关系，直接对题干主题进行阐释。第三，再次强调主旨，最后强调履行传承文化的使命重大，要让传统与现代交相辉映。

① 3D 技术制作的神农形象，让人们走进了古代农民的生产生活，畅游于古代文明之内；汉韵手挽包上的东汉鎏金铜朱雀图案，让人们感受到传统文化的精湛审美，沉浸于民族智慧之中……

② 现代科学技术能够让传统文化中的元素近在咫尺、活灵活现；传统文化底蕴可以让现代作品的展现丰富多彩、沉稳大气。履行传承文化的使命意义重大、责任重大，既不能固本不革新，也不能创新不固本，

要让传统与现代交相辉映，互相激发出彼此的活力，这才是文化传承和文化创新的题中之义，因为现代可以让传统更亲切鲜活，传统可以让现代更丰富厚重。

③现代让传统更亲切鲜活，以变应变地发展，方能让文化传承和创新更有现代感。时代是不停发展变化的，现代化的生活让人们距离传统文化越来越远。无论是物质化的工具，还是精神化的慰藉，传统文化的作用似乎都在逐渐减弱。人们与传统文化之间似乎有了一层隔阂，甚至有的文化在濒临灭绝之时都没能走进现代人的生活，只能在博物馆中蒙尘，只能在历史中慢慢消殒。然而，无论是文化产业的发展，还是文明启迪的需要，传统文化都必须融入现代，进行普及性传播、广泛性应用。对此，全国各地的博物馆都在进行探索：有的对馆藏文物进行精心设计，开发文创产品，对文化资源进行活化利用；有的利用现代数字技术重现传统文化的历史场景，通过短视频演绎传统文化的深刻故事；有的通过文博教育活动系统化、趣味化，让文物走进现代生活……因此，文化传承和创新需要让传统走近现代、走进现代，让现代人能够触摸到、感受到，观感的冲击、精神的融合，必然能够让传统文化在现代重焕生命、再现活力。

④传统让现代更丰富厚重，以不变应万变地保护，才能让文化传承和创新更有历史感。无论时代如何发展，文化资源始终以不变的形式记录着人文科技的进步、生活方式的改变、审美风气的嬗替，如果丧失了文化资源的媒介，民族智慧将无从体现，中华文明将黯然失色。离开文化的本源谈传承、离开文化的根源谈发展，那就是随波逐流的水上浮萍，必会迷失方向。那就是水中月、镜中花，看似美丽却没有生机活力。《我在故宫修文物》的匠人师傅让我们看到了文化中精湛绝伦的传统技艺，《国家宝藏》的一件件珍品让我们看到了文化中丰富多元的古人智

### ③段写作思路

第一，亮观点：提出"现代让传统更亲切鲜活"的观点，并强调要"以变应变地发展"。第二，讲道理：分析现代化生活带来的挑战，指出传统文化面临的困境。第三，举例子：举例说明各地博物馆如何利用现代科技手段让传统文化融入现代生活。第四，做总结：总结文化传承和创新需要让传统走近和走进现代。

### ④段写作思路

第一，亮观点：提出"传统让现代更丰富厚重"的观点，并强调要"以不变应万变地保护"。第二，讲道理：指出离开文化本源和根源谈传承发展会迷失方向，没有生机活力。第三，举例子：通过《我在故宫修文物》《国家宝藏》《典籍里的中国》等例子，说明传统文化中的精髓能让中华文明丰富、厚重、深邃。第四，做总结：文化传承和创新需要在现代中进行原真和本真保护。

慧,《典籍里的中国》通过古今对话让我们感受到了传统文化中的精神财富……传统技艺、古人智慧、文化精神,正是这些凝结在文化资源中的精髓,让中华文明发展到现代依然可以丰富、厚重、深邃,给我们以自豪、给我们以启迪。所以,文化传承和创新需要在现代中保护好原真的文物资源、继承好本真的精神传统,才能让中华文明源远流长、屹立不倒。

⑤ 传统与现代的跨时空"对话",会有"激辩争吵",也会有"蜜语浓情",但只要坚持"在发展中保护好、在保护中发展好"这一基本原则,我们就一定能够完成好继承和发展传统文化的历史使命。

⑤结尾写作思路

第一,传统与现代的融合有好有坏。第二,只要坚持"在发展中保护好、在保护中发展好"的原则,就能做好文化传承和发展工作。

---

## 话题4 基层文化供给侧改革

【2017年江苏省考 ABC 卷】请围绕"给定资料 7"中的基层文化供给侧改革的要求,以"激发群众参与热情,创新文化服务方式"为主题,联系实际,自拟标题,写一篇议论文。

要求:不必拘泥于"给定资料",符合议论文写作要求。篇幅 1000 字左右。

### 一 思路点拨

第一,根据题目主题可知,基层文化供给侧改革要注意两点:激发群众参与热情,创新文化服务方式。第二,分析材料可知,基层文化供给侧改革的要求是"转变文化服务思路,要变政府'端菜'为群众'点菜',实际上也是"激发群众参与热情"。基于此,本文的结构可以围绕"基层文化供给侧改革的要求""基层文化供给侧改革的原因(如群众参与热情不足、文化服务方式落后)""如何推进基层文化供给侧改革(如激发群众参与热情、创新文化服务方式)"等角度进行搭建。

## 二 写作实操

### 激活基层文化的"一池春水"

根据题目可知，"激发群众参与热情，创新文化服务方式"均是围绕"基层文化供给侧改革"的要求，因此"基层文化"可以作为标题中的关键词，结合"激发""创新"等表意倾向，可以直接套用"激活……的'一池春水'"，确定标题。

**①开头写作思路**

以"村BA"的案例引出对基层文化工作的思考，指出当前文化供给侧改革存在的问题。

**②段写作思路**

第一，亮观点：顺承上段存在的问题，直接说明基层文化供给侧改革的思路应转变为群众"点菜"。第二，讲道理：分析传统基层文化服务存在的问题，说明转变思路的必要性。第三，下结论：要激发群众参与热情和创新文化服务方式。

① 相信很多人都在短视频平台刷到过"村BA"，这是贵州省台江县台盘村村民自发组织的乡土篮球比赛，虽然只是年年组织的普通"村头比赛"，却是能给村民带去无限欢乐的独特"乡村舞台"。"村BA"的火爆，说明有很多人关注，很多人关注的背后，也是"喜欢"、是"羡慕"、是"想要"。这给基层文化工作带来一些思考：基层群众需要丰富多彩的文体活动，但我们的文化供给尚不能够满足多元化的精神文化需求，基层文化供给侧改革还有很多工作要调整、要推进。

② 基层文化供给侧改革的关键在于文化服务思路的转变，要变政府"端菜"为群众"点菜"。在传统的基层文化服务模式中，政府往往是根据自己的理解和规划来提供文化产品和服务，这种方式可能无法完全满足人民群众多样化、个性化的文化需求，也容易出现"供给不足、供给不均、供给不精"的问题。因此，只有群众"点菜式"的文化供给和服务模式才能把"群众需要什么"和"政府提供什么"精准对接起来，这就需要在激发群众参与热情和创新文化服务方式上下足功夫。

③ 激发群众参与热情，在基层文化服务工作中发挥好群众的主体性作用。一方面，要明确群众的需求。比如一些地方尝试通过建立"文化点单"机制，让村民根据自己的兴趣和需求来选择文化活动，可以

通过线上平台或者村委会提出自己希望参与的文化活动类型，政府根据这些需求来组织相应的文化活动，如戏剧演出、书法培训、民俗展览等，极大地提高了村民的参与度和满意度，也使得文化资源的配置更加合理有效。另一方面，要调动群众的参与积极性。基层文化是由基层群众创造的，要尊重人民群众的主体地位和首创精神，把蕴藏在民间里的高人挖掘出来，把蕴藏在群众中的智慧激发出来，《星光大道》里走出过"民间歌唱家"，《中国诗词大会》里出现过"民间诗词家"，短视频平台里涌现过各式各样的"民间艺术家"，这些民间高手，才是基层文化真正的"源头活水"。

④创新文化服务方式，在基层文化服务工作中贴近群众、深入群众。基层文化服务工作，归根结底是服务于广大基层人民群众，如果文化服务方式群众不喜欢、不接受，势必会变成"死不了、活不好"的"文化鸡肋"。我们要立足时代发展、贴近群众生活，用更多元化的方式提供多样性的内容，利用互联网、新媒体等技术手段就是比较流行和有效的方式，打造"线上＋线下"的文化服务模式，拓宽文化服务的覆盖面和影响力。例如，一些地方通过直播、短视频等形式，传播优秀传统文化，让更多群众了解和喜爱传统文化；一些地方则通过开发文化旅游产品，将文化资源转化为经济效益，促进了地方经济的发展，从而让群众有挖掘、传承、保护基层文化的积极性。归根结底，基层文化服务方式创新的目的就是让群众易于参与、便于参与、乐于参与。

⑤习近平总书记说："一个国家、一个民族的强盛，总是以文化兴盛为支撑的。"基层是文化兴盛的基础阵地。因此，深化基层文化改革、做好基层文化服务，势在必行；激发民众参与热情、创新文化服务方式，任重道远。

**③段写作思路**

第一，亮观点：激发群众参与热情就是在基层文化服务工作中发挥好群众的主体性作用。第二，论证观点：主要从"明确群众的需求"和"调动群众的参与积极性"两个角度展开，其中主要使用了举例论证的方法。

**④段写作思路**

第一，亮观点：创新文化服务方式，在基层文化服务工作中贴近群众、深入群众。第二，讲道理：分析为什么要让群众喜欢和接受。第三，提对策：谈如何创新服务方式并举例论证。第四，做总结：指出创新方式要以群众为落脚点。

**⑤结尾写作思路**

先以总书记的话强调文化兴盛很重要，接着强调基层对文化兴盛很重要，最后落脚到基层文化供给侧改革，回扣主题。

## ◉ 话题5　文化遗产保护

【2013年国考副省级】"给定资料6"中的题字"岁月失语，惟石能言"能触发人们许多思考和感悟，请参考"给定资料"，以"岁月失语，惟石能言"为题，写一篇文章。

要求：（1）自选角度，立意明确，有思想性；（2）联系实际，不拘泥于"给定资料"；（3）内容充实，语言畅达；（4）800～1000字。

### 一　思路点拨

　　"岁月失语"的意思是：岁月悄然流逝，它本身不能说话，无法表达和留存自身的经历与记忆。"惟石能言"的意思是：只有文化遗产（包括物质文化遗产如古建筑、石窟、碑刻等，以及非物质文化遗产如传统技艺、民间艺术、民俗等）能够诉说历史、传承文化、表达人类的智慧和情感。这也是本文的主旨。基于此，本文的结构可以围绕"文化遗产的意义和价值""文化遗产面临的危机""如何保护文化遗产"等进行搭建。

### 二　写作实操

#### 岁月失语，惟石能言

**标题拟定思路**

命题作文，无须自拟标题。

**①开头写作思路**

第一，设问开篇：以提问的方式做铺垫，以回答的方式点主题。第二，阐释主题：对主题进行解释说明，表明观点。

① 历史的记忆如何唤醒？当今的文化如何传承？我们一直在苦苦思索、追寻，著名作家冯骥才先生曾感言"岁月失语，惟石能言"，似乎给了我们答案。岁月就是时间，包含着历史、现在与未来，然而时间无形无迹，无法记忆历史、无法传承当今，唯有历史文化遗产才能唤醒历史的记忆，才能搭建连接过去与

现在、现在与未来的桥梁。

②"石"之言，在于其承载的厚重历史：从巍峨的万里长城到雄伟的布达拉宫，从神秘的莫高窟到精美的兵马俑，这些历经千百年的文化遗产，如同一部部史书，记录着中华民族的辉煌与荣光。长城，用每一块青砖诉说着中华民族抵御外侮的决心；莫高窟，用每一幅壁画展示着丝绸之路的繁华；兵马俑，用每一尊陶俑展现着秦军的威武雄壮。它们是中华民族的文化基因，是我们民族身份认同的重要标志。

③然而，许多文化遗产正面临着危机，尤其是那些口口相传的技艺、习俗等非物质文化遗产，正面临着传承断裂、逐渐消逝的危机。例如，古老的皮影戏，曾是几代人共同的童年记忆，如今却面临着观众流失、剧团解散的困境；精美的刺绣、竹刻、玉雕等，以独特的工艺和精湛的技艺闻名于世，如今却面临着后继乏人的尴尬局面。这些非物质文化遗产的流失，不仅是中华民族的巨大损失，也是世界文化宝库的遗憾……在追求效率和新潮的现代社会，愿意学习传统技艺、传承古老风俗的年轻人越来越少。同样，许多地方文化风俗，由于缺乏政府的资金支持和保护，也逐渐走向衰落，面临失传的风险。因此，保护文化遗产势在必行。

④需要政府加大扶持力度，建立健全非物质文化遗产保护体系，为传承人提供更好的生活保障和创作环境。例如，设立专项资金，用于非遗项目的保护、传承和发展；建立非遗传承人数据库，加强对传承人的培训和扶持；鼓励非遗项目与现代产业相结合，开发具有市场竞争力的文化产品。更需要全民参与，增强文化自觉和文化自信，积极传承和弘扬中华优秀传统文化。例如，可以通过举办非遗展览、演出、体验活动等方式，让更多人了解和喜爱非遗；鼓励学校开设非遗课程，让孩子们从小接受传统文化的熏陶；利用互联网等新兴媒

**②段写作思路**

第一，亮观点：文化遗产承载历史（文化遗产的重要性）。第二，举例子：列举长城、莫高窟等具体文化遗产的案例并说明它们承载的历史。第三，做总结：强调文化遗产是民族文化基因、身份认同的标志。

**③段写作思路**

第一，亮观点：文化遗产面临危机（保护文化遗产的必要性）。第二，举例子：列举皮影戏等非物质文化遗产正面临的危机。第三，讲道理：分析文化遗产面临危机的原因。

**④段写作思路**

重点论述保护文化遗产的措施，包括政府加大扶持力度和全民参与，分别列举了具体的方法和途径。

⑤结尾写作思路

第一，抛出三个问题，引出"岁月"。第二，强调文化遗产对于"岁月"的重要性，同时指出保护文化遗产任重道远。

体，传播非遗文化，扩大其影响力……这些都是值得尝试的传播传承和保护发展的路径。

⑤"我们从哪里来，我们是什么，我们到哪里去"，终将留在岁月长河里，而岁月长河的涓涓细流，只有历史文化遗产才能助它发出悦耳之声。护"石"之旅，任重而道远。

## 话题6　文化输出

【2014年联考】"给定材料7"画线部分写道："中国在能够输出价值观之前，是不可能成为一个真正的大国的。"请结合你对这句话的思考，自拟题目，写一篇文章。

要求：（1）自选角度，立意明确；（2）联系实际，不拘泥于"给定材料"；（3）思路清晰，语言流畅；（4）总字数1000～1200字。

### 一　思路点拨

题目中的给定句子可以直接作为文章的中心论点，强调了价值观输出对于中国成为真正大国的重要性。"真正的大国"不仅仅是经济、军事等硬实力强大，还应包括文化、价值观等软实力的传播和影响力；"价值观输出"不仅仅是指将中国的价值观传播到国际舞台，还要赢得国际认同和尊重。本文的结构可以围绕"我国有哪些丰富深厚的文化价值""价值观输出的重要性""价值观输出面临的挑战""如何输出价值观"等进行搭建。

### 二　写作实操

#### 价值观输出是成为大国的关键

标题拟定思路

理解题目给定句子强调的是价值观输出与成为大国之间的紧密关系，因此直接从中提炼出关键信息"价值观输出""成为大国"，即可作为标题的核心内容。采用简洁的陈述句形式"价值观输出是成为大国的关键"即可。

① 当动画片《金猴降妖》以其震撼的画面、精彩的剧情和深刻的文化内涵火遍全球时，我们看到了中国文化输出的一抹耀眼曙光。这部动画片的成功，不仅仅在于其技术层面的卓越表现，更在于它背后所蕴含的中国价值观的悄然输出。这让我们不禁想起法国前总统德斯坦说过的一句话："中国在能够输出价值观之前，是不可能成为一个真正的大国的。"

② 大国之崛起，从来不是仅仅依靠经济的腾飞、军事的强大。在全球化的今天，一个真正的大国，必然是在文化、价值观等软实力方面有着广泛而深远的影响力。中国是一个拥有着悠久历史和灿烂文化的古老国度，在新时代的征程中，我们肩负着输出价值观、展现大国风范的重要使命。

③ 中国拥有五千多年的历史文明，文化传统深厚，价值观丰富。从儒家的"仁爱"思想到道家的"自然"哲学，从"和为贵"的社会理念到"天人合一"的生态观念，这些价值观在历史的长河中不断传承和发展，形成了独特的中国文化特色。在全球化的背景下，输出中国文化不仅有助于增强民族认同感，更能对外展示中国文化魅力、提升国际形象。那么，如何才能输出"代表中国原创性文化理念、文化思想"的价值观？我们必须在"输出什么、如何输出"上通盘考虑。

④ 一方面，以"物"为载体，发挥文化产品的作用。中国拥有丰富的文化资源，如书法、国画、民乐、戏剧、艺术、武术等。通过现代技术的转化，这些文化资源可以转化成电影、动漫、游戏等新型文化产品，比如《花木兰》《功夫熊猫》系列电影等就是很成功的案例，以此去吸引全球观众的兴趣，传播中国

### ①②开头写作思路

第一，引出话题：以动画片《金猴降妖》的成功案例引出"中国文化输出"的话题。第二，联系题目：与题干给定句子进行关联，点明"输出价值观"对于成为大国的意义。段②，阐述观点：对题干给定句子进行具体阐释，谈出自己的理解和思考。

### ③段写作思路

第一，亮观点：我国历史悠久、文化深厚。第二，举例子：列举我国传统文化理念。第三，讲道理：分析文化输出的意义。第四，引下文：通过设问引出下文关于"如何输出价值观"的讨论。

### ④段写作思路

第一，亮观点：提出"以'物'为载体"输出价值观。第二，举例子：以一系列转化为文化产品的文化资源为例，说明文化产品的输出效果。第三，做总结：提出通过政府、民众、市场创造高质量文化产品，输出优秀传统文化。

的传统价值观，才能实现真正的"文化输出"。所以，我们要通过政府的扶持、民众的重视、市场的青睐，去创造出多元化、理念先进、代表中国传统文化和价值观的文化产品，以文化产品为载体，用现代化的方式去阐释中国优秀的传统文化。

⑤ 另一方面，以"人"为载体，在文化交流的过程中发挥人的作用。文化交流归根结底是人的交流、感情的交融，人是输出价值观最直接、最有效的方式。比如，通过梅兰芳了解中国的京剧、通过李小龙了解中国的功夫、通过莫言了解中国的文学、通过郭德纲了解中国的相声……再比如，在国外有很多中国的留学生，在中国也有很多外国的留学生，通过这种人与人的交流了解中国不仅有孔子，还有老子、孟子、荀子，了解中国的美食文化、服装文化、语言文化……通过价值观的碰撞，让外国人真正了解中国的传统观念、现代思想、国际视野。我们可以通过这种民间交流的方式向世界传递真实多样的"中国名片"。

⑥ 中国有几千年的文明史，积淀了那么多优秀的文化和价值观，面对国外文化的冲击，我们要痛定思痛，积极打造我们的文化软实力、不断扩大我们的国际影响力，当我们的价值观开始得到国际认可的时候，我们才真正有底气说自己是"大国"、是"强国"。

**⑤段写作思路**

第一，亮观点：提出"以'人'为载体"输出价值观。第二，讲道理：指出文化交流的根本是人和情感的交流。第三，举例子：列举文化名人以及留学生群体，说明人与人之间的交流是文化传播的重要途径。第四，做总结：通过民间交流展现真实的中国形象。

**⑥结尾写作思路**

结尾的"时间线"：第一，回顾历史，我们有文化资源。第二，放眼当下，我们面对外部文化要积极输出。第三，展望未来，我们会成为大国和强国。

## 考点点拨

　　从近些年的真题来看，"文化"类主题的作文主要涉及以下考查角度。第一，文化保护：探讨文化遗产的价值、面临的危机以及保护的措施（2013年国考副省级"文化遗产保护"）。第二，文化传承与创新：探讨如何运用现代手段实现文化传承与创新，以及如何保护传统以确保其为现代提供滋养（2023年联考"传统与现代"）。第三，基层文化供给侧改革：围绕基层文化供给侧改革，探讨激发群众参与热情和创新文化服务方式的重要性（2017年江苏省考"基层文化供给侧改革"）。第四，文化的主体地位：探讨如何巩固和发挥文化的主力地位，涉及文化在经济、社会等多方面的作用（2021年山东省考A卷"文化主角"）。第五，传统文化的创造性转化和创新性发展：探讨传统文化中蕴含的精神和智慧，在创造性转化和创新性发展后对其他领域的当代意义（2023年江苏省考A卷"传统文化的'营养'"）。第六，文化输出：立足国际视野，探讨中国文化软实力的提升，强调文化输出在国家发展中的战略意义（2014年联考"文化输出"）。

　　此外，结合当前社会热点，以下话题也建议大家关注一下。第一，数字文化产业发展与文化数字化战略：比如，如何促进数字文化产业发展，如何利用数字技术传承和传播中华优秀传统文化，如何应对数字文化发展带来的挑战。第二，文旅融合发展：比如，如何促进文旅融合发展，与城市发展、经济发展等相结合。第三，青少年文化建设与网络文化安全：比如，如何加强青少年思想道德建设，如何引导青少年树立正确的网络文化观，如何防范和抵制网络文化中的不良信息。

# 第八章

# 社会

# 话题 1　新职业和新业态

【2022 年江苏省考 A 卷】请结合你对"给定资料 7"中"如何更好地在变局中开新局，成为政府部门执政能力与管理能力的试金石"这句话的理解，围绕"新时代潮涌新职业，新业态呼唤新作为"这一主题，联系实际，写一篇对策性文章。

要求：（1）自选角度，自拟标题；（2）参考给定资料，不拘泥于给定资料；（3）观点明确，内容充实，结构完整，语言流畅；（4）篇幅 1000 字左右。

## 一　思路点拨

第一，分析题目主题："新时代潮涌新职业，新业态呼唤新作为"明确了新时代出现新职业和新业态的背景，同时强调了需要有新的作为，可以思考政府在新职业和新业态发展中的角色和应有的作为。第二，分析题目给定句子：其中"变局"可联想到当前新技术、新业态、新模式不断涌现的时代背景，"开新局"意味着要在新的形势下实现突破和发展，而这对政府部门的执政能力与管理能力提出了考验。给定资料中这个句子之后的"加强政府管理的力度，不断拓宽政府服务的宽度"也给"作为"做了补充。基于以上，本文中心论点可以确定为：在新时代新职业和新业态蓬勃发展的背景下，政府应积极作为，提升执政能力和管理能力，以在变局中开新局，推动新职业和新业态的高质量发展。题目要求写"对策性文章"，所以在结构上，可以围绕"如何提升执政能力和管理能力"的角度展开。

## 二　写作实操

### 用新作为激活新业态的"一池春水"

**标题拟定思路**

提取主题中的核心词"新业态""新作为"，套用"用……激活……的'一池春水'"的表达，确定标题。

## ①开头写作思路

第一，引出话题：反转式引入，一场疫情让许多行业遇冷，但是也涌现出一些新业态、新职业。第二，引出观点：设问式引入，提问如何激活这些新业态，自然引出观点。

## ②段写作思路

第一，亮观点：面对新业态、新职业要坚持审慎原则，加大政府管理的力度。第二，举例子：指出新事物存在弊端，如平台经济、智能经济、共享经济中的问题，证明政府审慎监管的必要性。第三，转折铺垫：强调新业态、新职业对中国经济的重要意义，引出包容原则（拓展服务宽度），为新业态健康发展护航，起到承上启下的作用。

## ③段写作思路

第一，亮观点：提供第一种服务——提高新职业的社会认可。第二，讲道理：指出传统认知中对新职业存在的偏见，阐述政府提高新职业社会认可度的必要性。第三，提对策：从官方认定和加大宣传两个方面具体论述政府的做法。

① 一场疫情让经济社会的发展陷入变局，许多行业发展遇冷、陷入危机。然而，在这场变局之中，新技术、新业态、新模式、新职业不断涌现，让我们在经济"寒冬"中感受到阵阵暖意。与此同时，这也是政府部门要积极面对的挑战：如何把握危机中的新机？如何在变局中开好新局？如何用新作为激活新业态的"一池春水"？这考验着政府的执政能力与管理能力。

② 面对新业态、新职业要坚持审慎原则，加大政府管理的力度。新事物难免存在一些弊端，比如平台经济中的隐私保护问题、智能经济中的技术伦理问题、共享经济中的社会安全问题等，有些可以通过市场经济的优胜劣汰解决，而有些需要通过政府严格准入门槛、及时出台法律等管理措施进行审慎监管。但是整体来看，新业态、新职业对中国经济的转型升级与高质量发展意义重大。因此，更要坚持包容原则，不断拓展政府服务的宽度，为新业态的健康发展"保驾护航"。

③ 提高新职业的社会认可，为新业态"保驾"。在人们的传统认知中，快递小哥、外卖配送、电子竞技等都是"不务正业"，甚至抵触去深入了解，更不要说同意作为一个职业去深耕、愿意作为一项事业去发展。新职业、新业态如果没有获得广泛的社会认可，就没有前途可言。因此，政府必须加大力度提高新职业的社会认可度：一方面，要与时俱进将时下热门行业中的新职业、新工种及时收录进国家职业分类大典并向社会权威发布，要"探索在新兴职业领域增设职称系列"，给广大新兴领域人才打开职称大门。另一方面，也要注重适当引导，通过宣传新业态的官方政策、发展前景、社会需求度和贡献度等争取广泛社会认可。只有获得社会认同，新职业、新业态才能持续发展。

④完善新职业的服务保障，为新业态"护航"。据统计，在新业态、新模式中灵活就业的2亿人中，绝大多数以新职业为主，面对这样数目庞大的新兴群体，社会保障却面临着很多问题，比如劳务纠纷"难办、难认、难等"，牵扯到报酬、安全、劳休纠纷等方方面面的维权问题。这就对政府服务提出了高要求：一方面，要加强制度保障，不断完善多渠道灵活就业的社会保障制度，维护好新职业从业人员的合法权益。另一方面，要完善组织保障，积极推进新职业从业者工会组织建设，积极开展政策咨询、技能培训、劳动权益维护等普惠服务，不断完善多元服务体系。只有完备社会保障，新职业、新业态才能健康发展。

**④段写作思路**

第一，亮观点：提供第二种服务——完善新职业的服务保障。第二，讲道理：指出新职业群体面临的保障问题。第三，提对策：从制度保障和组织保障两方面论述政府的做法。

⑤"所当乘者势也，不可失者时也。"站在"两个一百年"的历史交汇点，面对推动中国经济实现高质量发展的重要使命和责任，只要政府积极作为，不断加强管理、优化服务，就一定能让新业态、新职业在中国经济社会发展的征程中披荆斩棘、乘风破浪！

**⑤结尾写作思路**

第一，引用名言强调抓住时机、明确使命。第二，总结核心论点并展望未来。

# 话题2  民生的"温度"与"质感"

【2021年联考】"给定资料4"中提到"努力让民生服务更有'温度'，民生福祉更有'质感'，让人民群众的获得感更足"。请你深入思考这句话，联系实际，自选角度，自拟题目，写一篇议论文。

要求：（1）参考给定资料，但不拘泥于给定资料；（2）思路清晰，语言流畅；（3）字数1000～1200字。

思路点拨 ························································

> 　　给定句子本身可以直接作为中心论点。解读其中关键词："民生服务"，即政府及相关机构为满足人民群众基本生活需求而提供的服务；"民生福祉"，即人民群众在物质生活和精神生活方面获得的幸福感；"温度"，即服务的人性化、关怀性等情感温度；"质感"，即服务的精细化、真实性、高质量等；"获得感"，即人民群众切身感受到的幸福感和满足感。文章的结构可以围绕"当前民生服务的现状（成绩和问题）""改善民生服务的意义""如何改善民生服务"等进行搭建。

 写作实操 ························································

## 民生的"温度"与"质感"

**标题拟定思路**

直接在给定句子中提炼最关键的三个词——民生、温度、质感，组合搭配出标题，简洁明了。

**①开头写作思路**

先点大主题：民生。再点具体观点：题干中的给定句子。

**②段写作思路**

阐释民生服务有"温度"、民生福祉有"质感"的内涵。先说总体要求，再进行分别解释（这部分内容材料中也没有，可以根据自己的理解阐释，言之有理即可）。

①不断增强人民群众的获得感、幸福感和安全感，是民生工作的出发点和落脚点，是民生工作的价值取向和使命担当。人民群众有没有获得感，要看民生服务有没有"温度"；人民群众有没有幸福感，要看民生福祉有没有"质感"。

②让民生服务更有"温度"、让民生福祉更有"质感"，就是要办更多、更好的民生实事，在改善民生品质上下足功夫：既要保证民生工作的数量，也要保证民生工作的质量；既要保证服务态度，又要保证服务效果。换句话说，"温度"意味着民生服务要充满人文关怀，要设身处地为群众着想，要让群众感受到真情、温暖和尊重；"质感"则意味着民生工作要追求精细化、高质量，要让群众感受到实实在在的变化、看得见的提升和摸得着的幸福。

③然而，在一些地方为群众办实事、办好事的过

程中，存在这样的"民生怪象"：投入越来越多，但是群众的满意度并没有越来越高；管理越来越细，但是群众的认同感并没有越来越强；建设越来越好，但是群众的幸福感并没有越来越多……之所以会这样，其实原因并不复杂，那就是政府的民生工作和群众的民生需求出现了"错位"，脱离了群众、脱离了实际，民生服务没有"温度"、民生福祉没有"质感"，民生工作有了数量没了质量、有了态度没了效果，人民群众自然没有获得感可言。

④ 不容否认，民生工作牵扯到教育、就业、医疗、养老、住房、健康等诸多民生领域，甚至具体到人民群众的衣食住行、油盐酱醋等民生琐事中的各类问题和矛盾……可见，让民生服务更有"温度"、民生福祉更有"质感"并不容易。

⑤ 不断深入基层实际、了解群众需求是前提。"民之所忧，我必念之；民之所盼，我必行之"，只有深入基层、深入群众，才能真正了解群众的"急难愁盼"，才能找到解决问题的"金钥匙"。有"温度"的民生服务，一定是最贴近群众自身实际的。如果民生服务脱离了群众需求、违背了群众意愿、伤害了群众利益，就不仅仅是群众"买账不买账"的问题了，更是群众"支持不支持"的问题了。这就需要我们在开展相关民生服务工作的时候深入了解、因人施策，只有这样才能让工作更加精准和有效，让服务更具有温度和人性，让群众更加配合和理解。

⑥ 不断创新工作方法、完善社会治理是关键。有"质感"的民生福祉，一定是最符合群众利益的。要善于运用制度让民生工作更有保障，比如有的社区制定"社区救助顾问制度"、组建社区救助顾问团队，解决了因"救助工作涉及部门多、政策内容杂"导致的"不愿主动求助、不知如何求助"的沉默困难群众的问题；要善于运用技术让民生工作更加便捷，比如

**③段写作思路**

本段重在分析民生服务面临的问题（改善民生服务的必要性），这里的问题不能随意列举民生服务"有没有"，而是要重点列举"有但不优"的问题，因为要论证的是"温度、质感"，所以重点分析"没温度、没质感"的现状。

**④段写作思路**

本段属于过渡性质的段落。重点分析民生工作的特点（不易之处），为下文提出改进措施做铺垫。

**⑤段写作思路**

第一，亮观点：不断深入基层实际、了解群众需求是前提。第二，正反论证：先正面分析深入实际和群众的重要性，再反面阐述脱离群众的危害。第三，做总结：阐述在民生工作中深入实际和群众的好处。

**⑥段写作思路**

第一，亮观点：不断创新工作方法、完善社会治理是关键。第二，举例子：分别举例说明如何运用制度、技术和创新治理才能让民生工作更有保障、便捷和有效率。

有的社区通过"呼叫器"的普及搭建了老年人与社区的联系平台，让工作人员可以及时了解问题并提供针对性和精细化服务；要善于创新治理让民生工作更有效率，比如有的村镇创新"共建共治共享"的治理格局，建立了村级微信群，乡镇干部、民警辅警、村组干部、村民代表共同参与村务治理，拉近了干群关系，提高了民生福祉。

⑦民生无小事。让民生服务更有"温度"、民生福祉更有"质感"，让人民群众的获得感更加充足，还有很多困难要克服，还有很多问题要解决，但是只要心中有人民，就一定可以推动民生工作继续向前！

**⑦结尾写作思路**

总结式展望，并在其中点明了民生服务的根本——民。

---

## 话题3　信用

【2019年联考】参考但不拘泥于给定资料，以"信与用"为题目，联系实际，写一篇议论文。

要求：（1）自选角度，立意深刻；（2）内容全面，结构完整；（3）思路清晰，语言流畅；（4）总字数1000～1200字。

### 一　思路点拨

"信与用"的背后，是"信用"，信用既是一种道德品质，也是一种制度规则。信用包括"信"和"用"，"信"是一种相对静态的素质体现，"用"是一种相对动态的态度表现，两者共同形成了和谐社会的运行机制。本文的结构可以围绕"信用的本质""信的含义和意义""用的含义和意义""信与用的关系"等进行搭建。

## 二 写作实操

### 信与用

**标题拟定思路**

命题作文，无须自拟标题。

① 欠款不还被列入"老赖名单"，信用数据不佳被限制出行住店；信用等级较高租车可以免除押金，信用认证通过可以优先办理业务……在大数据时代，信用不仅是一个人的身份证，也是一个人的通行证，信用正在越来越多地影响着我们每一个人的方方面面。

**①开头写作思路**

列举正反两个信用案例，引出信用话题。

② 信用既是一种道德品质，也是一种制度规则。作为道德品质，信用是个人安身立命的根本，体现了一个人诚实守信的品德，是人格的重要组成部分。一个有信用的人，往往会受到他人的尊重和信任，这种信任是无形的财富。作为制度规则，信用是社会有序发展的根基。现代社会通过法律和制度对信用进行规范和约束，如信用记录、信用评分等，这些制度规则确保了社会的公平与正义。信用包括"信"和"用"，"信"是一种相对静态的素质体现，"用"是一种相对动态的态度表现，两者共同形成了和谐社会的运行机制。

**②段写作思路**

第一，从品质和制度两个层面阐述信用的含义及其重要性。第二，分别阐释"信"和"用"，点明主题。

③ 信，是人们在修身律己、礼让宽容、崇德向善、遵纪守法的过程中逐步养成的素质，这种素质是基于讲道德、守规矩的诚信品质。所谓"人无信不立，业无信不兴"，无论是国内的同仁堂、稻香村等老字号企业，还是进入世界 500 强的中外企业，无一不是严守法规、诚信经营才有今天的辉煌，任何一家发展壮大的企业一定有一个优秀的品质，那就是诚信。共享单车品牌 ofo 曾风靡一时，但 2018 年

**③段写作思路**

第一，亮观点：信是基于讲道德、守规矩的诚信品质。第二，举例子：从正（同仁堂、稻香村）反（ofo 共享单车品牌）两方面论证"信"的重要性。第三，做总结：从个人、企业、政府的角度总结"信"的重要性。

资金链断裂，导致大量用户押金无法退还。从某种意义上讲，这就是一种欺骗消费者、不讲诚信的经营行为，一夜之间让共享单车这一商业模式的美誉度在我国大打折扣。无论对于一个人，还是对于一个企业，甚至是一个政府，一旦被贴上"失信"的标签，短期内便不会被撕下来，这就会给个人或者组织的形象带来负面口碑和影响，公信力将会大打折扣。

④ 用，是一种基于"信"的态度和行为，简而言之，就是"用信"：如果一个人或者组织的信用评估较高，就可以在许多领域获得更多的资源和机会；反之，如果一个人或者组织的信用评估较低，就会在许多方面受到限制，比如通过曝光失信当事人、限制严重失信者高消费行为等手段打击失信行为。举个简单的例子，如果因为欠债不还、信用卡逾期还款等导致信用评估较低，就会影响住房和购车贷款。这些现象背后的道理非常简单：如果没有较好的诚信品质，就无法安身立命；如果违反社会规则、没有较高的信用评估，就会寸步难行。

⑤ 有足够的"信"做基础，"用"就会畅通无阻；有足够的"用"做支撑，"信"就会固本培元。两者相辅相成，共同为和谐社会的运行保驾护航。但现实并不总是玫瑰色的：社会失信行为依然在不断上演、信用应用场景开发不足、全面征集信息的技术手段和保护用户隐私的道德伦理矛盾依然突出。这些问题都在时刻提醒我们社会信用体系建设与社会期望还有差距。缩小这个差距，必须教育与制度建设并重，道德手段与法治手段并举。一方面要以诚信建设为重点，加强社会公德、职业道德、家庭美德、个人品德教育，形成讲诚信、守规矩的道德风尚；另一方面，要尽快建立覆盖全社会的征信系统，不断完善守法诚信褒奖机制和违法失信惩戒机制。

④段写作思路

第一，亮观点：用是一种基于"信"的态度和行为。第二，讲道理：分析如何"用信"。第三，举例子：通过信用卡失信的例子证明对"用"的影响。第四，做总结：强调诚信对"用"的重要性。

⑤段写作思路

第一，亮观点：阐明"信"和"用"的关系。第二，讲道理：分析现实中"信"和"用"的互相影响。第三，提对策：阐述通过教育、制度、道德、法治等措施让二者能够相辅相成、互相促进。

⑥信用是"照妖镜"，能让一切违反社会道德和社会规则的人现出原形；信用也是"炼金石"，能让人们在社会运行的过程中恪守公德、遵纪守法，更透明，也更阳光。

⑥结尾写作思路

总结式结尾：用"照妖镜"和"炼金石"比喻"信"和"用"互相制约。

## 话题4　公共文明

【2021年北京市考（区级）】结合给定资料，以"文明的养成，重在_____"为题，题中画线部分自拟，自选角度，写一篇文章。

要求：联系实际，观点鲜明、正确，分析深入、合理，语言流畅，字数控制在 800 ～ 1000 字。

## 一　思路点拨

本题属于"填空式"标题，能够明确主题是"文明"，但是中心论点需要根据材料填空得出。在给定资料中提到"近年来，随着法治国家建设进程的推进，法律规范愈来愈多地被用于精神文明建设领域，成为推动核心价值观建设、促进社会文明行为的重要手段"，因此，填空处可以直接填写"法治"或者"法律"。这样文章主旨就可以确定为：用法治（或法律）促进社会文明。本文的结构可以围绕"为什么要用法治促进社会文明""如何用法治促进社会文明"等进行搭建。

## 二　写作实操

### 文明的养成，重在法治

**标题拟定思路**

见上文"思路点拨"部分。

### ①开头写作思路

先是列举关于文明行为的正反两方面案例，接着从法治国家建设的宏观背景切入，点明法律规范对促进社会文明行为的重要作用，引出文章主题。

### ②段写作思路

本段重在论述"文明养成是道德自律的过程，但是仅靠道德难以养成"。分两方面论证：正面谈国家重视精神文明建设并取得成效；反面讲现实中仍存在"文明阻碍"，道德难以约束每一个人，并列举一些不文明行为的例子。

### ③段写作思路

第一，引观点：本段开头用"由此可见"承接上段内容，先对上段问题进行总结，顺承提出论点——文明养成靠法治。第二，举例子：列举国内外案例证明立法是提升民众文明意识更直接有效的方式。

① 随地吐痰、遛犬不牵引、景区挖植物、发送骚扰短信等不文明行为将被处罚；用人单位同等条件下优先聘用道德模范等先进人物，获得精神文明表彰人员申请落户予以加分奖励……随着法治国家建设进程的推进，法律规范逐渐成为各地促进社会文明行为的重要手段，在社会主义核心价值观建设和精神文明建设领域发挥着越来越重要的作用。

② 文明的养成，是将道德自律内化于心、外化于行的过程。长久以来，我们国家都很重视精神文明建设，持续加强宣传教育、道德引导、典型引领等工作，取得了重大成效。但现实生活中依然有很多"文明阻碍"：民众文明的养成、社会文明风尚的形成，靠道德教化引领完成，已经进入了"瓶颈"。当我们把整体的文明要求具体化到一个个民众个体的时候，就会发现实施难度极大。直到今天，很多文明和不文明行为都会同时见诸自媒体平台。同样在公共场合，有人能够约束好自己和家人的行为、自觉遵守公共秩序，但也有人无视公序良俗，如影院制造噪声、高铁肆意霸座、公园乱扔杂物等。

③ 由此可见，仅仅依靠道德教化的自律引导，不足以完成文明养成的工作。也就是说，文明的养成不仅仅要靠引导、靠教育，也要靠约束、靠管理。约束和管理就必须有法可依，有具体化的法律规章，即：文明的养成，重在法治。用法治提升民众文明素质和社会文明程度，已经是国内外通用的普遍性手段。在国内，2013 年，《北京市公园条例》开始施行；2015 年，《北京市控制吸烟条例》正式实施；2016 年，《北京市旅游不文明行为记录管理暂行办法》出台；2020 年，《北京市文明行为促进条例》正式施行……一步步通过立法明确了各个领域的不文明行为以及值得倡导的文明行为。在国外，韩国、新加坡、加拿大等地通过明确法律规定不断完善"礼让斑马线"的长效机

制，确保了公共交通安全。所以说，在公共文明领域积极启动关于文明行为的立法过程，是提升民众文明意识更为直接和有效的方式。

④ 不过，我们也要意识到促进文明养成的法治化进程不会一蹴而就，法治化也不仅仅是针对不文明行为制定几条规范那么简单，而是需要构建现代治理体系，既要包括法律约束和处罚，也要包括法律倡导和激励；同时，还要对教育、监管等其他手段用法律形式进行规范。这样才能让文明养成的自律行为、他律行为全面走上法治化轨道，全社会的文明养成才能早日到来。

**④结尾写作思路**

在肯定法治重要性的基础上，进一步指出法治化进程的长期性和复杂性，并对未来文明养成的法治化建设方向提出建议和展望。

## 话题 5　有温度的人生

【2018 年江苏省考 AB 卷】请结合对"以百姓之心为己心，以他人之心为己心"这句话的理解，以"有温度的人生更美好"为主题，联系实际，自拟标题，写一篇议论文。

要求：（1）观点明确，见解深刻，内容充实；（2）结合给定资料，但不拘泥于给定资料；（3）思路清晰，结构完整，语言流畅；（4）符合议论文写作要求，篇幅 1000 字左右。

## 一　思路点拨

本文主题是"有温度的人生更美好"，"以百姓之心为己心，以他人之心为己心"体现了一种推己及人、心怀他人的高尚情怀，强调要站在百姓和他人的角度去思考问题、感受他们的需求和情感。由此可以得出中心论点：秉持"以百姓之心为己心，以他人之心为己心"的理念，铸就有温度的人生，成就美好未来。文章的结构便可以以"有温度的人生"这一话题，围绕"以百姓之心为己心，以他人之心为己心"这两个角度进行搭建。

## 二 写作实操

### 暖色，是人生的真正底色

**标题拟定思路**

由文章主题"有温度的人生更美好"出发，将"温度"这一抽象概念具象化为"暖色"，并将其与"人生"这一宏观概念相结合，点明拥有温暖底色的人生才是美好人生。

**①开头写作思路**

从正面和负面社会热点事件入手，引出"社会温度"和"人生温度"的话题，并通过设问的方式，点明"社会光明、人生温暖"。

**②段写作思路**

本段列举社会上不温暖的事件，证明"让社会暖起来"的必要性；同时，点明"为官者，要心中有百姓；为人者，要心中有他人"的观点，进一步回扣主旨，引出下文。

**③段写作思路**

第一，亮观点："为官者"要"以百姓之心为己心"，并解释其含义。第二，举例论证：引用范仲淹、周恩来的事例，论证如何"关心百姓"及其重要性。第三，总结提升：指出"为人民服务"是党员干部的职责，强调"温度"能增强群众的拥护，给人生带来希望。

① 几乎每一年，我们身边都会发生一些"充满恶意"的不平事，令人寒心至极点；几乎每一年，我们身边都会涌现一批"暖化人心"的普通人，让人心生暖意。我们总是自己问自己：这个社会是阴暗的，还是光明的？我们的人生是冷冰冰的，还是有温度的？答案不言自明：社会应该是光明的，人生应该是温暖的。

② 不能否认的是：那些被媒体揭发的幼儿园虐童事件，冷了家长的心；那些被3·15曝光的制假售假商贩，冷了消费者的心，那些被反腐行动打下的"苍蝇老虎"，冷了人民群众的心。把冷掉的人心暖起来，是这个社会向我们每一个人发出的呼号。从某种意义上讲：温度，是衡量社会是否光明、人生是否美好的尺度。换句话说：为官者，要心中有百姓；为人者，要心中有他人。

③ 以百姓之心为己心，是"为官"的温度。百姓之心，是为官者之心，要把人民群众的困难装在心间，要将人民群众的诉求放进心田。范仲淹"先天下之忧而忧，后天下之乐而乐"，是古人关心百姓艰辛的道德风范；周恩来将"为人民服务"的宗旨牢记在心间、践行在群众中，是今人体恤群众疾苦的优良作风。他们身体力行地告诉我们：给百姓群众的关怀越有温度，百姓群众给予的拥护才会更有力度。"民心之所望，乃施政之所向"，讲的就是这个道理。广大党

员是人民群众的先锋，广大干部是人民群众的公仆，只要为人民群众排忧解难、尽心尽责，广大群众就能感受到来自党和政府的关怀，就能体会到来自党员干部的温暖，就能追求到充满希望的人生。

④以他人之心为己心，是"为人"的温度。传统文化中，我们说"老吾老以及人之老，幼吾幼以及人之幼"，这种"同理之心"就是"以他人之心为己心"；现代社会中，我们倡导"友善"，这是社会主义核心价值观的内在要求，也是"以他人之心为己心"。在小事中，我们有为身边老人让座的人，就像尊敬自己的老人一样；我们有为相向而行的路人倒车的人，就像体谅自己的家人一样；在大爱中，我们有"磨刀老人"吴锦泉这样"倾其所有，捐助社会"的人……他们"心怀他人"的善举，让社会动容。我们每一个人，尤其是广大青年，都应该像鲁迅先生说的那样，要摆脱冷气、要向上走，能有一分热，就发一分光。只有将生命的温度注入工作中、生活中，注入大格局、细微处，才能感受真正的快乐人生、美好人生。

⑤"万丈红尘，大不过柴米油盐；千秋大业，莫不过人生冷暖。"每一个党员干部，只要常怀百姓之心，每一个普通老百姓，只要常怀他人之心，都站成同一个方向，把"温度"撒向身边，这世界就会眼里有光，这人间就会心里有暖。

**④段写作思路**

第一，提出观点：明确"以他人之心为己心"是"为人"的温度，并解释其含义。第二，举例论证：列举生活中的"让座""倒车""捐助"等事例，论证"同理心"和"友善"的重要性。第三，总结提升：引用鲁迅先生的话，呼吁每个人都要发光发热，将"温度"融入生活，才能获得美好人生。

**⑤结尾写作思路**

引用名言强调主题，提出呼吁明确行动方向，展望美好未来升华主题。

## 话题6 人与动物的关系

【2012年联考】结合"给定资料"，自拟题目写一篇文章，谈谈你对"人与动物"关系的体会与思考。

要求：（1）自选角度，立意明确，有独立见解；（2）可联系自己的经验或感受；（3）语言流畅；（4）总字数 800～1000 字。

 **思路点拨** ::::::::::::::::::::::::::::::::::::::::::::::::::::::::::::::::::::::::

> 在给定资料中提到"生物多样性保护要求人们维护和恢复物种内部、物种之间以及生态系统的多样性平衡……只有和谐的人与人的关系、和谐的人与自然的关系才能提供最大的效益"，由此可见，"人与动物"的关系应该是互相依存的、平衡的、和谐的关系，这便是本文的主旨。结构上可以围绕"人和动物是什么关系""为什么要维持这种关系""如何维持这种关系"等进行搭建。

**二　写作实操** :::::::::::::::::::::::::::::::::::::::::::::::::::::::::::::::::::::::::::::::

## 书写人与动物的和谐篇章

**标题拟定思路**

题目主题是"人与动物"，可以直接套进"书写……的篇章"的句式中，同时突出"和谐"的主旨。

**①开头写作思路**

采用对比手法，列举了两种截然不同的人与动物的相处模式，通过鲜明对比引出文章要探讨的核心问题——人与动物究竟是何种关系，并明确提出观点——人与动物应该是互相依存、和谐平等的关系。

**②段写作思路**

第一，亮观点：人类可以利用动物，但要保障动物的基本权利。第二，举例子：列举人类利用动物的例子，并反驳"利用即可以虐待"的错误观点。第三，做总结：强调动物应受到尊重和保护。

① 有人会把小猫、小狗当作自己的"萌宠"，待之如家人一般，也有人会用残忍的手段虐待猫狗；宰杀牛羊会让人觉得理所应当，但是"活熊取胆"又让人义愤填膺……这截然不同的行为与观念，背后是"人与动物究竟是何种关系"的深刻命题。实际上，人与动物应该是互相依存、和谐平等关系。在任何时间、地点和条件下，人类对待动物的方式都应该心存敬畏、心存仁爱。

② 从生存、生活的角度来看，人类可以利用动物，甚至可以让动物为之牺牲，但是在这个过程中，人类有义务爱护动物、呵护动物，不让动物遭受无谓甚至无度的痛苦，这是动物的基本权利。比如很多人养狗是为了看家、养猫是为了捕鼠、养牛是为了耕田，发展动物产业更能为我们带来很多现实利益，但

这并不意味着狗、猫、牛就"低人一等"，就可以让我们任意使唤、随意虐待、肆意作践，在动物们的整个生命过程中，都应该受到人类的尊重与保护，这是人性要求的情操与素质，也是民族心智进步的表现。

③从生态、社会的角度来看，人与动物的关系应该是和谐相处的。生态系统的稳定需要生物的多样性保护，"大鱼吃小鱼，小鱼吃虾米"是再简单不过的"食物链"道理，任何一个物种的灭绝，都有可能造成生态系统的紊乱。人类如果乱杀滥捕，短视的行为换来的只能是长期的痛苦。如果海洋里没有鱼、如果天空中没有鸟……这些是人类想看到的吗？因此，我们必须保护好这些自然赋予人类的资源与财富，只有和谐的人与动物的关系才能为整个地球提供最大的效益。

④人与动物关系的维护，要靠政府和民众的动物保护意识，电视里播放的《动物世界》、互联网上的公益广告，都是在唤醒人们内心对待动物的那种温存；人与动物关系的维护，更要靠完善的法律规章，德国、法国、意大利等很多西方国家都有完善的《动物保护法》《动物福利法》，对人类如何对待动物制定了详细的标准、严格的规定，用以规范人们在与动物相处时的行为。2002年2月，大学生刘海洋以做实验为名用硫酸泼黑熊，引发极大社会争议。当年6月27日，校方综合多方面考虑，最后决定给刘海洋留校察看处分。这个结果，无论是出于社会舆论的压力，还是出于高校思想道德评价的考量，都说明社会动物保护意识正在逐步走向成熟，相关立法在我国也应该尽快提上日程。

⑤世界是多元的，自然是多样的。"天人合一"的观念古已有之，人与动物之间不是冰冷的主奴、独立关系，而是温暖的依存关系、平等关系、和谐关系。

**③段写作思路**

第一，亮观点：人与动物应该和谐相处。第二，举例子：以"食物链"为例，说明生物多样性对生态平衡的重要性。第三，做总结：强调人与动物和谐相处的重要性。

**④段写作思路**

第一，亮观点：提出维护人与动物关系的两条途径——提升意识和完善法律，同时分别举例论证。第二，提建议：列举"刘海洋用硫酸泼熊"引发舆论争议的例子，说明社会动物保护意识正在增强，并呼吁我国尽快完善相关立法。

**⑤结尾写作思路**

总结式结尾：以世界和自然的多元多样性，再次强调人与动物是互相依存、平等和谐的关系。

**考点点拨**

从近些年的真题来看，"社会"类主题的作文主要涉及社会民生、社会秩序、社会文明等方面，主要有以下考查角度。第一，社会民生：探讨政府在社会治理、社会信用、民生服务、新兴领域发展中的角色和作用（2022年江苏省考A卷"新职业与新业态"、2021年联考"民生的'温度'与'质感'"、2019年联考"信用"）。第二，社会秩序与社会文明：探讨个人品德、职业道德、社会公德、家庭美德、社会规则、法律意识等对社会和谐发展的重要性（2019年联考"信用"、2021年京考"公共文明"、2012年联考"人与动物"）。

此外，结合当前社会热点，以下话题也建议大家关注一下。第一，社会民生领域的"老龄化"话题，涉及延迟退休、老年人就业与青年人就业、养老服务等。第二，社会文明领域的"德治与法治"话题，涉及依法治国与以德治国相结合等。第三，公共秩序领域的"安全"话题，涉及公共安全事件的应对和应急管理能力的提升等。

# 第九章

# 社会治理

# 从"社会管理"到"社会治理"

【2015年河南省考】参考给定资料，联系实际，以"从社会管理到社会治理"为副标题，自选角度，自拟题目，写一篇议论文。

要求：观点鲜明，内容充实，结构完整，逻辑合理，语言流畅。1000～1200字。

 **思路点拨** ::::::::::::::::::::::::::::::::::::::::::::::::::::::::::::::::::::

> "从社会管理到社会治理"体现了一种转变，意味着治理理念、治理主体、治理方式、治理目标等多方面的变化，而这种变化所追求的必然是社会治理效能的提升。这就是本文的主旨。基于此，本文可以围绕"社会管理存在的弊端""社会治理的优势""社会治理面临的挑战""如何推动社会治理（治理理念、治理主体、治理方式、治理目标均可）"等角度搭建结构。

**二 写作实操** ::::::::::::::::::::::::::::::::::::::::::::::::::::::::::::::::::::::

## 提升治理效能的必由之路
### ——从社会管理到社会治理

**标题拟定思路**

　　已知副标题是"从社会管理到社会治理"，这是一个"行为转变"，这个转变要么是"实现某个行为的切入"、要么是"解决某个问题"、要么是"达到某个目的"，所以主标题可以从这三种情况中加以提炼，选择一个在考场上适合自己发挥的就可以，比如"提升治理效能"。

　　①党的十八届三中全会提出了全面深化改革的总目标，即完善和发展中国特色社会主义制度，推进国家治理体系和治理能力现代化。全会把以往"社会

管理"的表述提升为"社会治理"，体现了我们党对国家和社会治理规律认识的深化，将对我国未来的发展产生重大影响。可见，从社会管理到社会治理的转变，正是提升国家和社会治理效能的必由之路。

② 传统的社会管理模式，主要是以政府为主导对经济社会进行全方位管理，强调政府的权威性、管理责任的唯一性，通过自上而下的行政指令进行管控，这种模式在维护社会稳定、快速推动社会发展方面发挥了重要作用，比如在改革开放初期，政府主导的经济管理模式有效地促进了经济快速增长。然而，随着社会不断发展，社会管理模式的弊端也逐渐显现。其一，容易造成政府职能越位，忽视社会自身的自我调节能力，导致社会治理效率低下；其二，容易忽视社会多元主体的诉求和参与，造成社会治理缺乏活力和弹性。

③ 故而，从社会管理转型到社会治理是社会发展的必然趋势，也是时代发展的迫切要求。随着社会结构日益复杂、利益诉求日益多元，单纯依靠政府的行政手段已难以有效应对各种社会问题，同时，我国经济社会发展取得巨大成就，为社会治理提供了坚实的物质基础；公民的民主法治意识也在不断增强，社会组织蓬勃发展，为社会治理提供了良好的社会基础。

④ 注重治理方式的法治化，是从社会管理走向社会治理的重要保障。治理方式的法治化，就是指在社会治理过程中坚持依法治理，加强法治保障。法治是社会主义核心价值观的内在要求，也是社会治理的重要基石，社会治理必须在法治的框架下进行，才能保障治理的规范化、程序化和公正性，比如一些地区民众上访，"信访不信法"的困局，恰恰说明在社会治理过程中注重法治化的必要性。这不仅要求民众在表达个人诉求、参与社会公共事务的时候要走法律渠道，

---

**①开头写作思路**

从国家政策层面切入，逐步聚焦到社会治理的话题，再过渡到文章要讨论的具体议题。

**②段写作思路**

本段分析传统社会管理模式的特点与利弊。首先分析其特点，接着分别论述其优点和局限性，通过对比，为下文提出"向社会治理转变"的必要性做铺垫。

**③段写作思路**

使用"故而"承接上文，引出转向社会治理的必然性，从社会发展的背景趋势及时代发展打下的物质基础和社会基础两方面进行论证。

**④段写作思路**

中心句：注重治理方式的法治化，是从社会管理走向社会治理的重要保障。第一，释观点：解释治理方式法治化的内涵。第二，讲道理：分析法治在社会治理中的重要性。第三，举例子：用信访案例说明法治化治理的必要性。第四，提对策：给出法治化治理的具体要求。

更要求政府在化解社会矛盾、解决社会问题的时候运用法治思维和法治方式。

⑤ 强调治理主体的多元化，是从社会管理走向社会治理的内在要求。社会治理不是政府的"独角戏"，而是多元主体"大合唱"，政府、企业、社会组织、公民个人等都是社会治理的重要主体，应充分发挥各自优势，共同参与社会治理。例如，在环境治理方面，政府要制定环保政策，企业要承担环保责任，社会组织要开展环保宣传，公民个人要践行绿色生活方式，共同构建环境治理的合力。此外，为其他主体提供参政议政、监督评议、资源整合及互惠共促的平台和渠道，也是引入社会治理多元主体最基础性的工作，要高度重视，这将会发挥巨大的根基作用。

⑥ 体现治理理念的人性化，是从社会管理走向社会治理的题中之义。所谓人性化，就是在社会治理过程中坚持以人为本，始终把人民群众的利益作为执政的出发点和落脚点。实际上，即使在过去的社会管理方式下，对群众温饱和生活质量的提升也是一种人性化体现，只不过在新时代，政府在社会治理过程中不能仅仅满足于这些了，除此之外，还要保障人民群众参与社会治理的合法权利、调动人民群众参与社会治理的积极性，这也是一种以人为本的体现。

⑦ 从社会管理到社会治理是一个长期的过程，需要不断探索和完善。我们必须坚持以人为本、法治引领、多元共治、协同推进，不断提高社会治理的水平，建设人人有责、人人尽责、人人享有的社会治理共同体，才能实现社会和谐稳定和长治久安。

## ⑤段写作思路

中心句：强调治理主体的多元化，是从社会管理走向社会治理的内在要求。第一，释观点：解释治理主体多元化的内涵。第二，举例子：用环境治理案例说明多元化治理方式的必要性。第三，提对策：给出多元化治理的其他要求。

## ⑥段写作思路

中心句：体现治理理念的人性化，是从社会管理走向社会治理的题中之义。第一，释观点：解释治理人性化的内涵。第二，对比论证：对比过去和新时代的人性化体现，强调新时代要保障人民群众参与治理的权利和积极性。

## ⑦结尾写作思路

第一，指出这种转变是长期过程。第二，对前文"如何转变"进行了梳理并提出未来展望。

## 话题2 社区治理

【2020年联考】参考给定资料，围绕基层社区治理主题，自选角度，自拟题目，写一篇文章。

要求：（1）结合给定资料，但不拘泥于给定资料；（2）观点正确，结构完整；（3）逻辑清晰，语言流畅；（4）字数1000～1200字。

### 一 思路点拨

本文主题是"基层社会治理"，围绕这一话题，在给定资料中有一些关键信息，比如："传统行政式的社区管理方式让基层干部疲于奔命还难有效果""街道社区管得越多矛盾似乎越多，管得越细群众意见反而越大"，可以提炼出"传统基层社区治理模式的问题和矛盾"；"要打造共建共治共享的社会治理格局，加强社区治理体系建设，实现政府治理和社会调节、居民自治良性互动"，可以提炼出"政府主导、社会调节（多元参与）、居民自治等基层社区治理主体和良性互动格局"；"掌上四合院，用微信群让5万社区居民有序参与社区事务"，可以提炼出"在社区治理中融入技术手段"……基于此，本文的结构也就一目了然了。

### 二 写作实操

#### 解读"社区治理"的"密码"

**标题拟定思路**

本文主题是"基层社区治理"，标题采用比喻的修辞手法，将社区治理的有效方式比作"密码"，表示文章将揭示完善基层社区治理的关键因素。

①"掌上四合院"，用微信群让5万社区居民有序参与社区事务；"三事分流"机制，让社区的大事、小事、私事在基层有效化解……在社区治理的实践

①②开头写作思路

采用对比手法：第一段列举了社区治理的优秀案例，展现新格局下取得的积极成果。接着话锋一转，第二段阐述了传统社区管理方式下面临的困境和矛盾。通过正反对比，引出文章探讨的主题——如何突破困境、破解矛盾，构建成熟有效的社区治理格局。

③段写作思路

第一，亮观点：政府社区主导，是理顺社区治理体系的"密码"。第二，讲道理：分析政府社区主导的重要性。第三，提对策：阐述政府社区主导的具体措施。

④段写作思路

第一，亮观点：多元主体参与，是明确社区治理责任的"密码"。第二，讲道理：引用俗语"上面千条线，底下一根针"论证多元主体参与的必要性。第三，提对策：具体列举参与主体的类型，包括政府社区、社会力量、市场主体、社区群众等。

中，很多地方都交出了自己的答卷。这一张张答卷，让我们看到了政府治理、社会调节和居民自治的良好互动，一个"共建共治共享"的社会治理新格局正在逐步走向成熟。

② 在传统的单一式、行政式的社会管理方式下，社区工作面临着很多困境和矛盾：一面是事无巨细、奔波忙碌的街道和社区干部，一面是诉求越来越多、意见越来越大的社区群众。民生投入多了，群众的满意度却没有随之提高；生活环境好了，群众的认同度却没有越来越强。这些困境如何突破？这些矛盾如何化解？答案不言自明，那就是打破传统的社会管理方式，不断创新社区治理形式，推进社区治理的现代化和多元化，形成社区治理的新格局。那么，一个成熟有效的社区治理格局背后的密码究竟是什么？

③ 政府社区主导，是理顺社区治理体系的"密码"。只有发挥好政府和社区的主导和统筹作用，才能科学谋划好、安排好社区事务的各项工作，开好社区工作的"船"、掌好社区工作的"舵"，这是优化社区治理体系的重要前提和保障。社区单位再小，离开政府的主导，必将是一盘散沙。因此，政府和社区要明确好哪些事项应该由社区解决、哪些事项应该通过社会组织和市场服务解决、哪些由社区自治组织自行解决，要分得清大事、小事、公事、私事，要主导搭建一套完整的社区治理体系，要根据实际问题不断优化完善这套社区治理体系。只要体系理顺了，社区治理就能够横向到边、纵向到底。

④ 多元主体参与，是明确社区治理责任的"密码"。多元化治理格局，是当今社会治理现代化的题中之义，社区治理也不例外。常言道"上面千条线，底下一根针"，说的就是基层社区治理的最大现实困境，摆脱这一困境最有效的方法就是动员各方主体参与社区多元化治理：既包括由政府提供的基本公共

服务，也包括社会力量和居民个人的积极参与，还包括市场机制提供的便民利民服务以及特色服务等。只要政府社区、社会力量、市场主体和社区群众各司其职、密切协商，社区治理工作就一定可以有条不紊。

⑤推进居民自治，是优化社区治理服务的"密码"。社区事务最终是谁说了算？居民说了算。传承了几十年的"枫桥经验"，是我国基层社会治理的典范，其中最核心的"秘诀"就是善于发动基层群众的力量，实现人民群众的有序参与，把问题和矛盾化解在基层。让居民参与社区治理，既可以更精准地了解社区群众的基本需求，又可以对政府社区、社会组织和市场力量形成监督。发挥好居民自治的作用：一方面要成立居民自治组织，比如很多地方的社区成立了楼委会、业委会、居民代表委员会等；另一方面要建立制度规则，形成自治管理的体制机制。只有居民自己参与进来，广大群众的满意度才会更高、认同感才会更强。

⑥融入技术手段，是提高社区治理效率的"密码"。随着信息化技术进步，社区治理智能化也需要提上议事日程，比如很多地方都进行了创新社区治理方式的实践探索：越来越多的小区通过微信公众号、智慧社区 App 软件、客户端等互联网技术手段，获取管理信息、参与社区治理；"移动业委会""掌上社区"等形式，正在搭建起基层政府部门、物业公司与业主良性互动的"云上互动平台"……这些通过大数据、云技术、人工智能等技术的社区治理模式极大地提高了政府工作效率，节约了资源，方便了群众。实践表明，网络表决、电子公示、网络征集意见、微信讨论与动员等技术手段，正在成为基层社会治理创新的巨大能量，这是克服传统治理中观念和手段的局限性，推动基层治理现代化的重要途径。

⑤段写作思路

第一，亮观点：推进居民自治，是优化社区治理服务的"密码"。第二，举例子：以"枫桥经验"为例，说明发动群众参与、化解基层矛盾的重要性。第三，讲道理：阐述居民参与的意义。第四，提对策：从成立自治组织和建立制度规则两方面，具体阐述如何发挥居民自治的作用。

⑥段写作思路

第一，亮观点：融入技术手段，是提高社区治理效率的"密码"。第二，举例子：列举社区治理智能化的实践案例。第三，做总结：总结技术手段对基层治理的积极意义。

⑦结尾写作思路

采用总结的方式，再次强调文章提出的四个"密码"是破解社区治理难题的关键，并展望了优化社区治理新格局的美好前景，简洁有力地收束全文。

⑦ 说到底，只要抓住政府社区主导、多元主体参与、居民群众自治、融入技术手段这四个"密码"，就一定可以回答好社区治理"谁来治理"和"如何治理"的难题，就一定可以不断优化社区治理的新格局。

话题3 善治

【2019年江苏省考B卷】请结合对"给定资料2"中"善治须达情，达情始近人"这句话的理解，围绕"给定资料5"中习近平总书记的讲话精神，联系实际，写一篇文章。

要求：（1）自选角度，自拟标题；（2）参考给定资料，不拘于给定资料；（3）观点明确，内容充实，结构完整；（4）篇幅1000字左右。

**一 思路点拨**

第一，分析给定句子"善治须达情，达情始近人"：这句话强调了治理需要关注人民情感、贴近人民需求，才能获得人民的认同和支持。第二，分析习近平总书记讲话精神：讲话强调了在新时代背景下，人民群众对法治有了更高的期待，要求法治建设更加注重公平正义、以人民为中心。结合两者可以得出中心论点：人民对美好生活的向往要靠以人民为中心的良法、要靠关注人民情感和满足人民需求的善治。本文的结构可以重点围绕这两个方面进行搭建。

**二 写作实操**

### 用良法善治绘就美好蓝图

标题拟定思路

因为本文的中心论点是"人民对美好生活的向往要靠以人民为中心的良法、要靠关注人民情感和满足人民需求的善治"，抽离其中的表意：人民群众对美好生活的向往要靠良法和善治。再简化一下就可以是"用良法善治绘就美好蓝图"。

①"人民对美好生活的向往，就是我们的奋斗目标。"随着经济社会的快速发展，人民群众对美好生活的向往不断延伸，对民主法治、公平正义、安全环境等提出了更高的要求。让群众有获得感、安全感、幸福感，离不开依法治国的有力保障，也离不开人民群众的坚实力量。

②"法治兴则国家兴"，依法治国才能让人民群众真正感受到公平正义。严格规范的法律是推进依法治国的前提，只有建立一套严格、规范、系统的法律体系，才能为社会秩序提供坚实的基石。党的十八大以来，以民法典为代表的一系列法律法规相继出台，涵盖了经济、政治、文化、社会、生态文明等各个领域，为社会治理提供了完备的法律依据。公正文明执法是推进依法治国的关键，徒法不足以自行，法律的生命力在于实施，只有做到严格执法、公正司法，才能维护法律的尊严和权威，让人民群众感受到公平正义。近年来，从扫黑除恶专项斗争到"坚持以人民为中心"的司法理念，从司法公开平台建设到推进检务公开，一系列举措的实施，切实提升了执法和司法公信力，维护了人民群众的合法权益。

③"善治须达情，达情始近人"，深入和理解群众是完善社会治理的法宝。与人民群众之间的密切联系是我们做好各项工作的关键所在，只有通过密切联系、有效沟通、情感共鸣，才能实现真正意义上的善治，才能提高社会治理的有效性。从"枫桥经验"到"浦江经验"，无不体现了群众路线在社会治理中的重要作用，比如一些地方建立了"街道社区—网格—楼栋"的三级治理体系，通过网格员定期走访、入户调查等方式，及时了解群众的诉求，将矛盾纠纷化解在

**①开头写作思路**

先说目标：人民群众对美好生活有向往，且要求越来越高。再说实现这一目标需要"法"和"人民"，直接扣题。

**②段写作思路**

中心句："法治兴则国家兴"，依法治国才能让人民群众真正感受到公平正义。分两方面论证：一是靠严格规范的法律，并以民法典举例说明。二是靠公正文明执法，并以"扫黑除恶"等例子说明。

**③段写作思路**

中心句：深入和理解群众是完善社会治理的法宝。分两方面论证：一是靠深入群众，并以"枫桥经验"等例子说明。二是靠理解群众，并以"最多跑一次"改革等例子说明。

基层、化解在萌芽状态。与此同时，也要通过"换位思考、将心比心"去达情，只有真正做到设身处地为群众着想，急群众之所急，想群众之所想，才能赢得群众的信任和支持，比如一些地方推行了"最多跑一次"改革，简化办事流程，提高办事效率，方便了群众办事，提升了群众的获得感和幸福感。

**④结尾写作思路**

总结全文、回扣主旨、畅想未来：社会治理要以人民为中心，法治精神和人文关怀相结合，就可以绘就人民群众对美好生活向往的宏伟蓝图。

④ 总而言之，社会治理的最终目的是为了人民，坚持以人民为中心就要求治理者和执法者不仅要有法治精神，也要有人文关怀，要深入理解和关注人民的情感需求，从而形成更为贴近民意、更具人性化的治理方式，将"人"和"情"融入社会治理的全过程，才能真正实现共建共治共享。以良法为根，以人民为本。用良法善治，一定可以绘就人民群众对美好生活向往的宏伟蓝图！

## 话题4　基层党建

【2021年山东省考B卷】请根据对"给定资料5"中画线句子"治国犹如栽树，本根不摇则枝叶茂荣"的理解，结合全部给定资料，自选角度，自拟题目，写一篇文章。

要求：（1）观点明确，见解深刻；（2）参考给定资料，但不拘泥于给定资料；（3）思路清晰，语言流畅；（4）字数1000字左右。

## 一　思路点拨

第一，理解画线句子"治国犹如栽树，本根不摇则枝叶茂荣"：将国家比作大树，将基层治理比作树根，强调了基层治理对于国家治理的重要性，只有基层稳固，国家才能长治久安、繁荣发展。第二，给定资料强调了基层治理在国家治理体系和治理能力现代化中的重要性，以及加强党的领导对于基层治理的意义。结合两者提炼中心论点：只有加强党对基层的领导（基层党建），才能确保基层治理根基稳固，国家才能长治久安、繁荣发展。本文的结构可以围绕"为什么要加强基层党建""如何加强基层党建"等进行搭建。

 **二 写作实操**

## 筑牢基层的"战斗堡垒"

**标题拟定思路**

采用比喻的修辞手法，将基层党组织比作"战斗堡垒"，突出基层党建在基层治理中的重要作用。

① "治国犹如栽树，本根不摇则枝叶茂荣"，这句话形象地道出了推进国家治理体系和治理能力现代化的关键所在：国家治理的根基在基层治理，基层治理的关键在基层党建，必须强化党建对基层治理的方向引领和坚强保障。

**①开头写作思路**

直接用题干中的给定句子开篇，通过对其具体阐释亮明全文主旨。

② 基层治理、基层服务、基层发展等是治国的基础和重点，面临着一系列的问题和挑战。在群众思想层面，随着村集体经济的弱化，基层群众心不齐、志不合、劲不足的问题逐步凸显；在基层发展层面，虽然广大农村有一定的资源禀赋、各个地区也有各自的发展优势，但是"弱村发展难、强村突破难"等瓶颈却死死地制约着乡村振兴和乡村治理；在基层组织层面，有的地方行政村"各自为政""各自为战"、有的基层党组织"多而不强""存而不活"，组织之间的联动性严重影响了基层组织效能发挥……深剖不难发现，症结所在便是："人心分散""资源分散""组织分散"。因此，在基层加强党的领导，做好基层党建工作是增强凝聚力和战斗力的必然要求。

**②段写作思路**

本段重在论述"为什么要加强基层党建"。重点分析指出基层面临的问题和挑战，分别从群众思想、基层发展、基层组织三个方面具体阐述，最后总结基层治理问题的症结所在，并点明加强基层党建才能解决这些问题。

③ 推动党组织向最基层延伸，解决"谁来领导

③段写作思路

中心句：推动党组织向最基层延伸，解决"谁来领导发展和治理"的问题。第一，讲道理：从基层的重要性和党组织的重要性，分析为什么要推动党组织向基层延伸。第二，提对策：具体展开如何把组织链条延伸到基层。

发展和治理"的问题。基层是国家治理的"神经末梢"，是服务群众的"前沿阵地"，是国家稳定发展的"最后一公里"，推动党组织向最基层延伸，是为党的工作提供力量支撑，基层党建抓好了，党组织的凝聚力、战斗力、号召力就会更强，引领乡村振兴、创新乡村治理的方法就会更多。简而言之，把组织建设链条延伸到最基层，就是通过更好地服务群众做到凝聚群众，就是通过更好地宣传群众做到组织群众，就是用为民办实事、办好事的实际行动，赢得群众的信赖和支持，最终通过基层党组织领导、发动、凝聚群众共同完善乡村治理，协同推动乡村振兴。

④健全基层党组织工作体系，解决"如何引领发展和治理"的问题。党组织的工作体系，是确保党的领导能够顺利执行的组织保障。从横向来看，要加强基层党组织的整合与联动，比如有的乡村按照地缘、乡俗、产业、资源联通互补的原则，共同组建联村党委或联村党总支，以组织联建带动产业联兴、治理联动；从纵向来看，要理顺上下联动、层层落实的工作体系，比如一些地区的农业产业园，构建了"街道党工委—综合体党委—党支部"三级运行体系，更加有利于党组织发挥作用，更加便于党员参加活动，更加有利于加快农业产业发展。一系列的实践证明，"横向到面、纵向到底"的基层党组织工作体系建设不仅是基层发展和治理方式的创新，更是效率的保障。

④段写作思路

中心句：健全基层党组织工作体系，解决"如何引领发展和治理"的问题。第一，指出党组织的工作体系是确保党的领导顺利执行的组织保障。第二，从横向和纵向两个方面分别阐述健全基层党组织工作体系的具体做法和作用。第三，总结"横向到面、纵向到底"这种工作体系的作用。

⑤"求木之长者，必固其根本；欲流之远者，必浚其泉源。"加强和创新基层党建是为党的事业打基础的根本性工作，让每个基层党组织都成为坚强的战斗堡垒，让每个基层党组织都有资源、有能力为群众服务，才能赢得群众的口碑，才能成就党的事业。

⑤结尾写作思路

引用名言强调加强和创新基层党建的重要性：基层党建这件事很重要，这件事做好了就能赢得群众的口碑、成就党的事业。

## 话题5 社区服务

【2020年北京市考（乡镇）】请结合对给定材料10中画线句的理解，以"提升社区服务质量"为中心，自拟题目，写一篇文章。

要求：联系实际，观点鲜明、正确，分析深入、合理，语言流畅，字数控制在800～1000字。

## 一 思路点拨

第一，分析题目要求：以"提升社区服务质量"为中心，这是文章主题。第二，分析材料画线句子："建设2.0版的'一刻钟社区服务圈'，街道要积极进取、勇于担当，同时也要会用劲儿、巧用劲儿，需要我们划桨的时候，我们就奋力划桨，需要我们掌舵的时候，我们就要掌好舵。"这句话的意思是"提升社区服务质量，既需要街道主动担当作为，又需要科学施力"。因此，本文的结构可以重点围绕"主动担当作为"和"科学施力"这两个方面进行搭建。

## 二 写作实操

### 社区服务的责任意识与"绣花"功夫

**标题拟定思路**

题目中的主题是"提升社区服务质量"，取材料中的"担当作为"，再从材料中"会用劲儿、巧用劲儿"联想出"绣花"一词，组合出此标题。

①"社区小但事不小"，方便、快捷、舒适的社区服务，关系着社区居民的幸福感、安全感和获得感。做好社区服务工作、提升社区服务质量，是政府的工作重点，也是群众的热切期盼。因此，必须下足"绣花"功夫，既要有责任意识，又要懂科学管理，正如一位街道党工委书记所言："要积极进取、勇于担当，

**①开头写作思路**

第一，引出主旨：以"社区小但事不小"强调社区服务很重要，所以需要责任意识和科学管理。第二，联想主题句：联系材料中的主题句，确保中心论点的合理性和准确性。

同时也要会用劲儿、巧用劲儿，需要我们划桨的时候，我们就奋力划桨，需要我们掌舵的时候，我们就要掌好舵。"

②提升社区服务质量，责任意识是前提。众所周知，社区服务最大的特点就是"杂"。一般情况下，社区服务包含劳动就业、居家养老、社区救助、社区安全、社区文化、环境治理、便民服务、心理咨询和流动人口管理等多项工作，群众诉求杂、服务难度大、管理困境多、质量要求高，因此，做好社区服务工作，街道要积极进取、勇于担当，要以足够的担当精神统筹兼顾，科学谋划好、安排好社区服务的各项工作，把社区服务放在心里、扛在肩上，以"一刻钟社区服务圈"为抓手，补齐短板、提升质量，推动社区民生事业均衡发展，开好社区工作的"船"、掌好社区工作的"舵"，这是提升社区服务质量的重要前提和保障。

③提升社区服务质量，科学管理是关键。做好社区服务工作，要铆足劲头、奋力划桨，但是也要会用劲儿、巧用劲儿。一方面，要动员各方主体参与社区服务多元化管理。多元参与，既包括由政府提供的基本公共服务，也包括社会力量和居民个人提供的志愿互助服务，还包括市场机制提供的便民利民服务以及特色服务等，社区服务并不局限于社区内，还辐射到周边社区，形成一个"服务圈"。另一方面，要利用科学技术推进社区服务智能化管理。比如北京邮政在社区搭建包裹智能便捷收取平台，为社区居民提供全天候24小时寄递服务，不再受投递时间的约束，更加方便快捷；又如北京市将"一刻钟社区服务圈"大数据融入手机地图搜索软件，加快推动社区网、社区微信群体系建设，与政府的网格化体系对接，解决社会服务与城市管理智能化"最后一公里"问题。总之，在社区服务工作中要善于借力使力，才能提质增能。

**②段写作思路**

中心句：提升社区服务质量，责任意识是前提。第一，讲道理：阐述社区服务特点，分析为什么需要责任意识。第二，提对策：阐述街道如何履行责任。

**③段写作思路**

中心句：提升社区服务质量，科学管理是关键。第一，举例子：从"多元参与"和"智能化管理"两方面阐述科学管理的具体举措，并举例说明。第二，做总结：善于借力使力，才能提质增能。

④群众利益无小事，社区服务无小事。做好社区服务工作，既要有责任，又要讲方法，相信在相关工作的推进过程中，一定会形成更高效、更科学、更完善的社区服务体系，社区服务质量也一定会稳步提升。

**④结尾写作思路**

第一，重申主题：再次强调社区服务的重要性。第二，展望未来：对提升社区服务质量充满信心，并展望未来发展方向。

## 话题6 ⋮ 社会治理的规律

【2021年国考地市级】"给定资料1"中说"物无妄然，必由其理"，这句话对提升治理效能有深刻的启示。请你参考给定资料，联系实际，以"'治'慧"为题，写一篇文章。

要求：（1）观点明确，见解深刻；（2）参考"给定资料"，但不拘泥于"给定资料"；（3）思路清晰，语言流畅；（4）字数1000～1200字。

### 一 思路点拨

本题要求以"'治'慧"为文章标题，题目的提问背景是"'物无妄然，必由其理'，这句话对提升治理效能有深刻的启示"。把两者结合起来看，"治"指的是"社会治理"，"慧"指的是"物无妄然，必由其理"，意思是事物的产生或发生不是随意的，而是有内在道理和规律的。所以，这篇文章的主旨就是：提升社会治理效能，需要遵循客观规律。基于此，本文的结构可以围绕"社会治理有什么规律""为什么要遵循规律""如何把握和利用这些规律"等角度展开。

### 二 写作实操

#### "治"慧

**标题拟定思路**

命题作文，无须自拟标题。

### ①开头写作思路

第一，做铺垫：开篇直接点出"社会治理"的话题，且说明有很多经验。第二，点主旨：指出"物无妄然，必由其理"是众多经验中最根本的一条。

### ②段写作思路

本段意在阐述"社会治理有什么规律"。第一，做铺垫：世间万物都有规律，社会治理也有（这部分也可以直接用来做开头）。第二，亮观点：指出社会治理的两个内在规律——以人为本和道法自然，并分别进行了解释说明。

### ③段写作思路

第一，亮观点：提升治理效能，要认识和把握客观规律。第二，讲道理：分析如何认识和把握规律。第三，举例子：以"枫桥经验"和"网上枫桥"为例论证可行性，阐述在实践中能认识和把握规律。第四，做总结：指出社会治理的问题在变，但是只要善于在实践中认识和把握规律，就能为提升治理效能提供保障。

① 提升治理效能，是国家治理体系和治理能力现代化的题中之义，在加强和创新社会治理的实践当中，全国各地做了很多尝试，总结了很多治理经验。在众多的经验之中，最根本的一条就是"物无妄然，必由其理"。

② 世间万物的存在和发展都有其内在规律，对于国家治理而言亦是如此。提升治理效能，不仅需要"力"，更需要"巧劲"，认识规律、尊重规律、利用规律方能事半功倍，这就是治理最大的智慧。社会治理的内在规律有很多，但是归根结底主要有两个方面，那就是"以人为本，道法自然"。"以人为本"要求我们始终把人民群众的利益放在首位，将满足人民群众对美好生活的向往作为社会治理的出发点和落脚点；"道法自然"则强调要遵循自然和经济社会发展规律，以科学的态度和方法进行治理，而非简单粗暴地"一刀切式治理"或"运动式治理"。如此，才能实现治理的人性化、科学化、精细化和高效化。

③ 提升治理效能，要认识和把握客观规律。对规律的认识和把握不是来自主观臆想，而是来自客观实践，来自不同时间、不同地区的实践性和规律性总结。以"枫桥经验"为例，经过几十年基层治理的实践探索、经过全国各地不同地区基层治理的改革创新，总结出"枫桥经验"的核心就在于"发动和依靠群众"，这正是基于对中国传统"熟人社会"结构和基层自治特点的深刻认识。在信息化时代，这一经验又与互联网技术相结合，发展出"网上枫桥"等新模式，进一步提升了基层治理的效率和水平。不容否认，社会治理所面临的问题不仅有空间限制，也会有时间变化，但即便如此也能在实践中摸索、认识和把握住一些发展规律，这样便能够在治理过程中牢牢把握主动权，为提升治理效能提供强大保障。

④ 提升治理效能，要尊重和利用客观规律。近年

来，在治理营商环境方面，中国积极推动"放管服"改革，通过简政放权和优化服务激发了市场活力和社会创造力，改变了过去"重管理轻服务"的治理思路，这正是对市场经济规律的尊重和运用；在生态文明建设方面，中国坚持"绿水青山就是金山银山"的理念，大力推进生态修复和环境保护，让经济发展和生态治理相结合，取得了显著成效，改变了过去"以破坏生态环境为代价"的经济发展思路，这正是对生态系统自身发展规律的尊重和利用。也就是说：尊重规律就是要遵循客观实际，利用规律就是要结合客观实际发挥主观能动性，从而让社会治理的规律在"实践—认识—再实践—再认识"的螺旋上升过程中得到验证、完善和升级。

　　⑤"善治"方能"善成"，"慧治"方有"慧果"。提升治理效能是一个持续探索、不断完善的过程，需要我们不断增强对社会治理规律的认识和把握，并将之贯穿于社会治理的各领域、各环节，才能让国家治理能力和治理体系现代化蹄疾步稳、稳中求进。

④段写作思路

　　第一，亮观点：提升治理效能，要尊重和利用客观规律。第二，举例子：以"营商环境治理"和"生态文明建设"为例论证有效性，阐述尊重和利用规律的成效。第三，做总结：归纳什么是尊重和利用规律。

⑤结尾写作思路

　　第一，以引言表达出对提升治理效能的期望。第二，总结式展望：强调提升治理效能是长期过程，但只要按中心论点说的那样做，就能让国家治理能力和治理体系现代化稳步前进。

考点点拨

　　从近些年的真题来看，"社会治理"类主题的作文主要有以下考查角度。第一，社会治理的转变：通过对比社会管理与社会治理，探讨治理理念、主体、方式、目标等多方面的转变，考查对社会治理发展趋势的理解和思考（2015年河南省考"从'社会管理'到'社会治理'"）。第二，社会治理的方式：聚焦基层社区治理，探讨政府主导、社会调节、居民自治的多元治理以及技术手段的作用（2020年联考"社区治理"）。第三，社会治理的目的：探讨以人民为中心的良法善治，考查对善治的理解以及对群众需求的把握（2019年江苏省考B卷"善治"）。第四，社会治理的根基：

探讨基层党组织建设对基层治理和国家治理的重要性（2021年山东省考B卷"基层党建"）。第五，社会治理的内容：探讨除了"社会管理"之外，还要注重提升社会服务（2020年京考"社区服务"）。第六，社会治理的规律：探讨对社会治理规律的认识、把握和运用（2021年国考地市级"'治'慧"）。

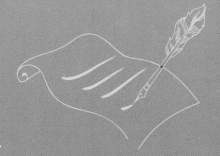

# 第十章

# 网络与媒体发展

## 话题 1 ┊ 公共舆论中的公共理性

【2016年广州市考】请以"公共舆论中的公共理性"为主题写一篇议论文。

要求：（1）参考"给定材料"，可不拘泥于材料；（2）题目自拟，观点明确，条理清晰，逻辑严密，论证充分，语言流畅；（3）不必提供政策或改进政府工作的建议；（4）不要大段摘抄材料；（5）作答时必须用黑色墨水的签字笔或钢笔在答题卡的指定位置作答，作答在其他位置上的一律无效；（6）字数在1200 ～ 1500字。

### 一 思路点拨

本文主题是"公共舆论中的公共理性"。如何拓展思路呢？第一，理解两个关键词的意思："公共舆论"指的是社会公众对共同关注的问题所表达的意见和态度，而"公共理性"则强调在公共事务讨论中，应以理性、客观、公正的态度进行思考和判断。第二，分析两者的关系：公共理性是构建健康有序公共舆论环境的基石，它引导我们理性发声、理性参与，最终促进社会共识的形成。本文的中心论点也由此可得。因为本题明确要求"不必提供政策或改进政府工作的建议"，所以文章的结构应该重点放在其他角度，比如可以围绕"什么是公共舆论和公共理性""两者是什么关系""为什么要塑造公共理性""塑造公共理性面对的挑战"等角度进行搭建。

### 二 写作实操

#### 用公共理性搭建公共舆论的基石

标题拟定思路

见上文"思路点拨"部分中"两者关系"的分析。

①从报纸到收音机，从电视机到互联网，几十年间，伴随着技术的不断进步、互联网的不断发展，媒

体格局发生了翻天覆地的变化：我们从一个信息极度闭塞的时代，走进了可以自主发出声音的新媒体时代，从"舆论的公共"走向了"公共的舆论"。

② 公共舆论，是官方和民间表达的对某些政策和公共事件的反思、评论、意见、态度及心理期望。其中，有"警鸣之声"，来自那些深思熟虑、富有建设性的意见和建议，能够启发思考，促进社会进步；也有"振奋之声"，通常是那些鼓舞人心、激励人们向善的正能量，在关键时刻能够凝聚人心，形成强大的社会动力。然而，在公共舆论中还存在着"杂音和噪声"，这些声音往往缺乏理性，它们可能是基于情绪的宣泄、偏见的表达或利益的驱使，它们不仅不能促进问题的解决，反而可能激化矛盾，导致社会分裂。

③ 公共理性，是指社会公众在参与公共事务、形成公共舆论的过程中所表现出的理性思考、独立判断和为个人言论负责的态度，应该具有客观性、思辨性、公正性等特点。2015 年 5 月 5 日，安徽一家媒体以《我的右肾去哪了》为题，报道了某男子在徐州医学院附属医院做完胸腔手术，右肾离奇失踪的消息，涉事医院很快引发网络强烈质疑。后经调查鉴定发现，所谓肾"失踪"事实上是病人肾萎缩，"偷肾"一说纯为子虚乌有。一次又一次类似"反转"事件的发生，时刻提醒着要持续在公共舆论中培养公共理性，才能塑造和谐的公共空间、构建和谐的公共秩序，这就需要我们在不断变化的时代环境中重视以下几个关键点。

④ 价值多元、思想多变带来的冲突，是塑造公共理性不得不面对的现实。"网络信息化＋社会多元化"的背景下，不同的社会群体、不同的文化传统、不同的教育背景、不同的人生经历、不同的价值观念，就有不同的态度立场，都会在公共舆论场中发出自己的声音，甚至有些声音还会存在着冲突和矛盾。比如，

**①开头写作思路**

通过媒体格局的变迁，引出"公共舆论"这一话题。

**②段写作思路**

先对"公共舆论"下定义，并指出其中除了包含"警鸣之声""振奋之声"，还有很多"杂音和噪声"，由此引出缺乏"公共理性"的问题及其危害。

**③段写作思路**

首先阐述"公共理性"的定义和特点，然后以肾"失踪"事件为例，说明保持公共理性的必要性，并引出下文关于"塑造公共理性面对各种挑战"的探讨。

挑战一：价值多元和思想多变。分析这一障碍产生的原因，结合现实案例进行论证，最后指出解决问题的关键在于如何在不同观点之间寻求平衡。

挑战二：媒体格局发生了变化。分析不同时期媒体的舆论的特点，重点分析新媒体带来的正面和负面影响，指出负面影响对培养公共理性的挑战。

挑战三：媒体责任感弱化。分析一些媒体缺乏责任的表现并举例论证，最后强调媒体具备责任感和理性的必要性。

近些年来人们对于"计划生育"政策的调整、"教育双减"政策的制定、"婚嫁彩礼"风俗的讨论等，其中都会有针锋相对的观点在网络上引发争议，公众无法形成统一的认知。由此可见，价值多元和思想多变无疑是塑造公共理性的一大现实障碍，这一障碍本身也有难以逾越的特性，所以如何在不同观点之间寻求平衡，找到"最大公约数"，便成为公共舆论领域亟待解决的重点问题。

⑤ 媒体格局的变化，是塑造公共理性不得不应对的挑战。过去，人们通过广播、电视、报纸等传统媒体被动获取外界信息，即使有个人观点和建议，也只能局部性讨论，仅仅局限于"人际传播"的阶段，并不能通过某种媒介把自己的声音传递出去，更不可能形成"公共舆论"。可是今时不同往日，互联网快速发展，从早期的 QQ、微信、微博，到今天的抖音、小红书等，传统媒体与新型移动媒体的不断融合，带来了"人际传播"与"大众传播"融合，"自媒体"突然成为"舆论中心"，加之人们社会参与的积极性不断提高，强大的"公共舆论"应运而生。无疑，这是社会进步的表现。但另一方面，新媒体也带来了一些负面影响，如信息真实性难以保证、传播速度过快、话语权分散等，这些都给公共理性的培养带来了新的挑战。

⑥ 媒体责任感的弱化，是塑造公共理性不得不正视的问题。网络时代，一些媒体为了追求流量和点击率，不顾新闻的客观性和公正性，大量制造和传播负面、煽动性的信息，导致公众对重大问题的理性认知受到干扰。以近年来一系列的"网络暴力"事件为例，一些媒体在报道这类事件时，往往过于关注事件本身的戏剧性和引人注目的一面，而忽视了对事件背后原因和社会影响的深入分析。这种报道方式不仅无法帮助公众更好地理解和认知这一社会问题，反而可

能助长网络暴力的蔓延。从某种意义上讲，媒体理性了，才有民众理性，才有公共理性。媒体责任感一旦缺失，公共理性必然受到冲击。

⑦ 流量博主的公共属性不足与社会责任感缺失，是塑造公共理性不得不重视的关键。自媒体时代，由于一些官方媒体面对公共舆论应对不当导致公信力下降，加之网民自身关注与获取信息形成的"信息茧房"，各个领域的流量博主开始掌握了一部分话语权，同时会引导一部分社会舆论的风向。但是流量博主"鱼龙混杂"，一些"网络大V"单纯为了宣泄个人情绪、表达极端观点，或者沉溺于流量变现的商业逻辑，通过制造争议、煽动情绪、炮制谣言等方式吸引眼球，以博取流量与商业利益，却忽视了自身言行对社会造成的负面影响，缺乏基本的公共属性与社会责任感。

⑧ 公众法律意识的淡薄，是塑造公共理性不得不抓住的重点。公共理性的要义之一便是对规则、对制度、对法律的敬畏。然而，部分公众缺乏基本的法律意识，在网络空间肆意发表不负责任的言论，将"言论自由"误解为"随意发挥""毫无底线"。近年来的网络舆论事件中，不乏因法律意识淡薄而引发的争议。例如，部分网民在未经证实的情况下，随意传播未经证实的信息，甚至进行人肉搜索、网络暴力等，严重侵犯他人合法权益。法律的介入，不仅有助于澄清事实、还原真相，更重要的是可以引导公众树立法治观念，培养理性思维，促进社会形成正确的价值取向。

⑨ 公者，众之所为；众者，理之所在。公共舆论中的公共理性，并非束缚言论自由的枷锁，而是让公共讨论更有价值的基石。当每个人都秉持公共理性，我们便能超越个体的偏见，看到更广阔的图景；便能摆脱情绪的干扰，听到更真实的声音；便能凝聚共识的力量，推动社会向前发展。

---

**⑦段写作思路**

挑战四：流量博主的公共属性不足与社会责任感缺失。先是分析流量博主的"舆论地位"，之后分析其公共责任缺失的表现。

**⑧段写作思路**

挑战五：公众法律意识的淡薄。分析部分公众缺乏法律意识的表现并举例说明，最后强调法律介入的必要性。

**⑨结尾写作思路**

总结式展望。第一，总结全文：强调公共理性是让公共讨论更有价值的基石。第二，展望未来：描绘每个人都秉持公共理性带来的美好图景。

## 话题2 网络语言与网络能量

【2020年江苏省考A卷】"给定资料5"中提到：想象一种语言就意味着想象一种生活方式，网络世界为这种想象提供了无限可能。请结合对这句话的理解，围绕"网追正能量，担当新时代"这一主题，联系实际，写一篇议论文。

要求：（1）自选角度，自拟标题；（2）参考给定资料，不拘于给定资料；（3）观点明确，内容充实，结构完整；（4）篇幅1000字左右。

### 一 思路点拨

第一，理解题干给定句子的含义："想象一种语言就意味着想象一种生活方式"，即语言代表着思维，网络语言反映着生活方式和价值观，也影响现实生活；"网络世界为这种想象提供了无限可能"，即网络空间的开放性、多元性为创造新语言、新生活方式提供了平台。第二，理解题目主题"网追正能量，担当新时代"：网络生活方式应积极向上，传递正能量；网络公民应肩负时代责任，展现新担当。综合以上分析，可以提炼出中心论点：在网络空间中，我们应积极追寻正能量，用积极向上的网络语言和行为，塑造良好的网络生态，展现新时代青年的责任与担当。基于此，本文的结构可以围绕"网络语言及思维（网络生态）的特点""网络正能量的作用""网络负能量的弊端""如何让人们在网络时代自觉担当责任使命"等角度展开。

### 二 写作实操

#### 崇尚网络正能量，担当时代新使命

标题拟定思路

文章主题是关于在网络时代如何弘扬正能量，以及青年人应肩负的责任。因此，可提炼"网络正能量""时代使命"两个关键词，使用对偶结构确定标题"崇尚网络正能量，担当时代新使命"。

① 用 zqsg 表示"真情实感"、用 ssfd 表示"瑟瑟发抖"、用 xswl 表示"笑死我了"……这是"00后"为进行"精准社交"而使用的网络用语，他们通过这种方式表达个人情感、搭建社会关系、获取社会认同。

② 从某种意义上来说，这是特定群体在特定时期和特定空间的语言表达形式，是历史和社会发展过程中一种正常的语言现象，正如维特根斯坦所说"想象一种语言就意味着想象一种生活方式"，而网络世界为这种想象提供了无限可能。这句话深刻地揭示了网络与现实生活的紧密联系：语言的背后是思维方式，思维方式的背后是价值观，而网络又为"语言"提供了全新的表达空间，但实际上传递的依然是现实生活中的价值观念，只是传播对象、传播速度、传播影响有了更多的可能性，语言更容易在短时间内形成一股"能量"。

③ 对此，我们本可不必担忧，但是由于我们身处一个急剧变迁的互联网时代，面临着前所未有的产业变革、秩序重构，面临着东方思想与西方思想的交锋，面临着传统观念与现代观念的碰撞，网络会让这种生活方式和价值体系的想象成为"双刃剑"：如果适度规范引导，它就会变成"阿里巴巴的宝库"，正能量爆棚；如果听之任之、剑走偏锋，它就会变成"潘多拉的魔盒"，负能量爆满。

④ 我们受到过网络正能量的感染。2019 年 8 月 3 日，有暴徒在香港把国旗丢进海中。面对此暴行，央视新闻于次日发布微博话题"五星红旗有 14 亿护旗手"，网友们纷纷留言、刷屏转发，表达热爱祖国、护卫国旗的真挚感情；面对袁隆平老人等为国家民族作出巨大贡献的时代楷模们，网友们从不吝惜自己的点赞；面对港珠澳大桥顺利通车这样的国家奇迹，网友们毫不犹豫地点击自己的转发；面对国家取得的

**①②开头写作思路**

列举"00后"网络语言的例子，用"网络语言"的话题引出题干中的给定句子，通过对给定句子的解读，指出其背后是某种生活方式和价值观，聚合在一起也是有能量的。

**③段写作思路**

顺承上文谈"能量"，通过分析互联网时代的特点，指出这些"能量"可能会变成"双刃剑"，既有正能量，也有负能量。

**④段写作思路**

本段分析网络正能量。通过排比列举多个网络社会热点事件，说明网络正能量可以带来信心和希望。

一个又一个发展成就，网友们也会发自肺腑地为祖国喝彩……每一次社会热点发生的时候，我们总会在第一时间看到这些网络正能量，让我们信心满满、充满希望。

⑤ 我们也见过网络负能量的伤害。不妨再重新思考一下维特根斯坦那句话：想象一种语言就意味着想象一种生活方式。某些语言，因为表达方式的不理性、因为表达权利的不对等、因为表达责任的不追究，成了某些"网络键盘侠"的生活方式和价值观念，他们肆无忌惮，就像拿了开刃的刀子，伤害着那些无辜的个体和群体，这就是我们说的"网络暴力"。2020年春节期间，广东省深圳市公安局光明分局接到辖区一名初中生报警：自己在学校遭遇霸凌，同学不仅对自己进行辱骂，还在网络上虚构事实进行诬陷。光明警方介入调查后发现，一社交平台运营公司通过虚构并传播青少年负面信息的方式实施网络霸凌，并在相关人员要求删帖时收取高额费用获利。这类触目惊心的案例警示我们，一句句不负责任的表达汇聚到一起，就变成了一股难以估量的负能量，让人避之不及。网络负能量如同病毒，传播迅速，危害巨大，必须引起高度重视。

⑥ 互联网在引导舆论、反映民意、凝聚共识中发挥着越来越重要的作用，但网络空间是虚拟的、自由的、开放的，正能量不去占领，负能量就会侵蚀。因此，加强网络空间治理，势在必行：互联网企业及从业者要创造优质内容与优良生态，要坚守社会责任、传播主流价值，弘扬正能量，推动社会进步；政府也要与时俱进地完善网络法规、重视网络监管、加强平台治理。这样才能共同营造风清气正、健康有序的互联网平台。

⑦ 网追正能量，是你我的责任；担当新时代，是你我的使命。

---

**⑤段写作思路**

本段分析网络负能量。第一，讲道理：再次引用题干中的给定句子，说明语言与生活方式的关系。第二，举例子：展示网络暴力事件中的负能量。第三，做总结：总结网络负能量的危害。

**⑥段写作思路**

本段阐述"如何明确网络治理的各方责任"。第一，讲道理：阐述互联网存在正负能量的博弈，说明治理的必要性。第二，提对策：分别阐述互联网企业及从业者、政府的责任。第三，做总结：明确网络空间治理的目标。

**⑦结尾写作思路**

总结式结尾：结合题目主题词，重新进行语言的组合搭配，总结全文中心思想。

## 话题 3　媒体融合发展

【2019 年江苏省考 A 卷】给定资料中各级党委、政府顺应时代，推动融合发展所取得的成效一定带给你很多启示，请联系实际，从媒体融合发展说开去，写一篇文章。

要求：（1）自选角度，自拟标题；（2）参考给定资料，不拘于给定资料；（3）观点明确，内容充实，结构完整；（4）篇幅 1000 字左右。

**一　思路点拨**

本题要求从"媒体融合发展"说开去，主题明确，同时提到"各级党委、政府顺应时代，推动融合发展所取得的成效一定带给你很多启示"，根据材料可知，各级党委政府推动媒体融合的成效有很多，比如：

——融媒体的核心在于"融"。按照高标准谋划、高起点启动的要求，大力推动、突破体制机制政策瓶颈，打破"各吹各的号、各唱各的调"的传统模式，有效整合公共媒体资源。

——"融为一体，合而为一"是融媒体发展的思想统领。实现从"物理反应"到"化学反应"的变化，主要是准确把握了四个"变"与"不变"，即：传播媒介有变，党媒属性不变；体制机制有变，人才导向不变；创收模式有变，价值取向不变；传媒技术有变，"内容为王"不变。

…………

其中的成效很多，但是背后的核心就是两个字：融、合。"融为一体，合而为一"是融媒体发展的思想统领。这句话可以直接作为这篇文章的主旨句。基于此，文章的结构可以围绕"为什么要推进媒体融合""媒体之融""媒体之合"等角度进行搭建。

**二　写作实操**

### 用"融合"焕媒体新生

**标题拟定思路**

"媒体融合发展"是本文主题，"融合"是其中的关键词，这种发展模式可以让媒体拥有新的发展格局、获得新的发展机会。因此，可以拟定标题"用'融合'焕媒体新生"。

**①②开头写作思路**

第一，引出主题：从人们获取信息的日常场景切入，用时间轴的方式展现媒体发展变迁，引出"全媒体时代"的概念，也就是本文的话题。第二，引出观点：通过几个与主题有关的问句引出"全媒体时代"要直面的问题及其重要性，同时给出答案（中心论点）：坚持和把握好融媒体发展"融为一体，合而为一"。

**③段写作思路**

第一，亮观点：媒体融合发展的核心是"融"，更侧重于"形合"。第二，讲道理：阐释"融为一体"的含义，即整合各类媒体资源。第三，举例子：以地方政府各类媒体机构的整合为例进行论证。第四，做总结：进一步指出"融为一体"不是"物理整合"，而是"化学反应"，并提出人才支撑的对策。

① 20年前，我们在大街小巷的报刊亭买报纸；10年前，我们在PC端网站浏览新闻；今天，我们用一部手机就能纵览世界资讯，甚至可以社交购物、水电缴费、听课学习、发布信息……我们已然进入了一个"信息无处不在、无所不及、无人不用"的全媒体时代，舆论生态、媒体格局、传播方式都发生了深刻的变化。

② 如何适应时代变化、顺应时代要求？如何运用好信息革命成果？如何推动媒体融合发展？这是全媒体时代要面对、要回答的深刻命题。短期来看，这关系到社会的健康舆论生态；长期来看，这关系到实现中华民族伟大复兴的中国梦的思想基础和精神力量。回答好这一命题，就必须坚持和把握好融媒体发展"融为一体，合而为一"的思想统领和基本要求。

③ 媒体融合发展的核心是"融"，更侧重于"形合"。"融为一体"是前提，传统媒体和新兴媒体、中央媒体和地方媒体、主流媒体和商业平台、大众化媒体和专业性媒体，都需要通过"融"整合媒体资源、协同高效发展。放眼当下，全国各地的政府门户网站、广播电台和信息中心等机构都整合到了一起：广播、电视、报纸、杂志、网站、微博、微信公众号、手机客户端等公共媒介资源全面覆盖。"融为一体"不是"你吃掉我，我吃掉你"的"物理整合"，而是"你中有我，我中有你"的"化学反应"，是从平台的简单相加向系统的深度相融转变。这就需要把真正有互联网思维、懂网络技能运用的专业人才吸纳进来，培养全媒记者、全媒编辑、全媒管理人才，资源整合、流程优化、平台再造才有希望。

④ 媒体融合发展的关键是"合"，更侧重于"意合"。"合而为一"是原则，合的是心、齐的是力，要

把媒体责任、人才导向、价值取向、内容为王等基本原则统一起来，这样才能真正意义上把媒体资源融为一体，统一的目的就是"齐心协力"地引导群众、服务群众。社会上每隔一段时间就会发生很多舆论热点，如果媒体在回应社会关切、社会痛点的时候缺席、滞后、犯错，就会把舆论场的主动权和主导权拱手让人，这就违背了习近平总书记"推动媒体融合向纵深发展，做大做强主流舆论"的要求。因此，"合而为一"就是用社会责任、价值导向、扎实内容更好地引领群众、服务群众，这是媒体融合发展的康庄大道。

⑤ 世界则事异，事异则备变。只要我们紧跟时代发展潮流、牢牢抓住融合发展大势，因势而谋、应势而动、顺势而为，就一定能够穿过媒体发展的深远隧道，迎来媒体融合的万丈光芒。

### ④段写作思路

第一，亮观点：媒体融合发展的关键是"合"，更侧重于"意合"。第二，讲道理：阐释"合而为一"的含义，即合心齐力，把做媒体的基本原则和目标统一到引导和服务群众上来。第三，举例子：以社会舆论热点下的媒体表现为例论证"合"的必要性。第四，做总结：再度强调"合"的基本要求。

### ⑤结尾写作思路

总结展望式结尾。第一，引用古语：说明时代变化需要与时俱进。第二，总结论点：呼吁抓住融合发展大势。第三，展望未来：坚信媒体融合发展前景光明。

## 考点点拨

从近些年的真题来看，"网络与媒体发展"类主题的作文主要有以下考查角度。第一，网络舆论环境：聚焦网络时代的公共舆论场，考查了对公共舆论环境的认识以及公共理性在其中的重要作用及面临的挑战（2016年广州市考"公共舆论中的公共理性"）。第二，网络责任担当：探讨网络交流背后的价值观念，以及如何肩负时代责任，传递网络正能量（2020年江苏省考A卷"网络语言与网络能量"）。第三，媒体转型发展：探讨信息时代传统媒体面临的挑战、新兴媒体面临的瓶颈，媒体融合是顺应时代发展的必然选择（2019年江苏省考A卷"媒体融合发展"）。此外，结合当前社会热点，以下话题也建议大家关注一下。比如，青少年文化建设与网络文化安全，如何加强青少年思想道德建设，如何引导青少年树立正确的网络文化观，如何防范和抵制网络文化中的不良信息等。

# 第十一章

# 社会心态

## 话题 1　慢下来

【2014 年国考副省级】"给定资料"结尾写道："我们或许应该如作家米兰·昆德拉所言，要'慢下来'，因为自在有为的生活是急不得的。"请结合你对这句话的思考，联系自己的感受和社会实际，自拟题目，写一篇文章。

要求：（1）自选角度，见解深刻；（2）参考"给定资料"，但不拘泥于"给定资料"；（3）思路清晰，语言流畅；（4）总字数 1000～1200 字。

### 一　思路点拨

题目给定句子本身可以直接作为核心论点。第一，"慢下来"，并非消极怠慢，而是放慢节奏，从容地思考和行动。第二，"自在有为"："自在"是指不被外界压力裹挟和影响，有自己的节奏；"有为"是指实现自我价值和社会价值，有所建树。基于此，文章的结构可以围绕"什么是慢下来""为什么要慢下来""如何慢下来"等角度进行搭建。

### 二　写作实操

#### 善"慢"者行

**标题拟定思路**

题目给定句子的关键词是"慢下来"，提炼最核心的"慢"，借鉴"善建者行"的表述做替换，得出此标题。

①在这个快节奏、高压力的社会中，人们似乎总是在追求更快、更高、更强。然而"欲速则不达"，有时候"慢下来"才是达到目的的最佳途径。正如作家米兰·昆德拉所言："要'慢下来'，因为自在有为的生活是急不得的。"

②所谓"慢下来"，并非指行动上的消极迟缓，

**①②开头写作思路**

第一，引出话题：用"快"引出"慢"。第二，提出观点：联系题干中的给定句子，引出观点。第三，解释观点：另起一段对"慢下来"的含义及意义进行初步解释。

而是在心态上的一种从容不迫。它要求我们在忙碌的生活中找到平衡，给予自己足够的时间去体验生活的每一个细节，去欣赏沿途的风景，去反思自己的行为和思想。这种心态是治愈现代社会浮躁和焦虑的一剂良方，是对生活的一种热爱和尊重。

③"慢下来"，才能更"自在"。自在，是一种自由的生活方式、从容的心理状态。大到社会：我们的物质生活得到了极大提升，然而精神的满足感始终无法实现，"你幸福吗"成为每天思考却无法回答的社会话题。小到个人：那么多富人每天来也匆匆去也匆匆，看到的只是财富累积，倍感"空虚"；那么多穷人优哉游哉，每天看不到金钱入账，然而他们无尽"开心"。人们常常因为追求效率和成功而牺牲了个人的自由和选择，忽视了内心的需求和生活的本质。只有放慢脚步，给自己的心灵一个喘息的机会时，我们才会发现生活中的美好不仅仅是成就和财富，更多的是与家人朋友的相处、对自然的感悟、对艺术的欣赏、对自我的认同……这种自在的生活状态，是快节奏生活中难以寻觅的。

④"慢下来"，才能更"有为"。日常生活和工作中，我们在追求效率和速度的同时，往往忽视了深度思考和细致工作的价值，"快"让我们来不及思考、看不清自我，甚至所有的选择都是盲目跟风别人的"选择"。慢下来，意味着我们有更多的时间去思考问题、去规划未来、去精进技能、去发展个性。正如工匠精神所倡导的"慢工出细活"，只有投入足够的时间和精力，才能打造出精品，才能在各自的领域内有所作为。也只有"慢下来"，才能让我们看清这个社会、认清自己的处境和不足，才能解放思维、培养自我创造力，避免生活方式、文明习惯乃至人生境界陷入流行、陷入浮躁、陷入庸俗。

⑤长远来看，我们追求建设世界健康的文化生

---

**③段写作思路**

第一，亮观点："慢下来"，才能更"自在"。第二，讲道理：解释"自在"的含义，并从社会和个人两个层面阐述"快节奏"带来的影响。第三，做总结：从"自在"的角度总结"慢下来"的意义。

**④段写作思路**

第一，亮观点："慢下来"，才能更"有为"。第二，讲道理：对比分析"快"和"慢"对思考等的影响。第三，举例子：引用"工匠精神"佐证"慢工出细活"的道理。第四，做总结：从"有为"的角度总结"慢下来"的意义。

态，追求走民族自强、独立自主的道路，追求展示有个性的民族文化。试问：这样的文化自信从何而来？这就需要成熟沉稳的国民心态，需要每一个人都"慢下来"，沉淀自我、坚守自我，去打破那平庸的跟随、盲目的复制与可怕的同化。

⑥"慢下来"，需要自我调节，也需要政府通过公平正义的制度、科学持续的政策、认真务实的作为营造好"大环境"。然而，"自在有为的生活急不得"，追求这样的生活需要过程，正如恩格斯所说"世界不是一成不变事物的集合体，而是过程的集合体"，这是我们追求人生真谛的过程哲学，这需要从"慢下来"开始。

> **⑤段写作思路**
>
> 本段从个体的"慢"心态上升到整体国民的"成熟沉稳"心态，从民族自强、文化自信的角度阐释"慢下来"的深远意义。

> **⑥结尾写作思路**
>
> 补充式结尾。文章重点分析"慢下来"的意义，所以在结尾提出"慢下来"的建议，与此同时，强调"慢下来"本身也急不得，需要一个过程。

## 话题2 · 幸福观

【2014年国考地市级】加拿大女作家门罗曾经说过："幸福始终充满着缺陷。"请结合你对给定资料的思考和对这句话的领悟，自拟题目，写一篇文章。

要求：自选角度，立意明确；联系实际，不拘泥于"给定资料"；思路清晰，语言流畅；总字数1000～1200字。

### 一 思路点拨

> 门罗的话传递了一种关于"幸福"的理念，也就是"幸福观"，告诉我们"幸福并非完美无缺"。理解这个观念有两个关键。一个是对"缺陷"的理解：可以是人生的挫折，也可以是人生的遗憾。另一个是关于"缺陷与幸福的关系"：缺陷并非与幸福对立，反而可以构成幸福的一部分，这也是这篇文章的中心论点。本文的结构可以围绕"什么是幸福""人们的幸福观偏差""如何树立正确的幸福观"等角度进行搭建。

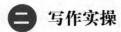

二 写作实操 ····································································

## 缺陷是幸福生活的"点缀"

**标题拟定思路**

第一，确定题目给定句子中的关键词："幸福"和"缺陷"。第二，根据论点倾向，缺陷并非幸福的阻碍，而是其不可或缺的一部分，所以可以将"缺陷"比作幸福的"点缀"，确定标题。

**①②开头写作思路**

第一段，引入话题：从央视街头采访"你幸福吗？"切入，从各种回答中引出"幸福"话题。第二段，引出观点：引用门罗的话"幸福始终充满着缺陷"，通过对这句话的阐释，引出本文的中心论点——幸福与缺陷是共存的，美好与残缺的统一才构成幸福生活。

**③段写作思路**

第一，亮观点：人们的幸福观面临困惑和迷茫。第二，举例子：列举面对压力和名利两种社会现象，说明人们在追求幸福的过程中存在误区。第三，讲道理：从社会转型和信息爆炸两个方面分析人们对幸福感到困惑的原因。

①"你幸福吗？"这是中央电视台一次著名的街头采访主题。这个问题把人们从现实的忙碌中带入了对自身处境的思考：有人回答我很幸福，因为家庭美满、工作顺利；有人回答不算幸福，因为买不起车、买不起房……没错，在一个充满异质性、变迁性的现代化社会中，理解"幸福"似乎很难。

②诺贝尔文学奖获得者门罗曾说"幸福始终充满着缺陷"，美好与残缺的统一才构成了幸福的生活。这是一种辩证的幸福观，它告诉我们，幸福不是一种绝对的、永恒的状态，而是一种相对的、动态的过程。换句话说，幸福时常伴随着缺陷、遗憾和失去，我们要在不完美中寻找满足和快乐、在不如意中汲取智慧和力量、在不顺遂中获得希望和成长，最终实现自我价值和人生意义。

③这种"幸福观"并非人人通晓，人们对幸福的追求越来越强烈，但同时也面临着更多的困惑和迷茫。比如面对社会竞争的压力，为了世俗意义上的成功不惜牺牲健康、家庭和个人爱好，最终却发现成功并非幸福的唯一标准；又如面对物质和名利的追求，忽略了精神世界的充实，失去了对人生意义的思考、对生活的热爱和对生命的敬畏，没有预期的幸福感……很多人找不到自己的价值观，只能随波逐流，最终感到空虚和迷茫。人们之所以对"幸福"存有困惑，一方面是因为社会转型的日益加剧，旧标准已失

效、新规范不完备，心理上缺乏安全感；另一方面是因为传媒发达、信息爆炸，人们的选择和认识"幸福"的标准越来越多样化、相对化。

④面对"幸福"中的"缺陷"，我们必须"两手抓"。

⑤一手抓"外部环境"。在我们的日常中，大到上学、就业、看病、住房、养老的人生大事，小到茶、米、油、盐的家庭琐事，都有可能成为压垮我们的"最后一棵稻草"，这些"困境"就像空气一样萦绕着我们，成为我们追求幸福的"缺陷"。这些缺陷需要政府和社会不断稳定和推动经济社会发展和社会保障体系，也需要不断完善心理疏导机制、心理调适机制，将之作为构建和谐社会的战略部署，让人们在面临这些"困境"时"心有所依"，不再惧怕这些"缺陷"。

⑥一手抓"内部环境"。有这样一个经典的寓言故事：面对半杯水，悲观者会悲伤地说"只剩半杯水了"，而乐观者会快乐地说"还有半杯水呢"。一位双腿残疾的企业家曾说："我虽然不能站起来，但我比你们有一个优势，那就是我永远都不会倒下。"这个故事告诉我们一个很简单的道理：正确的价值观、人生观、幸福观决定着我们如何理解幸福中的缺陷、面对幸福中的缺陷、接受幸福中的缺陷。因此，我们应该提高教育水平，加强心理健康教育，让人们学会如何将"缺陷"转化为精神财富和人格品质。

⑦"缺陷"不是人生旅途的"伤疤"，而是幸福生活的"点缀"。当我们营造好了完善的"外部环境"，构建好了积极的"内部环境"，我们便不会再恐惧、抱怨、消极，当"幸福来敲门"，美好人生才能正式开启。

### ④⑤⑥段写作思路

这部分重在阐述如何让人们树立正确的"幸福观"。面对"幸福"中的"缺陷"：一手抓"外"，通过外部保障让人们不怕"缺陷"（以日常生活中的困境为例）；一手抓"内"，通过教育引导让人们学会把"缺陷"转化为精神财富（引用寓言故事论证）。

### ⑦结尾写作思路

总结式展望：先总结中心论点，再展望构建好"内外环境"后的美好未来。

## 话题3 "闲暇"的幸福

【2019 年吉林省考乙级】给定资料 7 中亚里士多德说："幸福存在于闲暇之中，我们是为了闲暇而忙碌。"根据你对这句话的理解，结合给定资料，联系实际，自拟题目，自选角度，写一篇议论文。

要求：（1）观点明确，内容充实，结构清晰，论证合理，语言流畅；（2）结合"给定资料"，但不拘泥于"给定资料"；（3）符合文体要求；（4）字数 800～1000 字。

### 一 思路点拨 ·········································

> "幸福存在于闲暇之中，我们是为了闲暇而忙碌"，亚里士多德的这句话并非否定"忙碌"，而是强调"闲暇"对于获得幸福的重要性，忙碌是为了创造条件，最终目的是更好地享受闲暇，获得幸福。基于此，本文的中心论点可以确定为：我们应该追求一种平衡的生活方式，在为目标努力的同时，也要留白人生，在闲暇中充实自我，感受幸福。本文的结构可以围绕"什么是闲暇中的幸福""闲暇的意义""追求闲暇面临的困境""如何拥有闲暇"等角度进行搭建。

### 二 写作实操 ·········································

#### 闲暇的幸福

**标题拟定思路**

直接从题目给定句子中提炼出核心主题词用作标题。

**①开头写作思路**

第一，引出话题：通过现代人的忙碌状态引出"闲暇"。第二，引出观点：对题目中亚里士多德的话进行阐释，明确中心论点"幸福存在于闲暇之中"。

① 行色匆匆的人群中，似乎每一个人的脸上都写着三个字：我很忙。休闲，已然成了这个时代的奢侈品，因为奢侈，才足以彰显其弥足珍贵。可是，休闲原本就是应有的生活方式，也是应有的生活追求和生

活权利。即使今天我们一直忙碌，也是为了明天的休闲，因为在这休闲之中，才有我们的幸福，正如亚里士多德所说："幸福存在于闲暇之中，我们是为了闲暇而忙碌。"

② 闲暇之中的幸福，就是可以摆脱繁忙的工作与生活压力，能够自由地支配时间，回归自我，追求内在的平和与满足。《国际环境健康研究杂志》上的一个研究发现：一个人只要去公园待上 20 分钟，即使什么都不做，也会变得心情舒畅、身心健康，幸福感倍增，这种"公园 20 分钟效应"带来的愉悦感便是闲暇之幸福的体现。

③ 闲暇能给我们更多的时间去追求个人爱好，如阅读、绘画、音乐等，这些活动不仅能够丰富我们的精神世界，也能提升我们的幸福感。对于社会而言，当人们拥有充足的闲暇时间，可以更好地陪伴家人、参与社会活动，增进人与人之间的交流和理解，可以构建更加融洽的社会关系，从而促进社会和谐发展。另外，许多伟大的发明创造，往往诞生于闲暇时间的思考与实验。从这个意义上讲，闲暇也有利于社会技术层面的进步。

④ 然而，通往闲暇幸福的道路上布满了荆棘。现代社会快节奏的生活方式，让人们深陷忙碌的旋涡难以脱身。工作压力、生活压力、社会竞争压力，如同无形的枷锁，束缚着人们的身心，挤压着人们的闲暇时间。加班成为常态、休息成为奢侈，人们忙于奔波、疲于奔命，却忘记停下脚步、不敢停下脚步、不能停下脚步，去感受生活的美好、去追求内心的幸福。

⑤ 那么，如何才能拥有闲暇，获得真正的幸福呢？这需要个人、社会和政府的共同努力。在个人层面：要树立正确的价值观，认识到闲暇并非懒惰，而是提升生活质量的重要途径，既要学会时间管理，平

**②段写作思路**

本段进一步对观点中的核心关键词进行解释——"什么是闲暇中的幸福"，并引用"公园 20 分钟效应"进行论证。

**③段写作思路**

本段重在分析闲暇的意义，从个人爱好、社会活动、社会技术进步三个方面进行阐述论证。

**④段写作思路**

本段重在分析阻碍人们获得闲暇的因素，主要是现代社会的各种压力，如工作压力、生活压力、社会竞争压力等。

**⑤段写作思路**

本段重在阐述如何拥有闲暇的幸福，从个人、社会和政府三个层面提出措施。

衡工作与生活，留出充足的闲暇时间。同时，也要积极探索自身兴趣，发展多元化的爱好，充实闲暇生活。在社会层面：应努力营造尊重闲暇的氛围，少一些倡导式的柔性宣教、多一些制度性的强制安排，比如企业可以推行弹性工作制度、带薪休假制度，鼓励和支持员工合理安排工作时间，为他们争取更多的闲暇时间。在政府层面：应制定相关政策，保障劳动者的休息休假权利，为人们提供更多公共休闲空间，支持文化艺术、体育运动等领域的发展，为人们追求闲暇的幸福创造良好环境。例如，政府可以加大对公园、图书馆、博物馆等公共设施的建设投入，为市民提供更多休闲娱乐场所；制定相关法律法规，限制企业过度加班，保障劳动者的休息时间等。

**⑥结尾写作思路**

总结式展望。第一，深化主旨：指出闲暇之幸福不仅关系个人幸福，也关系社会进步。第二，提出对策和展望：强调实现闲暇幸福需要多元努力、社会合力。

⑥ 亚里士多德的箴言在今天仍然具有深刻的现实意义，闲暇之幸福不仅是个人追求的目标，更是社会进步的重要标志。我们必须在制度安排、社会保障、文化建设等方面作出多元努力，为人们营造更加健康愉悦的生活环境，只有从硬件到软件、从物质到精神，社会各界形成合力，现代人的幸福感才能获得整体提升。

## 考点点拨

从近些年的真题来看，"社会心态"类主题的作文，涉及社会压力下积极、乐观、健康、理性、平和的社会心态，其中包含着对"压力与动力""跟风与理性""悲观与乐观""残缺与完美""焦虑与放松"等的思考。主要包括以下考查角度。第一，盲目跟随中的"独立思考"：探讨人们是否被快节奏的生活和工作压力裹挟，是否能够保持从容的心态去思考和行动，不被急躁和功利的心态左右（2014年国考副省级"慢下来"）。第二，人生缺陷中的"幸福感知"：聚焦于人们对幸福的认知和理解，尤其是在面对人生的缺陷和不完美时的心态，探讨如何正确看待幸福与挫折、遗憾之间的关系，以及如何在不完美的生活中找到幸福（2014 年国考地市级"幸福的缺陷"）。第三，焦虑忙碌中的"闲暇追求"：探讨人们在忙碌的生活中是否能够意识到闲暇的重要性，以及如何在闲暇中找到充实和幸福（2019 年吉林省考乙级"'闲暇'的幸福"）。

# 第十二章

## 科技与创新

## 话题 1  科技向善

【2020 年联考】"给定资料 5"中提到，没有良心的科技必将造成社会失序。请你参考给定资料，以"以人为本，科技向善"为主题，联系实际，自拟题目，写一篇文章。

要求：（1）观点明确，逻辑清晰；（2）层次分明，语言流畅；（3）参考给定资料，但不拘泥于给定资料；（4）总字数 1000 ～ 1200 字。

### 一 思路点拨

第一，分析主题关键词："以人为本，科技向善"的意思是科技应朝着有益于人类利益、社会福祉的方向发展。第二，分析题目给定句子："没有良心的科技必将造成社会失序"这句话进一步强调了科技如果不向善会导致社会失序，从反面印证了"以人为本，科技向善"的必要性。综合以上分析，可以得出中心论点：科技发展应坚持以人为本，追求科技向善，以实现人类社会的有序发展和进步。文章结构可以围绕"什么是科技向善、以人为本""没有良心的科技会造成社会失序""如何推动科技向善"等角度进行搭建。

### 二 写作实操

#### 人类想要的，就是科技想要的

**标题拟定思路**

将"人类想要的"和"科技想要的"关联并统一，这样的结构突出了文章的中心论点：科技发展应该以人为本，以人类福祉为最终目标。

①"网络文化"的发言人和观察者凯文·凯利曾经发出过一系列疑问：人类会不会有一天被科技征服？科技是宇宙中好的那部分吗？我们是该限制科技

**①开头写作思路**

第一，引出主题：用凯文·凯利的一系列疑问，引出科技发展的探讨（凯文·凯利的疑问来自2015年国考申论真题材料）。第二，引出观点：肯定科技必须发展，且要朝着人类想要的方向发展。

**②段写作思路**

第一，亮观点：没有良心的科技，必将造成社会失序。第二，举例子：列举科技发展带来的负面效应，例如新媒介技术对个人生活的裹挟、人工智能对人类自主决策机制的挑战等。第三，讲道理：分析科技如果不向善会有哪些危害。第四，继续举例子：通过汽车社会带来的安全问题和环境问题，以及网络运营商侵犯用户数据隐私的例子，具体说明科技发展带来的负面影响。

**③段写作思路**

第一，重申中心论点并进行阐释。第二，举例子：利用大数据分析优化公共资源配置、通过互联网教育缩小城乡教育差距等例子，说明科技向善的具体体现。

还是要发展科技？之所以会有这些问题，是因为科技革新带来便捷的同时也带来了很多威胁。但毫无疑问的是，我们必须发展科技。同时，我们也应该达成共识：科技想要的，就是人类想要的；人类想要的，也是科技想要的。

② 没有良心的科技，必将造成社会失序。科技一面是"天使"，一面是"魔鬼"，人们在数字化浪潮下享受科技便捷的同时，也面临着诸多负面效应：新媒介技术对个人生活的裹挟，人工智能对人类自主决策机制的挑战，数字经济对数据产权和数据隐私的侵犯，等等。在此背景下，我们不得不重新审视和反思科技的忧虑：倘若科技发展不是向善的，带给人类的不是人性关怀、不能维护社会秩序，而是社会危害，甚至是社会灾难，那它就失去了发展的意义，甚至会阻碍科技自身的发展。例如，人类运用技术发明汽车，目的必然是为了方便出行、提高效率，然而汽车社会中也带来了交通事故、尾气排放等安全问题和环境问题；我们共享信息是为了"让数据多跑路、让人类少跑腿"，然而在商业利益驱动下，一些网络运营商、平台服务商或手机应用会读取、上传用户的通讯录、短信、通话记录等信息，而这个过程用户并不知情。

③ 因此，科技发展应该以人为本，科技应该是有良知的、应该是向善的。这是科技发展的价值追求和内在要求，意味着科技发展应追求积极的社会效应，致力于解决社会问题，促进社会公平正义。例如，利用大数据分析优化公共资源配置、通过互联网教育缩小城乡教育差距、利用生物技术提高医疗服务的质量和效率等。

④ 可以从"自律"和"他律"两个角度探讨如何推动科技向善。一方面，从科技的"自律性"而言：技术变革在最初始的阶段就应该未雨绸缪，去赋

予新科技产品善的本性和新的价值、去赋予科技产品感情，就应该在动机、过程、结果上都能体现出人性化、生命化，这是科技发展的目的。另一方面，从科技的"他律性"而言：科学技术和科技产品也应该在现行社会秩序下受到国家法律、社会伦理等社会制度和社会规则的约束，要规范和引导商业机构在技术、产品和服务中积极向善、避免作恶，要思考科技如何为人类福祉提供帮助、反思科技发展带来的负面效应。只有这样，科技才不会成为与人对立的异化力量，才会和人类社会相互协调、相互平衡，和人们的社会生活融为一体，保证科技与社会的良性运转。

⑤ 再次审视凯文·凯利的那些疑问：科技是宇宙中好的那部分吗？我们是该限制科技还是要发展科技？答案似乎清晰了许多：科技本身是一种客观存在，不以人的意志为转移。但是，科技创新却是一种主观能动行为，这种主观行为有"是非"之别、"善恶"之分，只有以"人性"为根基、以"向善"为追求，才是科技想要的，才是人类想要的。

### ④段写作思路

本段探讨如何推动科技向善。第一，从科技的"自律性"角度，阐述科技产品在设计之初就应该体现人性化和生命化。第二，从科技的"他律性"角度，强调国家法律、社会伦理等社会制度和社会规则对科技发展的约束作用。第三，做总结：只有加强自律和他律，才能保证科技向善。

### ⑤结尾写作思路

呼应开头，再次引用凯文·凯利的疑问，并给出明确的答案，借此重申论点，回答科技和人类想要的是：以"人性"为根基、以"向善"为追求。

话题2 ☷ 科技生命化

【2015 年国考副省级】"给定资料 6"中画线句子写道："'科技的生命化'，已成为现实世界无法根除的特征。科技将具备人性。"请结合你对这句话的思考，联系社会实际，自拟题目，写一篇文章。

要求：（1）自选角度，见解明确、深刻；（2）参考"给定资料"，但不拘泥于"给定资料"；（3）思路明晰，语言流畅；（4）总字数 1000 ～ 1200 字。

**一 思路点拨**

题目给定句子本身就可以直接作为中心论点，对其分析可知：第一，"科技的生命化"意思是科技具有了类似于"生命"特征，即"成长"，也就是说，科技会像人类一样成长进步，是会不断迭代升级和进化发展的。第二，"科技将具备人性"说明科技会拥有人类的某些特质，如情感、道德、创造力等。第三，"已成为现实世界无法根除的特征"说明这一趋势的必然性。本文的结构可以围绕"什么是科技生命化""科技生命化面临什么样的挑战""科技生命化有什么意义""如何推动或者利用科技生命化"等角度进行搭建。

 **二 写作实操**

## 科技与人性

**标题拟定思路**

题目给定句子的主题是围绕"科技"，探讨的角度是"生命化"和"人性"，对其进行组合即可得出标题。

**①开头写作思路**

第一，疑问式开篇：针对某一社会现象或问题，提出疑问，引导读者思考。第二，初步解答，引出观点：对提出的问题进行简要分析，并引出文章的核心观点。第三，引用名言或权威观点：直接引用与文章观点相关的名言或权威观点（一般是题目中的给定句子），增强文章说服力。

① 科技发展到今天，我们有很多疑问需要探讨：科技给我们带来的真的是全面、自由的发展吗？我们想要的是什么？科技想要的是什么？如果从人类发展的角度来讲，科技想要的必然是人类想要的，人类想要的不仅仅是物质化、工具性的便利，还包括情感化、生命化、非工具化的情感关怀。因此，科技的发展必然要厘清新技术与人性的关系，正如凯文·凯利所说："'科技的生命化'，已成为现实世界无法根除的特征。科技将具备人性。"

② "科技的生命化"可以有两种理解：一种是依托于科技的系统、工具和产品在功能和表现上越来越接近人类的特性和行为，比如人工智能就是这一趋势的典型代表。如今的人工智能不仅能进行复杂的数据处理和视图分析，还能通过自然语言处理与人类进行

快速和精准的交流，甚至具备一定的情感识别和表达能力。另一种理解是科技作为万事万物中的一种，本身也具有像人类一样成长进步的生命化特征，是不断迭代升级和进化发展的。总而言之，科技将具备人性。

③科技的生命化，在当前面临的最大挑战是"无目的的物质至上主义"。"无目的的物质至上主义"就是盲目追求科技和物质进步，忽视了其背后的社会意义、伦理问题和人类福祉。比如基因编辑技术的滥用，可能带来严重的伦理问题；又如人工智能和大数据技术在应用中可能侵犯隐私权，忽视了人文价值；再如科技进步带来的财富可能集中在少数人手中，造成贫富差距过大，导致社会不平等，难以跨越社会结构的屏障。

④科技发展应该体现人性，即科技的设计和应用应更多考虑人的需求、感受和体验。比如智能家居系统，通过语音识别、机器学习等技术，可以根据用户的生活习惯自动调整家电设备的运行状态，为用户提供舒适、便捷的生活环境，提高生活质量；又如医疗健康领域的科技创新，智能手表、健康监测手环等智能穿戴设备通过实时监测用户的健康数据，提供个性化的健康建议和预警服务。因此，技术变革在最初始的阶段就应该未雨绸缪，去赋予新科技产品新的价值、去赋予科技产品感情，就应该在动机、过程、结果上都能体现出人性化、生命化，这才是科技发展的目的。

⑤科技的发展还应当致力于解放人性，即通过科技手段解放人类的创造力和潜能，让人们从繁重的劳动中解脱出来，从而有更多的时间和精力去追求自我实现和社会进步。在制造业中，工业机器人已经广泛应用于生产线，不仅提高了生产效率，还减少了工人的劳动时间、强度和风险，让他们可以更多地参与

**②段写作思路**

本段阐述"科技将具备人性"，并解释说明"科技生命化"的两种理解：分别从科技的功能和表现形式、科技自身的成长发展规律两个角度解读。

**③段写作思路**

本段阐述科技生命化面临的挑战，即"无目的的物质至上主义"。第一，讲道理：解释"无目的的物质至上主义"的概念。第二，举例子：举例说明"无目的的物质至上主义"的表现和危害。

**④段写作思路**

第一，亮观点：科技发展应该体现人性，更多考虑人的需求、感受和体验。第二，举例子：以智能家居系统和医疗健康领域的科技创新为例，说明科技如何体现人性。第三，做总结：强调技术变革应该从一开始就注重人性化和生命化，这才是科技发展的目的。

**⑤段写作思路**

第一，提出观点：科技发展应当致力于解放人性，解放人类的创造力和潜能。第二，举例论证：以工业机器人和远程办公工具为例，说明科技如何解放人类，让人们有更多精力追求自我实现和精神升华。

创造性和复杂性的工作中去，从而实现个人价值的提升；新冠疫情期间，远程办公工具被广泛应用，使人们能够在家中完成工作，不仅提高了工作效率，还为人们提供了更大的自由度和平衡工作与生活的机会，让人们有更多的时间和精力去追求自我实现和精神升华。

**⑥结尾写作思路**

指出主题所涉及的内容是机遇也是挑战，发出呼吁和行动建议，展望美好未来。

⑥科技的生命化，是机遇也是挑战。让我们以理性之光照亮科技前行的道路，用人性之光温暖科技发展的道路，共同创造一个科技与人性和谐共生的美好未来。

# 话题3 科技与人文

【2015年国考地市级】"给定资料6"中画线句子写道："人文是精彩的，科学是呆板的。"请结合你对这句话的思考，联系历史和现实，自拟题目，写一篇文章。

要求：（1）自选角度，立意明确；（2）参考"给定资料"，但不拘泥于"给定资料"；（3）思路清晰，语言流畅；（4）总字数1000～1200字。

## 一 思路点拨

分析题目中的给定句子"人文是精彩的，科学是呆板的"："精彩"意味着丰富、充满活力；"呆板"则代表着固定、缺乏变化。根据材料倾向和我们对科技的认识，这句话有一定的片面性，这种将两者完全对立的观点，忽视了人文与科学之间的联系和相互促进的关系。基于以上分析，中心论点应该是：科学与人文同样精彩，两者相辅相成，共同铸就精彩世界。文章结构可以围绕"人文的精彩之处（非重点）""科技的精彩之处（重点）""科技与人文的关系"等进行搭建。

**写作实操**

## 科学与人文同样精彩

**标题拟定思路**

直接用判断句标题反驳题干给定句子中的片面认知，表明"科学并不呆板"。

① 谈起人文，我们可能会想到文学、历史、哲学、艺术这样的学科，它们启迪智慧、滋养德性、教化人心、引导人性；提及科学，我们可能会想起数学、物理、化学、生物，它们致力于发现自然规律、改造世界、服务于人。

② 有人说："人文是精彩的，科学是呆板的。"这样的论断听起来不无道理，但细细想来，也有一定的片面性。实际上，人文与科学同样精彩，因为它们共同探索着人们的自我认知、改造着外部世界，人文与科学在交融与共生中一起回答着"科技想要什么和人类想要什么"的难题。

③ 从历史上看，在文艺复兴时期，人文学科开始复兴，艺术家、哲学家和文学家们以人类自身为中心，探索人性的多面性和深度，展现了人文的精彩；与此同时，科学革命也在悄然进行，伽利略、牛顿等科学家的出现，标志着科学理性开始成为认识世界的重要方式。在这一时期，科学和人文似乎走上了不同的道路：科学追求的是普遍规律和客观真理，而人文则关注个体经验和主观感受。

④ 然而，随着社会的进步和知识的不断累积，人文与科学的交融和互补性逐渐显现。科学技术的发展不仅需要理性的思维和严谨的实验，更需要人文精神的指引和伦理的约束。科学在探索自然规律的同时，也在不断反思其对人类社会的影响，这正是人文精神的体现。科学家也逐步用人们能够理解的方式与大众

**①②开头写作思路**

第一，引出主题：根据常识谈对"人文"和"科学"的理解。第二，引出观点：通过反驳题干给定句子的观点，明确文章论点"科学与人文同样精彩"，并简要分析了"同样精彩"的原因。

**③段写作思路**

先以文艺复兴时期为例（题目要求联系历史），分别介绍了人文和科学的发展情况，并指出它们看似走上了不同的道路。之后，总结概括科学和人文在这一时期的发展特点和区别。

**④段写作思路**

第一，亮观点：用"然而"顺承上文，表明随着社会进步和知识累积，人文与科学的关系发生变化。第二，讲道理：具体阐释了科学发展需要人文精神的指引和伦理的约束，反思其对社会的影响，以及科学家如何用人文的方式传播科技思想。

进行对话，像传播人文那样向大众传递深邃的科技思想，让人们不仅能够理解科技，甚至越来越多的人能够发现科技、利用科技。

⑤科技的精彩在于它的创造性和颠覆性。有人说："新技术是一种创造性的毁灭力量。"20世纪以来，科技的发展速度极其惊人、影响力颇为震撼：从汽车、电话到飞机、潜艇，从基因、核能到计算机、互联网，它改变了我们的生活方式、改变了我们的思维方式、改变了我们对世界的认识。再比如，过去我们靠快马驿站、飞鸽传书实现异地的交流，后来靠电报、电话实现人与人的沟通，现在我们不仅可以通过互联网实现在线通话和视频，甚至可以让逝去的邓丽君与我们隔空对唱……正是这种创造与颠覆，让科技光芒四射，也让我们不断发展和超越。这难道不精彩吗？

⑥科技的精彩还在于它越来越人性化。历史上，瓦特改良蒸汽机、爱迪生发明电灯，如今千里之外可以互联互通、足不出户可以网络天下信息，可以用网络打车、用网络购物……这些都是在"为人民服务"，和人文一起对我们的过去和现在产生着影响，当我们运用新技术改变自我、解放自我的时候，我们应该意识到：科技的发展方向将不仅仅是"物质性""工具性"的，更应该是"精神化""人性化"的，这才是科技真正的精彩之处。它不再独立于人之外、不再独立于人的精神力之外，也不会成为与人对立的异化力量，而是会和人文相互协调、追求平衡，和人们的生活融为一体，这是一种美、一种态度、一种智慧。

⑦人文是精彩的，科学也是精彩的。面向未来，科学技术的迅猛发展会为人类带来前所未有的机遇和挑战，人文精神的指引和约束则能确保科技进步的方向和目的符合人类的整体利益。从这个意义上讲，人文与科学的共生将成为共同推动社会进步的重要力量。

⑤段写作思路

第一，亮观点：科技的精彩在于它的创造性和颠覆性。第二，引名言、举例子：引用名言来佐证观点，并列举大量科技成果，展现科技的创造性和颠覆性。

⑥段写作思路

第一，亮观点：科技的精彩在于人性化。第二，举例子：举例说明历史上和现在科技人性化的表现，如瓦特改良蒸汽机、如今的互联互通等。第三，讲道理：指出科技发展方向应是"精神化""人性化"的，与人文相互协调。

⑦结尾写作思路

总结式展望：再次强调文章的中心论点并展望未来，指出人文与科学将共同推动社会进步。

**话题4** 想象力

【2018年国考副省级】请深入思考"给定资料5"画线句子"科学、艺术和古文化对于想象力都起着非常重要的作用，构成了想象力的源泉"，自拟题目，自选角度，联系实际，写一篇文章。

要求：（1）观点明确，见解深刻；（2）参考"给定资料"，但不拘泥于"给定资料"；（3）思路清晰，语言流畅；（4）字数1000～1200字。

## 一 思路点拨

> 题干中的给定句子可以直接作为中心论点。在给定资料中，对科学、艺术、古文化都有明确的解读，比如科学是指"敢于批判，不断质疑"，艺术是指"美的精神力量"，古文化是指"文化或者宗教中充分挖掘的惊人智慧"等。本文的结构可以围绕"什么是想象力""想象力的三个源泉"等方面进行搭建。

## 二 写作实操

### 探寻"想象力"的活水之源

**标题拟定思路**

题目给定句子重在分析想象力的源泉，所以标题直接简写为"探寻'想象力'的活水之源"即可。

① 几年前，机器人还只是存在于美国的好莱坞大片，现在这个神奇的物种已经开始出现在我们身边的工厂和餐厅；几年前，人工智能还只是我们在校园里讨论的学术概念，现在这项神奇的技术已经开始能够独立完成数据分析，甚至可以进行情感沟通……

② 这一切为何如此迅速地来到了我们身边？是

**①②开头写作思路**

列举与主题相关的案例，通过设问的方式，引出主题关键词"想象力"，并简要阐述其内涵，从而引出中心论点：想象力的三个源泉。

"想象力"，这是一种属于高级思维活动的创造力，它并非凭空捏造，而是建立在对现实世界的认知基础之上，对未来进行的创造性预见和构想。有人说"想象力"是天马行空的、无迹可寻的。但如果我们针对在创新领域有所作为的人群以及他们有所突破的创新行为去细细品味和耐心捕捉，就会发现"想象力"这池活水也有它的源头，那就是科学、艺术和古文化。

③"想象力"源自科学。在某种意义上，"想象"是与"局限"相对的，纵观人类发展史，大部分人是"经验主义者"，他们习惯于在已有的知识经验基础上采取行动，甚至认为被无数次反复证明的社会理论和科学理论是永远正确的。但是也有这样一群人，他们敢于质疑、敢于批判、敢于创新、敢于行动，探索自然规律、拓展认知边界，为想象力提供无限可能。比如著名的天文学家哥白尼，他经过长年的观察和计算提出"日心说"，推翻了统治着那个时代的宇宙观；如今，我们畅想的未来世界，从人工智能到基因编辑，从量子计算到星际旅行，无一不是在科学的基础上，对未知领域的勇敢想象和探索。我们把这种质疑和批判、创新和探索的精神叫作"科学精神"，正是这种精神，不断让人类突破知识的边界、经验的边界，不断激发着人类的想象力。

④"想象力"源自艺术。艺术，是一种代表美的精神力量，我们常说"艺术来源于生活但高于生活"，这就是艺术的最本质特征：它具有现实性，这是艺术发挥的根源；它具有创新性，这是艺术实现的手段。艺术通过音乐、绘画、文学等形式，传递情感、启迪心灵、塑造审美，艺术创作的过程就是想象力不断涌现、碰撞、升华的过程：达·芬奇的《蒙娜丽莎》以神秘的微笑引发人们无尽的遐想；贝多芬的《命运交响曲》以激昂的旋律鼓舞人们奋勇前行；梵高的《星空》，以奔放的笔触展现内心的激情与梦想；宫崎骏

## ③段写作思路

第一，亮观点："想象力"源自科学。第二，讲道理：对比分析什么是"科学"。第三，举例子：以古今案例论证科学精神，并分析它是如何激发想象力的。

## ④段写作思路

第一，亮观点："想象力"源自艺术。第二，讲道理：分析艺术的内涵、特点及其激发想象力的过程。第三，举例子：先引用达·芬奇、贝多芬、梵高、宫崎骏等艺术家的作品，说明艺术激发想象力；再延伸到现代艺术形式，并分析如何拓展想象力边界。

的动画电影，用天马行空的想象力构建奇幻世界，传递着爱与勇气的力量……在现代社会，艺术形式日益多样化，不断拓展着想象力的边界，尤其是在影视工业和科幻文学中，诸如《星际穿越》《流浪地球》《三体》等作品通过虚拟现实、数字艺术等新兴形式将科技与艺术完美结合，为观众带来全新的感官体验。

⑤"想象力"源自古文化。古文化，是人类文明的奠基石，是人类想象力的原发地，其中蕴藏着先民的智慧和梦想，为想象力提供丰厚的养料。盘古开天辟地的神话，展现了古人对宇宙起源的思考；精卫填海、夸父逐日的传说，表达了人类挑战命运、追求理想的勇气和决心。中国古代的神话故事、民间传说、诗词歌赋，为一代代人提供了丰富的想象素材，也塑造着中华民族的精神内核。时至今日，这些古老的文化符号、传统文化中丰富的哲学思想和人文精神，还在为人们认识世界提供着有益的启迪，也为人们改造世界提供着有益启示。

⑥科学、艺术和古文化，如同三股强大的支流，共同汇聚成想象力的浩瀚海洋。科学提供理性思考的框架，艺术赋予感性表达的色彩，古文化则为其注入深厚的精神底蕴。无论人类社会如何发展，无论人类社会进入什么时代，都无法超越人类的想象力和能动性，这是人类最伟大的优势，只要我们在三者之中积极发掘，"想象力"的活水就会源源不断，发展的命运就会牢牢把握在人类自己手中。

**⑤段写作思路**

第一，亮观点："想象力"源自古文化。第二，讲道理：解释古文化如何激发想象力。第三，举例子：以中国古代神话传说为例，说明古文化滋养想象力。第四，总结提升：指出古文化对现代社会认识和改造世界仍有启发。

**⑥结尾写作思路**

总结式展望。第一，再次强调文章的中心论点，并做进一步深化。第二，展望未来：指出只要积极挖掘，就可以不断激发想象力。

## 话题 5　工人的创新力量

【2013年联考】请以"新时代的工人力量"为题，自选角度，写一篇文章。

要求：（1）中心明确，思想深刻；（2）内容充实，有说服力；（3）语言流畅，800～1000字。

 **思路点拨** ┄┄┄┄┄┄┄┄┄┄┄┄┄┄┄┄┄┄┄

> 根据题目中的话题，"新时代"主要是指当前经济发展、科技进步、产业升级、结构调整等背景下的时代，"工人力量"主要是指"创新力"（根据给定资料可得）。所以，中心论点可以确定为：新时代背景下，要不断激发工人力量，在科技创新、产业升级、经济发展、结构调整等方面发挥作用。文章结构可以围绕"什么是新时代的工人力量""为什么要激发工人力量""如何激发工人力量"等角度进行搭建。

 **写作实操** ┄┄┄┄┄┄┄┄┄┄┄┄┄┄┄┄┄┄┄

### 新时代的工人力量

**标题拟定思路**

命题作文，无须自拟标题。

**①开头写作思路**

通过回顾不同时期的工人代表（从新中国成立之初到"90后"的工人队伍），引出文章要讨论的"新时代工人"这一群体。

**②段写作思路**

首先，提出社会对新时代工人的负面认知。接着，指出这种认知并非完全正确，同时也承认负面特点一定程度存在，并分析其与生产环境有关。最后，引出中心论点，强调新时代工人的新特点，以及若给予杠杆他们也能发挥力量。

① 新中国成立之初，以"铁人"王进喜为代表的产业工人为共和国的成长奠定了坚实的基础；改革开放早期，"农民工"又成为一种特殊的用工方式，为中国的壮大默默地付出；现如今，随着经济社会的发展和工人的代际更替，新时代工人队伍有了"新鲜血液"，全国总工会调查显示："70后""80后"是工人队伍主体，"90后"在大幅增加。

② 有这样一种社会认知：新时代的工人不愿受苦、不愿隐忍，没有恒心、没有责任。一方面，并非所有的新时代工人都这样；另一方面也不得不承认这些特点一定程度上确实存在，这和现在的生产环境有着密不可分的关系。我们应该看到，新时代的工人不再把自己当成"夏尔洛"式的生产工具，他们有自己的喜怒哀乐、有自己的梦想追求，如果能够给他们一

个杠杆，他们也能像"铁人"王进喜、老英雄孟泰那样发挥出自己的力量。

③新时代的工人力量，最关键的是创新能力。只有工人具备创造力，制造业企业等经济主体才具备转型升级的可能性。那么，如何才能激发出新时代工人的这种力量？

④激发新时代工人的力量需要社会认同尊重。过去的十几年间，很多企业把工人当作没有感情的流水线机器，恶劣的生产环境、高强度的工作压力让工人们失去了尊严、梦想和追求，更不要说创造力，在很多地方至今还有这样的情况存在。不过，如今也有相当一部分产业工人今非昔比了：他们不仅懂新型数字化器械，也懂高科技人工智能，甚至可以参与高科技的科研项目；他们不仅有更好的工作环境，也能享受更好的工作待遇……简而言之，让处境不好的工人好起来，让好起来的工人火起来，才能在全社会形成体谅工人、尊重工人、认同工人的良好环境氛围。

⑤激发新时代工人的力量需要职业技术教育。德国为什么能够在"二战"之后迅速崛起？恐怕离不开"德国制造"。"德国制造"为什么能把普通的金属敲打成"科技奇迹"？恐怕离不开产业工人。产业工人为什么能够发挥如此巨大的力量？恐怕离不开职业教育。因此，想要新时代的工人能够具备强大的创造力，职业教育是关键，必须尽快完善职业教育制度，加大政府投入和扶持力度，形成产学研一体的职业技术教育体系。

⑥激发新时代工人的力量需要创新激励体系。全国钢铁业6%的产量、全行业30%的利润，这是宝钢集团的奇迹。奇迹的背后，是巨大的企业职工力量，而激发这股力量的，除了工人们爱岗敬业、积极创新的精神，离不开严密的协同创新机制，更离不开全覆盖的创新激励体系。现代企业制度下，更应该以

③段写作思路

过渡段，指出新时代工人的力量最关键的是创新能力，并分析其重要性。随后，以设问方式引出下文对激发新时代工人力量方法的讨论。

④段写作思路

第一，亮观点：激发新时代工人的力量需要社会认同尊重。第二，对比论证：阐述过去企业不尊重工人的情况，对比呈现部分产业工人的新变化。第三，做总结：要在全社会形成体谅、尊重、认同工人的环境氛围。

⑤段写作思路

第一，亮观点：激发新时代工人的力量需要职业技术教育。第二，举例子：以德国职业教育的典型案例论证观点。第三，提对策：阐述如何发展职业教育。

⑥段写作思路

第一，亮观点：激发新时代工人的力量需要创新激励体系。第二，举例子：以宝钢集团的奇迹为例，说明激励机制的重要性。第三，做总结：强调完善激励体系能够激发工人创造力。

⑦结尾写作思路

总结展望式结尾：指出新时代工人力量对企业发展和经济高质量发展的重要性。

"工人"为本，通过更完善的激励体系激发工人的创造力。

⑦ 新时代的号角已经吹响，大到经济的高质量发展，小到企业的创新型转型升级，都离不开这股坚韧的力量，那就是新时代的工人力量！

## 考点点拨

从近些年的真题来看，"科技与创新"类主题的作文，主要有以下考查角度。第一，科技与社会的关系：探讨科技发展的社会伦理问题，聚焦科技造福人类的同时带来的负面影响，讨论如何通过法律和道德规范来引导科技向善（2020年联考"科技向善"）。第二，科技与人性的关系：聚焦科技逐渐具备人性化特征的发展趋势，探讨科技生命化的内涵、面临的挑战、意义以及如何推动科技生命化以实现与人类的融合（2015年国考副省级"科技生命化"）。第三，科技与人文的关系：聚焦人们对科技的片面认识，强调科技与人文并非对立，而是共同铸就精彩世界，探讨如何实现科技与人文的和谐共生（2015年国考地市级"科技与人文"）。第四，科技创新的原动力：聚焦于想象力在科技创新中的重要性，探讨想象力的源泉，以及如何通过多元文化和跨学科的融合，激发创新思维（2018年国考副省级"想象力"）。第五，创新的主体：聚焦于科技创新的实际应用，比如制造业转型升级，探讨在经济社会发展的不同领域中科技创新的主体来源（2013年联考"新时代工人的力量"）。

# 第十三章

# 城市建设与发展

**话题 1** **城市与个体**

【2022年联考】材料5中横线部分："一座城市就像一个生命共同体，生活在其间的每个个体，就像这个生命体的细胞，这些细胞既给生命体提供支撑与动力，又从生命体中汲取养分成长。"根据对这句话的理解，结合材料1～5，联系实际，自选角度，自拟题目，写一篇议论文。

要求：题意明确，见解深刻；思路清晰，结构完整；语言流畅，书写工整；800～1000字。

 **思路点拨**

题目中的给定句子将城市比作生命共同体，把生活在城市中的个体比作细胞，强调了个体与城市之间相互依存的关系。具体来讲：个体为城市提供支撑与动力，说明个体对城市的发展有着积极的贡献；个体从城市中汲取养分成长，表明城市也为个体的发展提供了条件和机会。所以，中心论点可以确定为：城市是一个有机整体，个人与城市之间是相互依存、相互成就的关系。基于此，本文的结构可以重点围绕"个体为城市提供支撑和动力""城市为个体提供支撑和保障"这两个角度进行搭建。

 **写作实操**

### 让城市"茁壮成长"

**标题拟定思路**

题干中的给定句子把城市比作"生命体"，"生命体"最好的未来就是"茁壮成长"。因此，直接借助句子的比喻形式并继之以隐喻，把标题确定为"让城市'茁壮成长'"。

①什么是城市？一个通俗的解读是："城"就是固定的地理区域，"市"就是区域内的个体从事经济社会等活动。有人打比方说："一座城市就像一个生

命共同体，生活在其间的每个个体，就像这个生命体的细胞，这些细胞既给生命体提供支撑与动力，又从生命体中汲取养分成长。"这个比喻形象地道出了城市与其间个体之间的关系，个体与城市之间相互依赖着，每一方都使另一方更加丰满有据。

② 个体是城市的"细胞"，为城市提供支撑和动力。城市的建设发展，离不开完备的基础设施、离不开完善的公共服务、离不开健康的城市经济、离不开先进的科学技术……而这一切背后，是一个个微小、平凡、默默无闻的个体在为城市赋能，他们有的沉浸在科研攻关，有的活跃在工厂车间，有的疾驰在物流运输，有的奔走于外卖快递，有的忙碌于家政服务……生活在城市中的每个个体都有自身生存发展的需要，也有对所在城市的情感认同和归属。他们通过扎实的劳作、昂扬的干劲、进取的精神、真挚的情感，支撑着城市社会的高效率运转、推动着城市经济的高质量发展、保障着城市服务的高水平供给，为城市的有序运行和全面发展提供着源源不竭的动力。

③ 城市是个体组成的"生命共同体"，为个体提供支持和保障。个体是城市建设发展的根本，也就是说，个体既是城市建设发展的支撑，也是城市建设发展的目的。企业个体，离不开城市通过政策保障优化营商环境、通过财政激励巩固创新支撑、通过行政支持拓展广袤市场；群众个体，离不开城市通过高质量经济发展和公共服务满足就业、住房、教育、医疗、养老等物质民生需求，通过完善的基础设施等满足休闲、娱乐等精神文化需求，为实现个体的自由全面发展提供源源不尽的养分。因此，城市的建设发展应该时刻关注每一个个体的新要求、新期待，让每一个个体在自己建设的城市中能够安居乐业，让事业更有获得感，让生活更有安全感，让人生更有幸福感。

**①开头写作思路**

第一，开篇点题：通过对"城市"一词的解读引出关于城市的话题。第二，引出主旨：直接引用题目中的给定句子并对其进行解释，点明核心观点。

**②段写作思路**

第一，亮观点：个体为城市提供支撑和动力。第二，举例子：列举各行各业的个体如何为城市赋能，例如科研、生产、物流、服务等。第三，讲道理：阐述个体通过自身努力，支撑城市运转、推动城市发展、保障城市服务。

**③段写作思路**

第一，亮观点：城市为个体提供支持和保障。第二，讲道理：分析个体和城市建设的关系。第三，举例子：分别阐述城市如何支持企业发展和保障群众生活。第四，做总结：城市发展要以人民为中心，满足个体需求。

④**结尾写作思路**

总结呼吁式结尾：先总结中心论点（两者的关系），再结合主旨发出呼吁（要同时敬畏、善待城市和个体）。

④ 城市是生命体、有机体，城市也是一门科学，科学就是要处理好城市与城中个体的关系，既要敬畏城市、善待城市，更要敬畏城中之个体、善待城中之个体。

# 话题2　城市建设

【2018 年国考地市级】"给定资料 6"中，提到了老子关于"有"和"无"的观点，请你围绕给定资料反映的城市建设理念中的问题，联系实际，以"试谈'有'与'无'"为题写一篇文章。

要求：（1）自选角度，见解深刻；（2）参考"给定资料"，但不拘泥于"给定资料"；（3）思路清晰，语言流畅；（4）总字数 1000 字左右。

## 一　思路点拨

在材料中老子的观点中，"有之以为利"指的是屋子的实体部分如门窗、四壁等便利设施，"无之以为用"指的是屋子的虚空部分也有实际的功用。联系城市建设的理念，"有"是指城市中的各种实体建设及其带来的生活便利和精神价值，"无"是指城市中的非实体空间及其满足的生态、文化和休闲娱乐等人文需求。综合以上分析，提炼中心论点：城市建设需要平衡"有"与"无"的关系，既要注重实体建设，也要重视非实体空间的营造，才能打造宜居、充满活力的城市空间。基于此，本文的结构可以围绕"城市建设理念中的问题""城市建设的'有'""城市建设的'无'""城市建设'有'与'无'的关系"几个方面搭建。

## 二　写作实操

### 试谈"有"与"无"

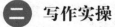

命题作文，无须自拟标题。

① "城市，让生活更美好。"2010年上海世博会的主题道出了城市建设和发展的出发点和落脚点。然而在追求"美好"的过程中，我们不得不面临这样的现实：我们通过商业化开发满足了经济需求、通过审美化设计满足了美观诉求，但是我们也因此让城市失去了历史文化气息，让群众失去了幸福感、归属感、安全感。

② 显然，"只重视造景，不重视化人""只重视经济发展，不重视历史人文""只重视面子，不重视里子"的城市建设理念是不可持续的。城市建设和城市治理的思路必须变，变的方向便是如老子所言："有之以为利，无之以为用"。简单地讲，就是平衡好、协调好"有"和"无"的关系，这是现代化城市建设的"辩证哲学"。

③ "有"是前提，这里的"有"，其内涵应该包括"物质基础"和"精神满足"，是城市的"体"和"魂"。城市建设要有必要的基础设施、要有必要的商业开发，这是城市发展的"体"，但是我们必须清醒地认识到：如果一个城市仅仅是高楼林立的"钢筋水泥式的庞然大物"，那么它就失去了"魂"，这个"魂"就是指一个城市的历史传统、一个城市的人文气息。例如北京的菊儿胡同，就是在传统四合院基础上设计的现代民居，让京城的人们享受现代便利生活的同时依然可以坐收旧时美景；再如上海的豫园，20世纪90年代初经过大规模扩建，成为规模宏伟的仿明清商业建筑群，既有历史渊源，又有民族风格，被塑造为文化综合体，让"魔都"的人们依然可以沉浸在上海的本土特色文化之中。

④ "无"是目的，这里的"无"，并非"一无所有"，而是指城市建设不要"太满"，而是要留足发展空间，去满足人们对生态的需求、对文化的需求、对休闲娱乐的需求，只有这样，城市建设才不仅仅是在

---

**①开头写作思路**

第一，引出话题：用世博会主题引出文章话题"城市建设"。第二，点出问题：题目要求围绕"城市建设理念中的问题"，故此在开头中体现。

**②段写作思路**

顺承上文的问题提出城市建设应该秉承的理念，引出文章主旨观点。

**③段写作思路**

第一，亮观点："有"是前提，并对其内涵进行阐释，包括"体"和"魂"。第二，讲道理：指出当前城市建设的问题是"有体无魂"。第三，举例子：列举北京、上海的建筑说明什么是城市建设的"魂"。

**④段写作思路**

第一，亮观点："无"是目的，并对其内涵进行阐释，既要"造景"也要"化人"。第二，引用论证：引用古语证明"留出虚空"的必要性。第三，举例子：列举广场舞困境说明为什么要有"公共空间"。第四，做总结：通过共享发展理念总结"无"的目的。

**⑤段写作思路**

第一，亮观点：指出"有"与"无"的关系。第二，提对策：建议既要满足当下，又要兼顾未来，还要注意两者之间的动态变化与平衡。

**⑥结尾写作思路**

结尾升华观点，"有"和"无"归根结底都是为了"民"，要以人为本。

"造景"，更重要的是能够达到"化人"的目的。我们都听说过一句话——"天之道，损有余而补不足，是故虚胜实，不足胜有余"，大概说的就是这个道理。"广场舞场地之争"的事件时常引爆网络，让城市治理者不得不反思"城市公共空间"这个深刻命题。"共享发展"是新发展理念的题中之义，如果生活在城市里的人们不能享受到轻松的娱乐环境、充实的文化环境、安全的居住环境，何谈幸福感、归属感、安全感？

⑤城市建设过程中的"有"与"无"，并不是"非此即彼、此消彼长"的单项选择，而应该是"你中有我，我中有你"的协调与平衡。这就要求城市规划者要有前瞻性的眼光，既要满足当前的发展需求，又要为未来的发展留下空间。此外，城市建设还应注重"有"与"无"的动态平衡。随着城市的发展，原有的"有"可能会变成"无"，而原有的"无"也可能转化为"有"，这就需要城市管理者根据实际情况，适时调整规划，确保城市始终保持活力和可持续性。

⑥"有之以为利"是利之于民，"无之以为用"是用之于民，这才是全面的城市发展、长远的城市发展、人性的城市发展。

## 话题3 城市文明和乡村文明

【2019年国考副省级】"给定资料5"结尾写道："城市文明和乡村文明，人造文明和自然文明，都是应该而且可以互补的；理想的生活状态可能还是在城、乡之间自由游走。"请结合你对这句话的思考，自选角度，联系实际，自拟题目，写一篇文章。

要求：（1）观点明确，见解深刻；（2）参考"给定资料"，但不拘泥于"给定资料"；（3）思路清晰，语言流畅；（4）字数 1000～1200 字。

 **思路点拨**

> 　　题目中给定句子可以直接作为中心论点。其中，"城市文明"与"乡村文明"分别代表两种不同的生活方式和文化形态；"人造文明"与"自然文明"分别代表人类创造的物质文明和自然界本身的生态文明；"互补"，指两者可以相互弥补不足；"自由游走"，指在城市和乡村之间自由选择生活方式，不受地域限制。本文的结构可以结合给定句子本身的构成，围绕"两者应该互补（必要性分析）""两者可以互补（可行性分析）""两者可以自由游走"等方面进行搭建。

 **写作实操**

### 奏响城市与乡村的华彩乐章

**标题拟定思路**

文章探讨的是城市文明与乡村文明的关系，所以把"城市"和"乡村"这两个关键词提炼出来，套进"奏响……的华彩乐章"句式之中即可。

①"把农村人口集中到城市就算完成了城镇化""把村庄拆除建成洋楼就能把农村变成城市""农村文明高于城市文明""城市文明高于农村文明"，这是一些简单粗暴的农村和城市发展认知。

②很显然，这种"城乡一体化就是一样化"和"城市乡村文明高低论"的认知是错误的。因为城市文明和乡村文明，人造文明和自然文明，都是应该而且可以互补的，理想的生活状态可能还是在城乡之间自由游走。也就是说：城市文明与农村文明是相互依存、功能互补的，城市和农村要互补发展，需要在动态发展过程中不断地协调统一。

③城市文明与乡村文明是"应该"互补的。从

**①②开头写作思路**

　　首先列举关于城乡发展的常见认知，随后指出认知是错误的，最后用中心论点解释为什么是错误的，并对中心论点进行阐释，谈出自己的理解。

③段写作思路

第一，亮观点：城市文明与乡村文明是"应该"互补的。第二，讲道理：从发展形式的角度分析城乡文明的特点，得出"个异性""永恒性""共享性"等共通性，说明两者原本就应该互补。第三，举例子：以当下城市生活为例，说明互补的必要性。第四，做总结：描述互补后的理想生存状态。

④段写作思路

第一，亮观点：城市文明与乡村文明是"可以"互补的。第二，讲道理：先从城市的角度阐述乡村文明对城市文明的补充作用，再从乡村的角度阐述城市文明对乡村文明的促进作用。第三，举例子：以浙江"千村示范、万村整治"工程为例，说明城乡融合发展的成功经验。第四，做总结：重申城乡文明可以互补发展，并指出其可行性。

发展形式的意义上讲，城市文明是基于现代化发展的城市基础设施建设、城市公共服务完善等"人造文明"，而乡村文明是基于传统式发展的山水相间、鸡犬相闻、日出而作、日落而息的"自然文明"。但"人造"与"自然"并不是孤立的、对立的，它们理应是可以相互依存的、功能互补的，而这种依存和互补的背后则是统一的城市和农村发展理念。它们同样包含着自然造化的"个异性"、不朽精神的"永恒性"、以人为本的"共享性"，城市可以让生活更美好，乡村也可以让生活更美好，在这一点上，城市文明和乡村文明并不冲突。这一切恰如我们在当下城市文明中所感受的那样：看似丰富多彩的物质生活背后，是沉重的精神压抑和心理压力。我们羡慕美国作家梭罗所倡导的那种"简朴的物质生活和丰富的精神生活"，我们期待可以随时脚踏大地、随时仰望星空、随时观赏日出的最基本、最重要、最理想的生存状态。

④ 城市文明与乡村文明是"可以"互补的。从城市文明的角度来看，很多地方都在主动提升城市形态，大力推动城市升级，比如投入资金进行乡村文化遗产的修缮和活化，以及乡村文明中尚存的生活方式和文化习俗，都是城市文明的有益补充；从乡村文明的角度来看，在美丽乡村建设过程中，很多地方统筹区域发展、体现地方特色、做好产业支撑、保证公共服务、保护生态环境，这些都是对乡村文明的功能完善。近年来，随着乡村振兴战略的实施，越来越多的地区开始探索城乡融合发展的新路径。例如浙江的"千村示范、万村整治"工程，将城市的基础设施、公共服务向农村延伸，同时挖掘乡村的生态价值和文化特色，打造了一批宜居宜业宜游的美丽乡村，实现了城市反哺乡村、城乡共同繁荣的目标。所以说，城市中的技术因素、经济因素和乡村中的文化因素、传

统因素等自身优势，均为两种文明的互补发展提供了可行性。

⑤ 当然，最理想的生活状态不仅仅是城市文明与乡村文明的互补发展，还可以是"自由游走"。这种"自由游走"是指人们可以在城市和乡村之间发生"物理变动"，即人们可以根据自身的需求和喜好，自由选择生活方式和居住环境：既可以享受城市的便利和繁华，也可以感受乡村的宁静和自然。例如，一些年轻人选择在城市工作，在乡村养老；一些家庭选择在城市居住，在乡村度假。这样一来，既满足了人们对不同生活体验的需求，也促进了城乡之间的文化交流和情感连接。这种"自由游走"也是指城市文明与乡村文明之间可以发生"化学反应"，城市文明不会凌驾于乡村文明之上，乡村文明也不会凌驾于城市文明之上，这两者的优势和劣势是在城乡发展过程中动态变化的，要历史地、发展地、变化地看待城乡发展。

⑥ 说到底，城市发展与乡村发展不是相互独立的独奏曲，而是"你中有我，我中有你"的交响乐。只有在城乡发展过程中看到两者之间的互补性、历史性、变化性和发展性，才能奏响城市与乡村的华彩乐章。

**⑤段写作思路**

第一，亮观点：城市文明与乡村文明可以"自由游走"。第二，分两个方面论证：一是人的"物理变动"，阐释内涵并举例论证；二是"化学反应"，指出要用发展、变化的观念看待城乡发展。

**⑥结尾写作思路**

结合标题写结尾：第一，用"交响乐"呼应标题的"华彩乐章"，并表达两者融合发展之意；第二，总结深化文章的主旨，指出城乡发展的各种特性。

# 话题4　城市的"人情味"

【2015年政法干警】给定资料中提到，老上海人认为里弄是"以前的上海最有人情味的地方"。请结合给定资料及个人思考，以"人情味——从传统到现代"为话题，自拟题目，写一篇议论文。

要求：（1）中心明确，观点鲜明；（2）论述充分，结构完整；（3）语言流畅，书写工整；（4）字数1000字左右。

 **思路点拨**

　　第一，解读题目中的话题"人情味——从传统到现代"："人情味"代表着人与人之间的温暖情感、互助关爱等；"从传统到现代"则提示要对比传统与现代在人情味方面的不同表现，并思考其发展变化。第二，老上海里弄被认为最有人情味，可分析其中传统人情味的特点，如邻里间的亲密关系、互帮互助、共同的生活场景等。第三，给定资料主要围绕"城市建设"和"城市化"展开话题。综合分析以上三点，本文的中心论点可以确定为：在城市建设和发展过程中，不能丢掉传统的"人情味"，要努力实现传统与现代的交相辉映。本文的结构可以围绕"城市化从传统到现代的过程中出现了哪些问题""城市建设和发展中的人情味应该是什么样的"等角度展开。

 **写作实操**

### 传统与现代的交相辉映

**标题拟定思路**

　　从题目话题中提炼出"传统与现代"，现代化是不可逆的发展趋势，但是发展中又不能没有传统的人情味，所以两者应该始终结合着向前发展，因此使用"传统与现代的交相辉映"这一标题。

**①开头写作思路**

　　第一，引出话题：用世博会主题引出文章话题"城市发展"。第二，点出问题：转折指出城市发展中的环境问题和传统断裂遗失。第三，引出主旨句：因为有了问题，人们才会怀念以前有"人情味"的地方。

　　①"城市，让生活更美好。"这是当年上海世博会的主题，其中道出了城市发展的出发点和落脚点。然而在这"美好"之中，我们不得不面临这样的现实：一边是开放、丰富的生活状态，一边是脏乱无序的吐槽抱怨；一边是高楼大厦此起彼伏的欣喜，一边是传统文化断裂遗失的哀叹……正如老上海民众对过去"里弄"的怀念，认为那是"以前的上海最有人情味的地方"。

②上海民众的怀念，令人深思："千城一面"的城市建设，带来的是脆弱城市生态的蚕食、稀缺城市文化的危机、民众发展空间的压缩……以"高速化"和"物质化"为导向的城市化建设是不是城市发展的本质？

③不得不承认，从熟人社会的"嘘寒问暖"到陌生人社会的"隐私保护"、从农耕文明的道德自律到城市文明的法律规范、从传统文化形态到现代文明业态，这是社会进步的表现。但是，对于城市化而言，并不是"追求现代、抛弃传统"或者"保留传统、抵制现代"的单项选择，而应该是农村与城镇的相互融合、传统与现代的交相辉映，给城镇化建设抹上"社会底色"、沁入"人情味"。

④"人情味"，是城镇化从传统步入现代必备的"人文关怀"。城镇化带来了人口的大规模流动，不同地域、不同文化背景的人们汇聚在一起，形成了多元复杂的社会结构。在"压力山大"的城市生活中，人情味能够为人们提供情感慰藉，缓解心理压力，提升生活质量。一个充满人情味的社会，人们的心灵更加充实，生活更加幸福。在城市发展过程中，我们建设了四通八达的交通要道，我们建设了医院、学校等公共基础设施，满足了人们的物质需求；除了这些城市"硬件"，基于"农民市民化"、现代市民社会"私人空间"的重视，现代城市文明中法律规范的完善也为民众提供了"软件"保障。

⑤"人情味"，是城镇化从现代传承传统必需的"情感保留"。在享受现代文明的同时，人人慢慢发现：无论是白墙黛瓦的徽派建筑，还是老北京独门独户的四合院，在我们的视野中越来越少，仅存于文化遗产保护的电视节目之中；互帮互助、嘘寒问暖的邻里关系越来越远，楼上楼下老死不相往来的新型社会关系越来越多……我们传统文化的归属感、安全感

**②段写作思路**

本段是承上启下的过渡段，通过上一段民众的怀念反思城市发展的本质，为下文的讨论做铺垫。

**③段写作思路**

前半段，顺承上文指出各方面走向现代化是社会进步，这也是发展本质之一。后半段，转折强调城市化不是单项选择，引出传统与现代应融合的观点，并提出要给城镇化建设带来"社会底色"和"人情味"，再一次点明主旨。

**④段写作思路**

第一，亮观点："人情味"，是城镇化从传统步入现代必备的"人文关怀"。第二，讲道理：分析城镇化过程中人们的压力，强调人情味能为人们提供情感慰藉等。第三，做总结：阐述"人文关怀"包括"硬件"和"软件"两个方面。

**⑤段写作思路**

第一，亮观点："人情味"，是城镇化从现代传承传统必需的"情感保留"。第二，举例子：以传统建筑和邻里情感的消失为例，说明城镇化进程中"传统人情味"面临的挑战。第三，讲道理：指出传统文化"情感基因"仍然保留在乡村，并强调在城镇化进程中保留传统文化的重要性。

就这样一点点消失了，不禁令人唏嘘：这些优秀的传统文化因素，会不会在我们的记忆里慢慢消失呢？不会！因为这些传统生活方式、文化习俗、生活习惯的基因，还存活在村庄户落里，它们完整地、富有个性地活着，它们还有一息尚存！留住它们，就能保留住中国人质朴的文化情感，就能保护好中国人文化的根。

⑥ 城镇化不应该变成任意挥洒的"涂鸦"，而应该是精雕细刻的"壁画"；城镇化不仅是追逐现代的"高楼大厦"，更应该是饱含传统的"青砖绿瓦"。人情味，在以"人"为核心的城镇化过程中，让传统与现代相辅相成、交相辉映。

**⑥结尾写作思路**

先用形象的比喻表达对城镇化的期望，再给出城镇化的关键——人情味，总结主旨。

## 考点点拨

从近些年的真题来看，"城市建设与发展"类主题的作文，主要有以下考查角度。第一，城市与个体的关系：聚焦于城市与个体之间相互依存、相互成就的关系，探讨个体如何参与城市建设、城市如何回应个体需求、如何实现城市与个体的和谐发展等（2022年联考"城市与个体"）。第二，城市建设的协调：聚焦城市建设中实体建设与非实体空间的平衡关系，探讨城市的物质建设与生态、文化和休闲娱乐等人文需求的协调（2018年国考地市级"城市建设的'有'与'无'"）。第三，城市文明与乡村文明的关系：聚焦于城市文明与乡村文明之间差异与互补关系，探讨如何促进城乡融合发展、实现城市文明与乡村文明的和谐共生等（2019年国考副省级"城市文明与乡村文明"）。第四，城市的人文关怀：聚焦于城市建设中"人情味""归属感"等问题，探讨如何在城市化进程中保留传统文化、构建新型邻里关系等（2015年政法干警"城市建设的'人情味'"）。

此外，结合当前社会热点，以下话题也建议大家关注一下。第一，城市更新：如何在城市更新过程中，既改善居民居住环境，又保留城市历史文化记忆；如何通过老旧小区改造，提升居民生活品质。第二，智慧城市：

如何在智慧城市建设中，兼顾不同群体需求，避免数字鸿沟；如何利用数字化手段，提升城市治理效能，提供便捷高效的公共服务。第三，城市包容性发展：如何帮助新市民更好地融入城市生活，享受均等化的公共服务；如何构建包容、多元的城市文化，增强城市凝聚力和吸引力。第四，后疫情时代的城市韧性建设：如何提升城市应对突发公共事件的能力，构建更加安全、健康、可持续的城市发展模式。

# 第十四章

# 三农

# 话题 1 　乡村发展之经济、环境与文明

【2022 年联考】"给定资料 3"中提到"村里的发展，既要摘掉'穷帽子'，又要改变'老样子'，还要留住'好根子'"。请深入思考这句话，联系实际，自选角度，自拟题目，写一篇文章。

要求：（1）观点明确、见解深刻；（2）思路清晰、论证充分、语言流畅；（3）参考"给定资料"，但不拘泥于"给定资料"；（4）1000 ～ 1200 字。

 ## 一　思路点拨

本题在立意上强调了乡村发展的多重要素和全面要求，旨在探讨农村在追求经济发展、环境改善以及乡风文明建设的协同发展，以实现乡村全面振兴。在结构上可以做如下安排：

第一，提出问题：引出乡村振兴或者乡村发展这一"大话题"。第二，分析现状：分析当下乡村发展中存在的突出问题，例如经济发展的困难与挑战、环境污染的具体情况、乡风文明缺失的现状等。第三，提出建议：从"摘掉'穷帽子'""改变'老样子'""留住'好根子'"三个方面展开论述，提出切实可行的解决措施；也可以直接把"摘掉'穷帽子'""改变'老样子'""留住'好根子'"作为三个主题分论点，把分析的部分分别融入各自分论点的论证中。

## 二　写作实操

### 激活乡村振兴的一池春水

**标题拟定思路**

因为本题在立意上强调了乡村发展的多重要素和全面要求，因此抓住"乡村振兴"这一关键词（也可以使用"乡村发展"等涵盖面较广的主题词），并套用"激活……一池春水"的形象表达，组成了这一标题。

**①开头写作思路**

开篇的三个问题是农村发展的关键衡量标准，这三个问题适用于大部分与"三农"有关的话题，可作为引出观点的铺垫"模板"。写作思路为"×××是'某主题'的重要参照和标准，达到这一标准，就必须在×××上下功夫"。

**②段写作思路**

本段重在探讨如何通过发展乡村经济摘掉"穷帽子"。按照"问题—原因—措施—效果"的论证思路展开，这是对策类观点常用的展开方式。第一，点明当前乡村经济发展"小""散""独"的问题；第二，分析原因，即缺乏规模经营、缺乏集体经济的带动；第三，提出解决问题的方案，即发展适度规模经营的集体经济；第四，阐述发展集体经济带来的积极效果，从提高生产效率、扩大生产规模、提升生产效益到增加就业岗位、提高村民收入，最终落脚到摘掉"穷帽子"。

**③段写作思路**

本段重在探讨如何通过整治乡村环境改变"老样子"。按照"问题—措施—展望"的论证思路展开，这也是对策类观点常用的展开方式。第一，描述"老样子"的具体表现，点明乡村环境整治的必要性；第二，引入两个具体措施，一是基层党员干部和返乡大学生的引领带动（谁来干），二是市场化运作和物业化管理（怎么干）；第三，总结式展望，总结如何才能打造乡村良好生态和优美环境。

① 农业强不强、农村美不美、农民富不富，是农村高质量发展的重要参照，也是乡村振兴的重要标准。达到这样的标准，就必须在摘掉"穷帽子"、改变"老样子"、留住"好根子"上下足功夫。

② 发展乡村经济，摘掉"穷帽子"。一直以来，我国大部分乡村都是"你耕你的农田、我种我的瓜果、他养他的牲畜"，无论是传统农业，还是特色产业，基本停留在"小打小闹""分散经营""独立发展"的模式之中，不成规模就难谈发展，摘掉"穷帽子"也就遥遥无期。因此，发展适度规模经营的集体经济是推动农业农村发展、带领农民脱贫致富的关键，很多地方也都在积极探索发展农村集体经济。比如"党建＋产业发展""党组织＋企业＋银行＋合作社"的发展模式，不仅提高了生产效率、扩大了生产规模、提升了生产效益，更重要的是能够提供更多的就业岗位，既可以吸引外出务工人员返乡就业，也能够让村民在家门口就地找到长期稳定的工作，用"授民以渔"的发展模式增加集体收入、提高村民收入，从而摘掉"穷帽子"、提升生活质量。

③ 整治乡村环境，改变"老样子"。生态宜居是乡村振兴的题中之义，美丽乡村是美丽中国的最美底色。但是还有很多乡村是这样的"老样子"：牛羊粪便随处可见，生活垃圾随意丢弃，生产垃圾随便堆积。改变"老样子"就要重点整治乡村环境。比如，有的地方通过基层党员干部和返乡大学生的引领带动，一点点改变基层群众的生产生活习惯、提高环保意识，共同参与环境整治和维护；也有的地方通过引进市场化运作、物业化管理，让农村人居环境整治走上规范化道路……只有坚持农村绿色发展理念，加强农村突出环境问题综合治理，才能让良好生态和优美环境成为乡村振兴的点缀和

支撑。

④ 建设乡村文明，留住"好根子"。什么是"好根子"？好根子就是乡村群众亲善和孝的道德底色、勤劳质朴的优良品质、敢想敢干的精神气质，这是摘掉"穷帽子"的根，也是改变"老样子"的本。然而，放眼当前的乡村文明：传统生活形态逐渐消失、人际关系日趋淡薄、传统文化日渐荒芜，金钱至上、盲目攀比等不良习气不断蔓延，社会主义核心价值观被抛之脑后。在此背景下，广大乡村有的传承家风家训，有的修订村规民约，有的弘扬村史文化，因地制宜地加强农村思想道德建设、传承发展农村优秀传统文化，培育淳朴民风、优良家风、文明乡风。只有留住"好根子"，才能提升农民的精神风貌、提高乡村的文明程度，为乡村发展提供持久的精神动力。

⑤ "路虽远，行则将至；事虽难，做则必成。"乡村振兴具有长期性、艰巨性、复杂性，只要能够明确方向，在产业兴旺、生态宜居、乡风文明、治理有效、生活富裕上铆足劲头，一步一个脚印向前走，乡村振兴的目标就会离我们越来越近。

**④段写作思路**

本段重在探讨如何通过建设乡村文明留住"好根子"。按照"释义—问题—措施—展望"的论证思路展开。第一，释义"好根子"并分析与前两个分论点角度的关系（"穷帽子"和"老样子"在字面意思上更容易理解，所以在前文中没有单独解释）；第二，分析乡风文明的现状；第三，列举加强乡村文明建设的具体方式；第四，总结式展望，强调只有留住"好根子"，才能为乡村发展提供精神动力。

**⑤结尾写作思路**

第一，引用哲理句，表达尽管面临诸多困难，但只要付诸行动就能够取得成果的信念；第二，指出面临的挑战；第三，提出总对策和期望。

## 话题2 乡村发展之数字乡村

【2022年联考】给定资料4中提到"数字乡村建设为乡村振兴和农业农村现代化发展注入全新动能，遇见数字和网络的乡村，打开了一扇与现代化对话的门"。谈谈你对这段话的理解，联系实际，自选角度，自拟题目，写一篇议论文。

要求：观点明确，见解深刻；思路清晰，结构完整；语言流畅，书写工整；字数800～1000字。

**思路点拨** ∷∷∷∷∷∷∷∷∷∷∷∷∷∷∷∷∷∷∷∷

> 题干中的给定句子强调了数字乡村建设对乡村现代化发展的重要推动作用，这也应该是文章的核心立意。在结构上可以围绕"什么是数字乡村建设""数字乡村建设注入了哪些现代化动能或者在哪些方面注入了现代化动能""如何进行数字乡村建设"等角度搭建文章框架。

 **写作实操** ∷∷∷∷∷∷∷∷∷∷∷∷∷∷∷∷∷∷∷∷∷

### 用"数字钥匙"开启乡村现代化之门

**标题拟定思路**

文章的核心立意在于强调数字乡村建设对乡村振兴和现代化发展的关键作用，所以在标题中首先突出"数字"这一关键元素。"钥匙"常被用来比喻解决问题的关键方法，"开启乡村现代化之门"则明确了数字乡村建设的最终目标，直接呼应了给定句子中"打开了一扇与现代化对话的门"，让阅卷者能够清晰地理解文章的主题和重点。

**①开头写作思路**

第一，列举文化和经济领域的具体现象，引出数字与网络在乡村中的应用。第二，对这些现象进行总结，指出数字网络技术将乡村不同方面进行了有机结合。第三，引出核心主题和观点。

**②段写作思路**

本段重在解释"数字乡村建设"的含义及其重要性。第一，解释"数字乡村建设"，这是本文的主题词，理应谈一些自己的理解。第二，分析"数字乡村建设"可以在哪些乡村建设领域注入动能。第三，结合"淘宝服务站""短视频"等案例，论证数字乡村建设对乡村振兴的重要作用。

① 在短视频中用网络音乐改唱乡村文化，让乡风民俗焕发出自信的文化活力；通过网络直播带火传统村落，让乡村资源激发出巨大的经济价值。网络信息技术把乡村最传统的和最时尚的结合起来，把乡村最历史的和最现代的结合起来，把乡村原生态的和新生代的结合起来……遇见数字与网络的乡村打开了一扇与现代化对话的门，用数字网络技术为农业现代化赋能，全力推进数字乡村建设是信息化时代推动乡村振兴的全新路径。

② 数字乡村建设，是一种将数字技术、信息化手段与乡村发展紧密结合的新型发展模式。在现在和未来中国会逐步通过应用互联网、大数据、人工智能、物联网等现代信息技术，推动乡村在农业生产、乡村治理、公共服务、文化传承、产业发展等多个方面实现数字化、智能化转型，从而促进乡村振兴和农业农村现代化的发展。近年来，乡村网络基础设施

不断完善、智能终端逐步普及，乡村的信息化程度越来越高。在此基础上，淘宝服务站、短视频等网络技术平台凭借自身"短、平、快"的技术特性与传播特点，使农村、农人、农货进入更多人视野。尤其是近期的网络直播，在平台流量扶持和培训加持下，传播了乡村独特文化景观、带火了乡村旅游、拓宽了农货销量，为乡村群众返乡创业、就地就业提供了机会，大大提高了收入水平，为乡村振兴打下了扎实的数字基础。

③数字乡村建设，要立足乡村。要明确乡村"有什么"。有的乡村有悠久的历史资源，有的乡村有独特的文化资源，有的乡村有优美的生态资源，有的乡村有丰厚的经济资源。不同的资源优势有不同的发展方式，也对应着不同的数字赋能方式，数字技术的加持其实就是四个字：因地制宜。也要清楚乡村"要什么"，接续推进全面脱贫与乡村振兴有效衔接是一项重大战略任务，基层群众在产业兴旺、生态宜居、乡风文明、治理有效、生活富裕等方面的需求不断升级，智慧绿色乡村建设、乡村数字治理建设、乡村网络文化建设、信息惠民服务建设等，都是数字乡村建设的重要发力方向。更重要的是，不少乡村群众不太熟悉智能手机的日常化和技能化操作，结合农村生产生活实际，通过乡村夜校等形式普及手机应用、网上办事、电商物流、直播带货等知识，不断提升乡村群众的数字素养，才能真正享受数字乡村建设的信息红利。

④客观来说，数字乡村建设没有"万能灵药"。各地千差万别，不可能依靠一种模式就能推动乡村现代化，乡村振兴具有长期性、艰巨性、复杂性，只有立足于乡村实际、把握好数字建设的本质和规律不断探索，才能在广阔天地奏响数字时代的田园牧歌。

**③段写作思路**

本段重在探讨如何进行"数字乡村建设"。第一，段首点题：指出数字乡村建设要立足乡村这一核心观点。第二，分别阐述立足乡村的三个要点：明确乡村"有什么"、明确乡村"要什么"、提升乡村群众数字素养。

**④结尾写作思路**

第一，使用"××工作不存在万能灵药"这一相对普适的套句做铺垫，指出乡村情况的千差万别及其特点，没有简单快捷的解决方案。第二，只有立足乡村实际，把握本质和规律不断探索，才能实现目标，提出对未来的积极展望和思考方向。

## 🧘 话题3 ⫸ 乡村精神文明建设

【2021年联考】请深入理解"给定资料4"中"种下满地金黄的庄稼，才是为旷野除草的最好办法"这句话，联系实际，自拟题目，自选角度，写一篇文章。

要求：（1）观点明确，见解深刻；（2）思路清晰，语言流畅；（3）不准照抄照搬给定资料；（4）字数800～1000字。

## 一 思路点拨

题干中的给定句子是一个比喻句，破题的关键是结合材料语境分析出"种庄稼""旷野""除草"等关键词的指代。在给定资料中，题干给定句子后有如下论述："要驱赶心灵的荒芜，最好的办法就是推广阅读。也许乡村图书馆做成什么样，没有标准答案，我只想让这束在田野间聚起的光，照到更多乡亲。"所以，"种庄稼"就是推广阅读，"旷野"就是人们的心灵或者说精神世界，"除草"就是驱除荒芜。给定句子强调了推广阅读对于丰富人们心灵、消除精神贫瘠的重要性。需要注意的是：材料上下文是围绕"乡村书苑"展开的，所以本文的立意可以精准到"推广乡村阅读"之于乡风文明建设，也可以在此基础上，引申到全民阅读之于全社会的精神文明建设，但是不建议脱离"乡村阅读"这一根基。基于此，本文的结构可以围绕"推广乡村阅读的必要性和重要性""推广乡村阅读面临的挑战""推广乡村阅读的措施"等角度展开。

## 二 写作实操

### 以阅读之种，除心灵之荒

**标题拟定思路**

题目中给定句子强调了通过种下庄稼来除草，联系到推广阅读来驱赶心灵的荒芜，我们可以提取出"种"和"除"这两个关键动作，以及"阅读"和"心灵荒芜"这两个关键元素，组成标题。

① 乡村，是中华民族的根基，是文明的摇篮。然而，随着社会发展，乡村面临着人口流失、文化凋敝、精神空虚等问题，这片沃土逐渐变得荒芜。推广乡村阅读，正是为乡村这片"精神旷野"除草，种下希望的种子，让它重焕生机。

② 推广乡村阅读势在必行：当前，不少农村地区文化生活较为单调，精神文化需求难以满足，阅读能开阔眼界、陶冶情操、启迪心智，为丰富乡村文化生活提供重要途径。推广乡村阅读切实可行：改革开放以来，我国农村教育事业蓬勃发展，农村居民受教育水平显著提高，为开展农村阅读奠定了群众基础；近年来数字阅读方兴未艾，手机、电脑等数字化阅读载体在农村地区日益普及，为农村阅读提供了便利条件；各级政府高度重视乡村文化建设，实施了"农家书屋"等一系列文化惠民工程，为农村阅读提供了有力保障。

③ 知识是推动社会进步的力量源泉，阅读是获取知识最直接、最经济的途径。对于广大农民而言，阅读能帮助学习农业生产技术、掌握致富奔小康的本领，对农村发展具有直接推动作用。从更深层次看，阅读有助于提升农民综合素质，培育乡村现代文明，改变愚昧落后观念，激发创新创造活力，为乡村全面振兴提供持久动力。因此，乡村阅读关乎农村的长远发展。

④ 推广乡村阅读要具备"硬支撑"，不仅仅要解决"缺书"的问题，更重要的是解决"读书难"的问题。乡村的阅读环境往往较为薄弱，缺乏像城市一样的图书馆、书店等基础设施，更缺少专业人员的引导和推广。仅仅送书下乡，就好比给干涸的土地浇水，表面上看起来滋润了，但缺乏养分，难以长出丰茂的庄稼。因此，我们要建设乡村阅读空间，引进优质的图书资源，开展丰富多彩的阅读

---

**① 开头写作思路**

第一，开篇点明"乡村"的重要地位；第二，转折指出乡村在社会发展过程中所面临的"荒芜"问题；第三，顺承上文引出"用推广乡村阅读解决乡村荒芜问题"，自然引出文章的主题。

**② 段写作思路**

本段重在分析推广乡村阅读的必要性和可行性，分为两个部分：第一部分指出农村地区存在文化生活单调和精神文化需求难以满足的问题，因此有必要推广；第二部分分析改革开放以来乡村教育的发展、近年来乡村文化建设的水平，论证了有条件推广乡村阅读。

**③ 段写作思路**

本段重在分析推广乡村阅读的重要性，开头先点明知识、阅读与社会进步的关联，接着从两个层次进行论证：第一层，阅读对广大农民学技术和致富有直接推动作用；第二层，阅读对提升农民综合素质、激发内生动力等方面有积极作用。最后得出乡村阅读关乎农村长远发展的总结性论断，强化观点。

**④ 段写作思路**

本段的观点是推广乡村阅读要解决"读书难"的问题，即阅读环境的问题。首先对乡村阅读环境薄弱的情况进行阐述，接着通过比喻说明送书下乡的局限性（这个比喻结合了

题干给定句子的语境），最后提出改善阅读环境的具体办法，使论述具有针对性和可操作性。

**⑤段写作思路**

本段的观点是推广乡村阅读要解决如何融入乡村的问题，即阅读内容的问题。通过"例如""又如""此外"分别列举了将阅读与乡村文化传统、风俗习惯、村民日常生活、农业生产需求相结合的具体例子进行论证，最后总结强调这样做的重要性。

**⑥结尾写作思路**

通过总结阅读的益处关联到文章的核心论点，并在此基础上进一步引申，将推广阅读与乡村振兴联系起来，以提升文章的立意和高度。

活动，让阅读成为乡村文化生活中不可或缺的一部分。

⑤ 推广乡村阅读要进行"软融合"，要注重"接地气"，让阅读真正融入乡村。这就意味着将阅读与乡村的文化传统、风俗习惯相结合，与村民的日常生活、农业生产需求相结合。例如，一些乡村有丰富的民间故事和传说，推广阅读时可以选择相关主题的书籍，让村民在阅读中找到熟悉的元素，产生共鸣；又如，在农忙时节可以推出一些与农业生产相关的科普读物，将阅读与他们的生产活动相融合，让阅读成为解决实际问题的工具；此外，许多乡村地区的村民文化水平参差不齐，可以选择一些语言通俗易懂、内容实用的书籍……这样才能让阅读真正成为乡村发展和村民精神富足的有力支撑。

⑥ 读书能够让心灵丰富，读书能够激荡思想，读书能够激发动力，读书能够提升能力……读书，就是在基层群众心中种下满地金黄的庄稼，不仅能为心灵的旷野除草，还能让人们的精神生活全面开花、结出累累硕果，让书香飘满美丽乡村的每一个角落，共同开创乡村振兴的崭新局面。

## 话题4　乡村振兴中的青年人

【2019年河北乡镇】资料5中有"尤其需要勇担当、有作为的青年人顶上来"一句话。请结合给定资料理解这句话，据此确定立意，自拟题目，联系实际，写一篇议论文章。

要求：（1）联系实际，不拘泥于"给定资料"；（2）观点明确，论证有力，层次清楚，语言流畅；（3）不少于1000字。

**思路点拨**

> 题干中给定句子想要表达的立意很清晰：需要勇担当、有作为的青年人。材料中反映的"缺少新型农民""下派干部留不住""村民等靠要"等问题，体现了青年人顶上来的紧迫性。基于此，本文的结构可以围绕"勇担当、有作为的青年人顶上来的必要性和重要性""顶上来面临的挑战""青年人如何敢担当、有作为""如何鼓励和引导青年人投身乡村建设"等角度展开。

 **写作实操**

## 青年担当有为，书写乡村新篇

**标题拟定思路**

紧扣题目给定句子"尤其需要勇担当、有作为的青年人顶上来"，明确关键词为"勇担当"、"有作为"和"青年人"。考虑文章的主题是呼吁青年人在乡村发挥积极作用，将关键词与之进行融合，采用简洁明了且富有号召力的语言，形成标题。

①"全国十佳农民"张凌云，面对质疑坚持回乡创业，带领村民增收致富；全国人大代表程桔，放弃城市工作回村竞选村支书，带领群众就业脱贫……在广袤的农村土地上，活跃着越来越多的青年人，为助力乡村振兴贡献自己的力量。

②近些年来，在乡村振兴战略的推动下，美丽乡村建设如火如荼，不少地方实现了脱贫致富，农村面貌焕然一新。但不容忽视的是，很多村落依然问题突出。农村"空心化"现象严重，宅基地空置、农耕地闲置，很多农民宁愿背井离乡外出打工，也不愿留守在自己的家乡干事创业，驻守在乡村的农民大多谨小慎微、害怕失败，存在"等靠要"等惰性思想，这些是缺乏现代意识和长远眼光的表现。解决这些问题，实施乡村振兴战略，关键在人才，尤其需要勇担当、有作为的青年人。

**①开头写作思路**

通过列举"全国十佳农民"张凌云和全国人大代表程桔这两个具体的人物事例，引出文章主题：青年人在乡村振兴中要有积极作为。

**②段写作思路**

本段重在分析为什么乡村振兴需要勇担当、有作为的青年人。第一，先扬：肯定乡村振兴战略取得的部分成果。第二，后抑：转折阐述当前乡村存在的严重问题。第三，总结：提出解决问题的关键在于勇担当、有作为的青年人，再次强调文章的核心观点。

③ 乡村振兴，需要勇于担当的青年人顶上来。勇于担当，就是要对人民群众有责任心，就是实实在在地把群众放在肩上、放在心里，把和群众一起干事创业当成自己的事业追求。勇于担当就是要对农村发展事业有信心，很多农村的青壮年进了城便不愿返乡，县里下派来的干部住一段时间很快就走，这不应该是农村发展的人才常态。众所周知的"扶贫必须精准，不落一人一户"的感动中国年度人物张渠伟，他不顾疾病缠身，依然坚守在群众中间，依旧坚持在扶贫岗位，把贫困群众的脱贫工作视为自己的生命，这是我们身边把群众放在心上、把农村事业扛在肩上的生动榜样。

④ 乡村振兴，需要有所作为的青年人顶上来。有所作为，就是能够跋山涉水走村串户地深入群众，就是能够答群众疑虑、破群众难题。有所作为，就是要把专业素养、理论知识、发展技能和基层实践相结合，接受实践的检验和锻造，千锤百炼之后转化为服务基层群众的能力。当前，很多基层都有了年轻化的"职业农民"，他们懂生产经营、为农业服务、会科学技术，既下得了田，又上得了网，目标明确、干劲十足，是乡村沃土上涌现的"新把式"。农业要成为有奔头的产业，农村要成为安居乐业的美丽家园，就必须把农民变成有吸引力的职业，而这一职业主力军，非广大青年莫属。

⑤ 广阔天地，大有作为。青年人展示的舞台有很多，但农村一定会是炫目多彩的那一个。"让青年人顶上去"，不能只是一句口号，也不能只对青年人提"勇担当、有作为"的要求。要为广大青年营造良好的农村发展环境，搭建干事创业的平台，不断创新管理与服务保障机制，为青年人提供福利保障、技术指导和政策扶持，要让懂农业、爱农村、爱农民的青年人抓得住机会、树得起信心、看得见希望。

### ③段写作思路

本段重在分析"如何勇于担当"。第一，对"勇于担当"进行阐释，包含对群众有责任心和对农村事业有信心。第二，指出农村人才存在的问题，从反面凸显出勇于担当的重要性和紧迫性。第三，以正面典型直观展示勇于担当的具体表现。

### ④段写作思路

本段重在分析"如何有所作为"。第一，对"有所作为"进行阐释，包括深入群众和服务群众两个方面。第二，列举"职业农民"的例子论证什么是"有作为"。第三，强调农业农村发展对青年人成为职业农民的需求，进一步突出论点。

### ⑤结尾写作思路

第一，通过"广阔天地，大有作为"呼吁青年人去农村。第二，以具体措施谈如何鼓励和引导青年人投身乡村建设。第三，强调这些措施的目的是让青年人在农村抓得住机会、树得起信心、看得见希望，进行积极的展望。

# 话题5 乡村振兴人才队伍建设

【2023年浙江省考B卷】习近平总书记强调，要让愿意留在乡村、建设家乡的人留得安心，让愿意上山下乡、回报乡村的人更有信心，激励各类人才在农村广阔天地大施所能、大展才华、大显身手。结合给定资料，联系农业农村现代化实际，围绕"打造一支强大的乡村振兴人才队伍"主题，自选角度，自拟题目，写一篇议论性文章。

要求：（1）主旨明确，结构完整，思路清晰；（2）内容充实，论述深刻，语言流畅；（3）不拘泥于给定资料；（4）字数1000～1200字。

## 一 思路点拨

题干中要求的主题是"打造一支强大的乡村振兴人才队伍"。习近平总书记的讲话指明了乡村振兴人才队伍建设的方向：要让人才留得安心、更有信心，要让他们在农村大展才华。基于此，本文的结构可以围绕"为什么要打造人才队伍""需要什么样的人才队伍""如何吸引人才、留住人才、用好人才"等角度进行搭建。

## 二 写作实操

### 锻造人才铁军，赋能乡村振兴

**标题拟定思路**

首先，紧扣主题"打造一支强大的乡村振兴人才队伍"，明确文章的核心是强调人才对于乡村振兴的重要性。其次，运用"铁军"这一形象化的表达，突出不仅要吸引人还要留住人。最后，使用"对策＋目标"的对仗形式形成标题。

①党的二十大报告提出"加快建设农业强国"，这是我们党第一次郑重提出如此宏伟的"三农"发展目标。实现这一目标，离不开乡村产业、人才、文化、生态和组织的振兴，而其中最关键就是人才振

**①开头写作思路**

首先，引用"加快建设农业强国"这一宏伟目标，为文章定下背景基调。接着，点明实现这一目标需要乡村各方面的振

兴是其中的关键，以此引出文章主题。

### ②段写作思路

本段重在分析"为什么要锻造乡村振兴的人才队伍"。首先，以问句形式引出论点，即为了书写民族复兴"三农"新篇章；随后，肯定了党在"三农"工作中取得脱贫攻坚战全面胜利的成绩；接着，转折指出还有诸多问题等待解决。最后，强调解决这些问题需要高素质人才队伍的支撑，呼应开头的论点。

### ③段写作思路

本段重在分析"需要什么样的乡村人才队伍"。基本构成包括三个部分：需要哪几类人才、这些人才从何而来、对这些人才有什么要求。

### ④段写作思路

本段重在分析"如何让乡村人才队伍发挥作用"。为了加大论证力度，围绕题干中总书记的要求，从中央层面的党纪、国法、党政联合政策三个角度分析让人才大显身手的保障。

兴。基于此，锻造一支强大的乡村振兴人才队伍，是摆在我们面前的重大战略任务。

②我们为什么要锻造乡村振兴的人才队伍？因为这是书写中华民族伟大复兴"三农"新篇章的历史使命。我们党一直把"三农"工作作为全党工作的重中之重，取得了脱贫攻坚战的全面胜利，现行标准下近1亿农村贫困人口全部脱贫，创造了历史性的减贫奇迹。然而，这并不是"三农"发展的终点，这只是推动乡村振兴、建设农业强国的开局，我们仍然有很长的路要走：发展乡村特色经济有瓶颈，普及智慧农业科技有困难，升级乡村治理有挑战，发展乡村文化有掣肘……这一切都需要一支高素质的人才队伍支撑。

③我们需要一支什么样的人才队伍？结合农业农村发展的现状，从历史发展经验、现实发展需要和未来发展需求出发，根据不同人才队伍的功能定位，农业农村部把农业农村人才划分为主体人才、支撑人才和管理服务人才。这些人才要通过外部引进，也需要内部培养，要熟悉农业、要热爱农村、要认同农民，这样才能有效推进农业农村的可持续发展。

④我们如何让这支人才队伍在建设农业强国的历史使命中大显身手？习近平总书记给出了答案：要让愿意留在乡村、建设家乡的人留得安心，让愿意上山下乡、回报乡村的人更有信心。《中华人民共和国乡村振兴促进法》用"国法"对乡村振兴的人才支撑作出明确规定，《中国共产党农村基层组织工作条例》用"党纪"为加强农业农村人才队伍建设提供了制度和组织保障，《关于加快推进乡村人才振兴的意见》用"党政联合发文"为农业农村人才支持健全政策，引导全社会形成了关注、关心、关爱农业农村人才的浓厚氛围，营造了前所未有的良好环境。

⑤不过，这只是"万里长征"的第一步，要让

外来人才愿意过来、留得下来，要让本地人才参与进来、干得起来，既需要有吸引力的引才条件，也需要看得见的发展机遇，更需要摸得着的福利待遇。对于地方而言，打出"搭建拓展产业发展平台、制定完善教育医疗保障、建立健全教育培训体系"的"组合拳"才是关键。比如：有的地方用百万年薪招聘"农村职业经理人"，让专业的人做专业的事，发展农村产业经济；有的地方通过"全托式一站实地培训"吸引农创青年入驻，培养和孵化青年农民创客，助力农业农村现代化……这些都是农村壮大乡村振兴人才队伍的实践探索。

⑥ 打造一支强大的乡村振兴人才队伍，是一项功在当代、利在千秋的伟大事业。我们要深入学习贯彻习近平总书记关于做好新时代人才工作的重要思想，坚持党管人才原则，以识才的慧眼、爱才的诚意、用才的胆识、容才的雅量、聚才的良方，吸引人才、留住人才、用好人才，为乡村振兴注入源源不断的智慧动能，让广袤乡村成为人才振兴的沃土，让农业强、农村美、农民富的时代画卷徐徐展开。

**⑤段写作思路**

本段顺承上一段中央层面的制度保障，继续分析"吸引外来人才、调动本地人才"的地方性具体办法。首先，明确提出关键在于打出"组合拳"并阐述具体内容；然后，通过两个具体的地方实践案例进行举例论证；最后，总结案例，强化论点。

**⑥结尾写作思路**

首先，紧扣主题，从战略高度、历史维度阐述意义；接着，结合文章内容，总结性地提出实现目标的方法路径；最后，以充满希望的语言展望未来，增强文章的感染力。

## 话题6 乡村建设的"周期律"

【2022年联考】给定资料4中提到，"'村村通'变成了'村村痛'"，"'村村痛'又变成了'村村通'"。从"通"到"痛"，又从"痛"到"通"，这样的变化带给我们很多思考。请深刻理解"给定资料"，联系实际，自选角度，自拟题目，写一篇文章。

要求：（1）观点明确，见解深刻；（2）参考"给定资料"，但不拘泥于"给定资料"；（3）思路清晰，语言流畅；（4）总字数800～1000字。

**思路点拨** ·················································

> 本题题干中最重要的一句话是"从'通'到'痛'，又从'痛'到'通'，这样的变化带给我们很多思考"，其中"这样的变化"又最为关键，这是本篇作文的重点。在给定资料中，"通"与"痛"都是围绕乡村道路展开的，所以这道题目的核心在于理解"村村通"到"村村痛"再到"村村通"的"变化过程"，并从中提炼出对乡村发展的思考。"痛"代表问题，"通"代表问题的解决，从"通"到"痛"，又从"痛"到"通"，这样的"变化过程"告诉我们一个道理：乡村发展的问题总是会阶段性出现，要坚持用发展的办法解决发展中的问题，在不断解决新问题的过程中获得新发展。这就是本文的核心立意。基于此，本文的结构可以围绕"这样的变化是指什么""为什么会有这样的变化""如何在这样的变化之中推动乡村发展"等角度进行搭建。

 **写作实操** ·················································

## 在"通"与"痛"中奏响乡村发展新乐章

**标题拟定思路**

第一，确定主题关键词，如"乡村发展""通与痛""变化"等。第二，运用一些修辞手法或形象的表达将这些关键词串联起来，比如将乡村发展比作一首乐章，表达出在经历"通"与"痛"的过程后，乡村发展将迎来新的美好前景。

**①②开头写作思路**

写作的思路源于题干：首先，通过农村道路的变迁过程引出关于"村村通"变"村村痛"再变回"村村通"的话题，直接呈现出文章要探讨的"关键变化"；之后，直接阐述对这种"变化"的思考，上升到乡村建设规律，点明全文中心思想。

① 泥土路、砂石路、水泥路、沥青路，村村通、组组通、户户通，3米宽、8米宽……这是农村道路的变迁过程，在这不断的改造升级之中，"村村通"变成了"村村痛"，"村村痛"又变成了"村村通"。

② 农村道路从"通"到"痛"，又从"痛"到"通"，深刻诠释了乡村建设背后的"周期律"：发展不平衡、不充分的问题总是会阶段性出现，要坚持用发展的办法解决发展中的问题，在不断解决新问题的过程中获得新发展，才能为农村经济社会发展和农村民生改善提供科学路径和持久动力。

③"村村通"为什么会变成"村村痛"？一个重要的原因是人们的发展需求不断升级变化，道路通了、经济好了、生活富了、需求多了，人们有了私家车、小货车，人们需要做生意、运货物，原来的路自然就会变窄。另一个重要的原因是疏于管护，道路坑坑洼洼、颠簸不停导致通行不畅通、出行不便利，原本畅通的道路就成了人们的"痛点"。以此类推，在乡村建设的其他领域，如果不能及时觉察和顺应农村不断变化的发展趋势，如果不能及时掌握和满足群众不断变化的发展需求，农村建设发展的弱点就会越来越多，农村群众的痛感就会越来越强。

③段写作思路

本段重在分析"为什么会发生从'通'到'痛'的变化"。论证思路是从"具体事例"到"普遍道理"，通过简要分析道路带来的"痛点"变化，类推到乡村建设的其他领域。

④"村村痛"为什么又能变成"村村通"？因为有问题意识、有群众意识，能够把一切工作都落实到为群众解决实际问题上。当发现群众因道路痛点引发一系列问题和矛盾时，迅速启动道路升级改造工程，及时满足了群众的新的生活需求、就业需求和发展需求，把路修到了群众心里。说到底：乡村建设不是一事，而是事事；不是一时，而是时时。要在发展的过程中及时发现新问题、统筹分析新问题、落实解决新问题，既要尊重规律、科学谋划，更要坚持不懈、一抓到底。只要我们能够坚持久久为功、持续发力，乡村建设就能不断迈上高质量发展新台阶。

④段写作思路

本段重在分析"为什么会发生从'痛'到'通'的变化"。论证思路依旧是从"具体事例"到"普遍道理"，通过简要分析解决道路"痛点"的过程，类推到乡村建设应该坚持的理念。

⑤乡村道路从"通"到"痛"，又从"痛"到"通"，这样的变化启示我们：乡村建设没有一劳永逸，要一个问题一个问题解决，要一个阶段一个阶段发展。当前，我们正处于巩固拓展脱贫攻坚成果同乡村振兴有效衔接的关键时期，"产业兴旺、生态宜居、乡风文明、治理有效、生活富裕"的每一个方面，都会经历"曲折向前""螺旋上升"的过程，在这些周期内会出现各种各样的新问题、新情况。这就要求我们既要立足长远着眼大目标，又要脚踏实地落实小阶段，只有这样才能为乡村振兴不断提供充沛的新动能。

⑤段写作思路

前文分别分析了从"通"到"痛"、从"痛"到"通"的启发，本段重在谈整体启示。论证结合了当前所处关键时期的乡村实际，结论落脚在了如何在发展过程中应对新情况、解决新问题。

**⑥结尾写作思路**

第一，结合题目进行总结，再次强调这种变化的启示。第二，展望未来，强调这一启示的重要性。

⑥ 从"村村通"到"村村痛"，再回归"村村通"，这一曲折历程犹如一面镜子，映照出乡村发展的波澜起伏。在乡村振兴的漫漫征程中，我们应牢记这一变化带来的深刻启示，以发展的眼光看待问题，以积极的行动解决问题。唯有如此，我们才能在乡村发展的道路上稳步前行，书写出新时代乡村振兴的壮丽篇章。

## 话题7　乡村的"变"与"不变"

【2020年联考】给定资料5中提到村民眼中的"变"和小孙心中的"不变"，根据你对此的理解，围绕"变与不变"，联系实际，自拟题目，写一篇文章。

要求：（1）自选角度，立意明确；（2）思路清晰，语言流畅；（3）参考给定资料，但不拘泥于给定资料；（4）总字数1000～1200字。

### 一　思路点拨

根据给定资料，村民眼中的"变"，强调的是乡村在党的领导下、在党员干部的努力下发生的积极变化，比如脱贫攻坚、乡村振兴的成果；小孙心中的"不变"是指共产党员的信念和情怀。题干要求围绕"变与不变"这一话题写文章，所以，除了分别分析"变"和"不变"，也要分析一下两者的关系，即：不变的信念和情怀是推动乡村变化的动力源泉，乡村的变化又进一步坚定了共产党员的信念和情怀。所以，本文的结构也就比较清晰了：变、不变、两者关系。

### 二　写作实操

#### 不变成就巨变，巨变坚定不变

**标题拟定思路**

围绕村民眼中的"变"与小孙心中的"不变"来进行构思，同时突出两者之间的相互作用。

① 历史的画卷，总是在砥砺前行中铺展；时代的华章，总是在继往开来中谱写。历经艰苦奋斗，我们取得了脱贫攻坚战的全面胜利，现行标准下近1亿农村贫困人口全部脱贫，创造了人类减贫史上的奇迹。站在新的历史起点上，乡村振兴的号角已经吹响，我们又踏上了新的征程，向着更加美好的未来进发。在这样特殊的历史节点上，中国农村发展正在"变与不变"之中步入一个全新的时代。

② 乡村发展之变，是农业、农村的不断变化。过去的乡村"四大皆空"：袋子空，家里空，寨子空，精神空。在精准扶贫等一系列政策的推动下，农村的活力被激发，农民的钱袋子鼓起来了，农民的家里富裕起来了，农村的产业兴旺起来了，乡亲们的精神富足起来了。乡村发展之变也是发展思路的不断变化，党的"三农"政策在不同的历史时期、面对不同的历史问题都在因地制宜、因时制宜，制度体系在与时俱进中不断摸索前进，为乡村振兴保驾护航。人们的思想也在不断变化，他们不再只是"靠天吃饭"，他们有机遇、有动力、有干劲、有思想、有梦想，在农村的广阔天地尽情施展拳脚、大展宏图。在外部扶持与内生动力的有机结合下，乡村交通出行、医疗教育、住房社保等民生领域工作不断改善，农民的幸福感、获得感不断提升，综合素质和思想境界也在不断增强。

③ 精准脱贫和乡村振兴的道路上，有荆棘丛生的困难挫折，也有充满变化的辉煌成就，但是我们能够在变化的时代中发现那些稳定的不变——我们党始终如一的改革初心和一心为民的信念情怀。我们党以人为本的发展理念不会变：中国共产党既有不断实现人民对美好生活向往的使命，也有激发广大农村群众对自身美好生活的不懈追求，乡村振兴的出发点是农民，落脚点也是农民，所有的"三农"政策都会紧紧

**① 开头写作思路**

第一，大背景铺垫：以"历史的画卷"和"时代的华章"开篇，将文章置于广阔的历史和时代背景下，提升了文章的格局。第二，小背景切入：提及脱贫攻坚战的全面胜利和乡村振兴，为引出乡村发展中"变与不变"的主题做铺垫。第三，引出主题：明确在这个特殊历史节点上，中国农村发展处于"变与不变"之中，自然地引出文章的核心主题。

**② 段写作思路**

本段主要论述了乡村发展的巨大变化，以及这种变化背后的推动力。论证主要分为三层。第一层，由表及里：先从乡村物质和精神层面的变化入手，展现乡村发展的显著成果。第二层，追根溯源：深入分析变化背后的原因，指出政策支持、发展思路转变、制度保障和农民自身努力缺一不可。第三层，展望未来：通过描述乡村发展带来的积极影响，暗示乡村振兴的未来充满希望。

**③ 段写作思路**

本段重在分析乡村发展变化中的"不变"。从两个方面进行论证：第一，强调"以人为本"的发展理念，指出乡村振兴要始终把农民的利益放在首位。第二，强调"锐意改革"的精神信念，指出改革创新是克服困难、推动乡村发展的关键。

④段写作思路

本段重在分析"变与不变"的关系。论证思路为：第一，强调"不变的初心"和"不变的信念"是乡村改变成就的根本保障。第二，指出"改变的风貌"和"求变的思路"是对"不变"的最好印证。第三，展望继续推动乡村发展的美好前景。

⑤结尾写作思路

第一，呼应主题：以"时代在变，初心不变"呼应文章"变与不变"的主题。第二，总结现状：用"全面小康社会的成色"和"社会主义农村现代化的质量"总结中国乡村发展取得的成就，并将其归因于"变与不变"的辩证法。第三，展望未来：表达中国农村必将取得更大成就的坚定信心，使文章更具感召力。

围绕广大农村群众的所思所想、所需所求。我们党锐意改革的精神信念不会变：在乡村发展成就的另一面，还有很多风险和不确定因素，克服已知的困难、迎接未知的挑战都离不开改革的勇气和创新的精神，这是推动乡村发展的精神支柱。

④ 不变的初心铸就了不断变化的成就，不变的信念推动着不断发展的乡村事业，这是一代又一代"三农"事业的开拓者和奋斗者们用专业、责任、奉献甚至牺牲换来的辉煌；改变的风貌会坚定不变的情怀，求变的思路在印证不变的信念，中国乡村发展的辉煌成就和宝贵经验证明了我们选择的道路是正确的、制定的战略是准确的、实施的政策是精确的。我们党也会继续带领广大农村群众积极投身于农业农村的发展之中，激发乡村发展的无限生机与活力。

⑤ 时代在变，初心不变。在这变与不变的辩证法之中，我们见证着全面小康社会的成色和社会主义农村现代化的质量，相信在全面实施乡村振兴战略的征程中，我们一定可以不断谱写新时代中国农村发展的全新篇章！

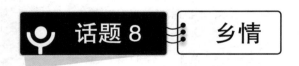

话题8 乡情

【2018年江苏省考C卷】根据你对"给定资料8"中画线句子的理解，以"乡情是心中永难割舍的牵挂"为主题，联系实际，自拟标题，写一篇议论文。

要求：（1）观点明确，见解深刻，内容充实；（2）结合给定资料，但不拘泥于给定资料；（3）思路清晰，结构完整，语言流畅；（4）符合议论文写作要求，篇幅1000字左右。

**思路点拨**

> 根据题目，文章的主题是：乡情是永难割舍的牵挂。给定资料中的画线句子是：因乡情而渴望归来，因机遇而选择留下，因"落地归根"而获得更多幸福。给定资料中还提到："通过发挥地缘、人缘、血缘优势，利用乡情、亲情、友情资源，乡土人才回乡创业，奉献自己的聪明才智，带领乡亲致富，已经成为一股新的热潮，归乡者的爱乡护乡之情正成就着乡村的美好。"
>
> 从"归来""留下""落地归根"这些词语也可以看出，这里隐含着一个关键主体：乡土人才。把乡土人才和乡村关联起来的因素就是"乡情"。所以，本文的立意就比较清晰了：乡情在让更多人关注和参与乡村建设的过程中，具有重要价值。
>
> 本文的结构可以直接结合画线句子进行搭建："什么是乡情""因乡情而渴望归来""因机遇而选择留下""因落地归根而获得更多幸福""如何激发或者赋能乡情"。

 **写作实操**

## 情牵故土，筑梦乡村

**标题拟定思路**

根据文章立意，"乡情"和"乡村建设"是两个重点关键词，所以在题目中将两者进行关联即可。比如"情牵故土，逐梦乡村""乡情在，乡土兴""故土情深，乡村焕彩""以乡情为帆，启乡村新航"等。

①创业何处不圆梦？游子归来是乡情。是什么力量，催动了返乡创业的热潮？是什么力量，坚定了常驻故里的决心？是什么力量，绽放了落地归根的幸福？是乡情。

②乡情是地域的情感联结，是家乡的一山一水一棵树、一砖一瓦一条街；乡情是人文的情感纽带，是与家乡亲人、朋友、邻里之间的情感回忆；乡情是心理的精神寄托，是家乡独特的文化传统、风俗习惯和

**①开头写作思路**

首句点题，归乡创业是因为乡情；结合题干画线句子中的"归来""留下""落地归根"提出三个设问，并再次点题。

②**段写作思路**

重点解释了什么是"乡情"，从地域、人文、心理和责任等四个维度进行了阐释，并落脚到乡情与家乡之间的纽带关联，为下文几个分论点角度做铺垫。

③**段写作思路**

重点分析乡情能吸引人才返乡。第一，阐释"乡情"的双重性，即离乡的无奈与返乡的渴望。第二，举例说明各行各业的人们返乡创业的现象，并分析返乡的原因。第三，总结句，与开头的第一个设问呼应。

④**段写作思路**

重点分析机遇能留住人才。第一，承接上文，指出除了"情感引力"，还有"大好机遇"。第二，从多方面具体阐述乡村发展的新机遇。第三，总结句，与开头的第二个设问相呼应。

⑤**段写作思路**

重点分析落地归根的幸福感以及政府的支持是乡土人才返乡创业的重要保障。第一，从正面阐述"落地归根"的幸福感来源。第二，从反面指出返乡创业道路的曲折艰辛。第三，强调政府改革措施和激励政策为返乡创业者带来的希望和信心。

价值观念；乡情是内心的责任使命，是希望家乡变得更好、希望家乡人民过得更好的朴素情怀……总而言之，乡情是一种复杂而深刻的情感，它根植于我们的内心深处，既是温暖的回忆，也是前进的动力，更是我们与家乡之间不可分割的纽带。

③ 乡土人才因浓郁乡情渴望归来。乡情是一种奇妙的"情感引力"，一边是离乡、望乡的无奈和感伤，一边是返乡、守乡的坚定与渴望。近些年来，无论外出务工的乡亲，还是离乡创业的老板，无论在外求学的学子，还是他乡就职的干部，都接连踏上了返乡创业的归程。因为他们在乡土都有根有叶、有牵有挂，有天然的联系纽带，他们的返乡创业不同于外来的商业资本，有不一样的利益诉求和不一样的乡土情怀。正是这种力量，催动了人们返乡创业的热潮。

④ 乡土人才因大好机遇选择留下。除了"情感引力"，故乡还有新时代的大好机遇：城乡结构调整的过程中，由城市到农村的流动格局开始形成；这里不愿背井离乡、心系家庭的剩余劳动力正在形成新的人口红利，全新的产业技术组合在农村的生产力革新将发生质的飞跃；优美的自然风光和乡土优势是农村不可多得的地理资源，悠久的古树民宅和农业传统是乡村历久弥新的文化资源……面对日益增长的对美好生活的需求，这里是"天然的供给侧"。正是这种力量，坚定了人们常驻故里的决心。

⑤ 乡土人才因落地归根倍感幸福。家乡的土，是游子的根，家乡有浓浓的不改乡音，家乡有美丽的一草一木，家乡有清晰的儿时记忆，家乡有亲切的老人孩子……一句"过得不好就回家吧"所带来的幸福感，只有离开家乡、渴望家乡的人才能体会到其中的幸福感。正是这种力量，绽放了落地归根的幸福。然而，不能回避的是，返乡创业道路曲折而艰辛，申请企业用地、开通融资渠道、培训创业技能、保障相关

权益，哪一项都有绕不过去的难关。令人鼓舞的是，政府改革在提速、简政放权在深入，新的系列激励政策也在出台，这都将给返乡创业的人们带来更为充足的自信。

⑥"月亮高高挂在了天上，为回家的人照着亮……"一首《月光》道出了乡外游子对故乡的思念与渴望。每一份情愫，都可以成为返乡的理由，更何况是难以割舍的乡情；每一片天地，都应该拥有圆梦的机会，更何况是大有可为的乡村。

**⑥结尾写作思路**

第一，引用思乡的歌词回扣"乡情"的主题。第二，通过两个对仗句式，将"乡情"和"返乡创业"再次关联，表达对乡村发展的期许，升华主题。

# 考点点拨

从近些年的真题来看，"三农"类主题的作文，主要有以下考查角度。第一，乡村振兴战略：聚焦于乡村振兴战略中产业兴旺、生态宜居、乡风文明等方面的目标，探讨乡村各领域的发展（2022年联考"穷帽子、老样子、好根子"，2021年联考"乡村精神文明建设"）。第二，数字乡村建设：聚焦乡村在数字化时代的发展机遇，探讨数字乡村建设对乡村现代化的推动，包括数字技术在农业生产、乡村治理、农民生活等方面的应用（2022年联考"数字乡村建设"）。第三，乡村人才：聚焦乡村人才，探讨建设多元化、高素质的人才队伍，助力乡村振兴（2019年河北乡镇"乡村青年人才"、2023年浙江省考B卷"乡村振兴人才队伍"）。第四，乡村建设的规律：聚焦乡村发展过程中的问题与解决之道，强调要以发展的眼光看待乡村建设中的问题，不断探索解决问题的方法（2022年联考"乡村建设'周期律'"）。第五，乡村建设的内在动力和价值追求：聚焦乡村在经济、社会等方面的积极变化，探讨基层党员干部的信念和情怀在乡村建设中的作用（2020年联考"乡村的'变'与'不变'"）。第六，乡村建设的乡愁情愫：聚焦乡村发展中的人文因素和情感纽带，探讨乡情在吸引乡土人才回归、参与乡村建设中的重要作用（2018年江苏省考C卷"乡情"）。

　　此外，结合当前社会热点，以下话题也建议大家关注一下。第一，乡村产业融合发展：聚焦农业的多功能性，探讨乡村旅游、农村电商、农产品加工等产业融合，推动乡村经济发展。第二，乡村治理体系建设：聚焦构建共建共治共享的乡村治理格局，探讨乡村治理的新模式、基层党组织在乡村治理中的作用、村民自治的有效途径、乡村法治建设等。第三，巩固拓展脱贫攻坚成果与乡村振兴有效衔接：聚焦乡村振兴，探讨如何实现脱贫攻坚与乡村振兴在政策、产业、人才等方面的衔接。第四，新型职业农民培育：聚焦新型职业农民的内涵、培育途径、政策支持等，探讨其在乡村产业发展、农业现代化建设中的作用。

# 第十五章

# 行政执法

**话题 1** 行政执法的"力""理""利"

【2024 年国考执法卷】请根据给定资料 5，围绕行政执法工作中的"力""理""利"进行深入思考，联系实际，自拟题目，写一篇文章。

要求：（1）观点明确，见解深刻；（2）参考"给定资料"，但不拘泥于"给定资料"；（3）思路清晰，语言流畅；（4）总字数 1000～1200 字。

## 一 思路点拨

根据题干要求思考的内容，这篇文章要围绕行政执法工作的"力""理""利"三方面展开，强调这些要素在行政执法工作中的重要性及其相互关系。其中，对这三个要素的理解是本文破题的关键。"力"强调执法中的政府公信力，公信力的提高需要内外监督的合力；"理"强调执法中的事理、法理和情理；"利"强调行政执法工作的根本目的是维护人民群众的利益，营造公平正义的法治氛围，树立全社会的法治信仰。据此，可以将这三个角度确定为本文的分论点。

## 二 写作实操

### 念好行政执法的"三字真经"

**标题拟定思路**

题干要求中有三个核心关键词，因此可采用"念好……'三字真经'"的形式。

**①开头写作思路**

通过行政执法的任务和重要性引出核心观点。三个任务按照"国家法规、政府治理、经济社会"逐步细化，三个重要性按照"政府建设、人民利益、法治精神"逐步升华，每一层的内容都显得重要且紧密相连。

① 行政执法是行政机关践行国家法律法规、履行政府治理职能、管理经济社会事务的重要方式，关系到法治政府建设、关系到人民群众的利益、关系到法治精神的信仰，提升执行执法质量和效能，必须念好"力""理""利"的"三字真经"。

② 行政执法工作的"力"，涉及政府公信力，而政府公信力的提高，又需要用好"内力"和"外力"。"内力"就是来自政府的内部监督，通过加大对行政执法行为的监督检查力度，以此加强内部震慑之力；"外力"就是来自社会的外部监督，通过执法信息公开透明提升公众参与度，以此加强外部约束之力。2023年9月，国务院办公厅发布了《提升行政执法质量三年行动计划（2023—2025年）》，针对严格规范公正文明执法、构建行政执法协调监督工作体系、健全行政执法和行政执法监督科技保障体系等部署了重点工作任务，为"如何让执法过程全程可追溯"指明了科技化方向，为"如何约束行政自由裁量权"明确了制度化方向，为如何监管"人情、关系等潜在规则""执法不严、有法不依等显性行为"严格了具体化措施。只有合内外之力，才能让政府常树公信之力，才能让执法人员干得好、让人民群众信得过。

③ 行政执法工作的"理"，是指在执法过程中要讲清事理、法理、情理。所谓讲事理，就是要通过查摆事实的方式提供执法认定的证据；所谓讲法理，就是要通过解释法律的方式提供执法决定的依据；所谓讲情理，就是要通过换位思考的方式找到柔性执法的根据。比如，一些企业经常会因为无心之举犯一些"宣传用语不准、台账记录不全"等小错，稍不留神就会"触法"。一旦被罚，不仅面临经济损失，还会被列入失信名单，一些抗风险能力弱的中小企业就可能因此一蹶不振。一些地方针对这些情况，发布了"不予实施行政强制措施"清单，对轻微违法实行"柔性监管"，变"一刀修"为"边修边扶"。这样的执法既有精度，也有温度，便是"释法明理、法理相融"的执法理念在具体实践中的现实缩影。

④ 行政执法工作的"利"，是维护好广大人民群

② 段写作思路

第一，对分论点核心关键词的阐释：首先界定了"力"的基本含义，即政府公信力，然后进一步说明通过内部监督和外部监督促进公信力的形成，并在措辞上使用"内力"和"外力"，丰富了"力"的内涵。第二，以具体化实例进行论证：引入具体的政策案例——《提升行政执法质量三年行动计划》，详细论述了政策如何支持执法的透明度和监督效率。第三，总结回扣分论点：最后总结了内外力合作的重要性，指出这种合作能够提升公信力，保障执法人员的行动效果和公众的信任感。

③ 段写作思路

第一，对分论点核心关键词的阐释：首先界定了"理"的基本含义，即事理、法理、情理，然后逐一进行解释，并在措辞上使用"通过特定方式确定执法证据、依据、根据"的形式，具象化了"理"的内涵，同时让语言表达更加精准和工整。第二，以具体化实例进行论证：引入具体的执法案例——对轻微违法不予实施行政强制措施，详细论述了"柔性监管"中如何"讲理"。第三，结合案例回扣分论点：最后总结出"释法明理、法理相融"的执法理念，形成了完整的思路闭环。

众的根本利益，是为全社会营造公平正义的法治氛围，是在全社会树立尊法、学法、守法、用法的法治信仰。古语有云："其身正，不令而行；其身不正，虽令不从。"如果行政执法工作可以令行禁止、一起从人民利益出发，法律在实践中的执行就能够畅通无阻；如果执法者不尊法、不学法、不守法、不用法，群众就会指摘、效仿，形成不正确的法律意识，甚至出现更为过激的违法行为。因此，必须让执法者成为群众的"法之典范"，只要我们这支队伍可以做到公正廉明、执法为民、敢于担当，切实保障人民群众的合法权益，就一定可以营造出更加公开透明、规范有序、公平高效的法治环境，在全社会构建起崇尚法治的氛围。

⑤念好行政执法的"三字真经"，必须厘清"力""理""利"的关系："力"是"理"和"利"的关键，力足则理顺、则利至；"理"是"力"和"利"的保障，有理就能有力，也会有利；"利"是"理"和"力"的目的，以利为根本，理自然会公正，力自然能公信。如此，法治政府建设一定可以再上新的台阶。

### ④段写作思路

第一，对分论点核心关键词的阐释：直接点明"利"的内涵，即维护人民利益、营造法治氛围、树立法治信仰。第二，说理论证：围绕"如何保证行政执法的利"进行论证，从"执法者率先垂范"的对策角度给出建议。第三，结合案例回扣分论点：通过人民利益、法治环境、法治氛围逐步回扣到本段论点，完成总结。

### ⑤结尾写作思路

以"力""理""利"三者的关系总结作为结尾，既能保证形式结构的完整，也能保证内容逻辑的完整（如果遇到类似两个或三个有关联的核心关键词，建议在文章中进行适当的"关系分析"，确保论点的全面性）。

## 话题 2　智慧执法、创新执法

【2024年江苏省考 B 卷】请结合你对"给定资料 7"中"用智慧给执法'加分'，以创新促执法'乘效'"这句话的理解，联系实际，写一篇文章。

要求：（1）自选角度，自拟标题；（2）参考给定资料，不拘于给定资料；（3）观点明确，内容充实，结构完整；（4）篇幅 1000 字左右。

**思路点拨**

> 　　根据题干给定句子"用智慧给执法'加分'，以创新促执法'乘效'"，本文立意很清晰，是通过"智慧"和"创新"两个关键要素提升行政执法质量和效能。其中，对"智慧"和"创新"的理解是破题的关键。这篇文章有一个"陷阱"，很容易把"智慧"等于"创新"，实际上"智慧"只是"创新"的其中之一，即科技创新。"创新"是指包括科技、制度、方式等一系列执法理念和方法的创新。
>
> 　　题干给定句子中"用智慧给执法'加分'""以创新促执法'乘效'"可以直接作文本文的主要分论点。也可以在这两个分论点之前加上一段，简要分析"当前执法面临哪些问题需要用智慧和创新来解决"。或者，在这两个分论点之后加上一段，提出"实现智慧执法和创新执法"的对策建议。

 **写作实操**

## 为执法插上"隐形的翅膀"

**标题拟定思路**

　　"执法"是本文的出发点，"智慧"和"创新"是本文的两个重点，"加分"和"乘效"是两个落脚点，基于此，使用比喻手法将标题确定为"为执法插上'隐形的翅膀'"。"翅膀"一般是一对，既能体现两个重点，也能形象地表达出给执法带来"飞跃"。

　　① 法治政府和法治社会的建设关系到人民群众的幸福生活和经济社会的高质量发展，行政执法又是这个过程中的"最后一公里"。随着我国法治建设的不断推进，行政执法工作也面临着越来越多的挑战。这就要求在建立健全行政执法机构运行规范、进一步提升执法人员全面素质的基础上，用智慧给执法"加分"，以创新促执法"乘效"，为行政执法插上"隐形的翅膀"。

　　② 用智慧给执法"加分"，就是要充分利用现代科技手段和信息化技术，为行政执法插上"智慧的翅膀"。在当今时代，以互联网、大数据、人工智能等

**①开头写作思路**

　　整体思路分为四步，逻辑逐步缩小聚焦到主题论点。第一，设定背景：通过法治政府和法治社会的建设，设定一个宏观背景。第二，指出关键环节：通过"最后一公里"把重点从宏观的法治建设聚焦到了行政执法。第三，提出挑战：以此为转折，为接下来讨论解决方案做铺垫。第四，引出解决方案：引出并点明了题干中的主旨句。

## ②段写作思路

第一，对分论点中核心关键词的阐释：直接点明"智慧"的内涵，即现代科技手段和信息化技术。第二，举例论证：首先列举了互联网、大数据、人工智能等普适性案例，对科技手段作出进一步说明；然后列举无人机空中侦察、电子监控地面监管、大数据分析案情研判等具体案例进行翔实论证。第三，结合案例回扣分论点：通过提高执法效率、降低执法成本、提升执法透明度和公信力等总结了这些智慧执法手段带来的正面效果。

## ③段写作思路

第一，对分论点核心关键词的阐释：直接点明"创新"的内涵，即更新优化执法理念和方式方法。第二，道理论证：指出创新既包括技术层面的创新，也涵盖制度和管理层面的创新。第三，举例论证：列举"针对新兴领域问题完善制度""针对复杂问题加强协同治理"等案例进行翔实论证。

## ④段写作思路

第一，亮观点：聚焦于实现智慧执法和创新执法的必要条件，强调了要建立健全机构运行规范和提升执法人员素质。第二，详细探讨具体措施：举例说明（完善行政裁量权基准制度）如何健全行政执法机构运行规范；详细展开通过何种方式、在哪些方面提高执法人员素质。第三，做总结：在总结中指向了智慧执法和创新执法的终极目的——服务于民。

为代表的科技创新日新月异，为行政执法工作提供了强大的技术支持。空中侦察的"隐形翅膀"，利用无人机等技术，可以对广阔或难以到达的地区进行有效监察；地面监管的"火眼金睛"，通过安装监控设备和分析软件，能够迅速辨识违法行为并及时响应；案情研判的"最强大脑"，利用大数据分析，能够精准预测和分析执法领域的风险点，为决策提供科学依据……这些智慧执法手段不仅提高了执法效率，降低了执法成本，还提升了执法的透明度和公信力，从而为行政执法工作增加了额外的分数。

③ 以创新促执法"乘效"，就是要不断更新优化执法理念和方式方法，为行政执法插上"创新的翅膀"。创新是推动行政执法不断向前发展的动力，它不仅体现在技术层面，也体现在制度和管理层面。例如，针对新兴领域的治理，法律法规需要与时俱进地进行修订或制定，以适应新形势的要求；针对复杂问题的治理，可以探索建立跨部门协作机制，实现资源共享和执法协同……通过这些创新措施，可以实现行政执法工作效能的倍增，从而为群众带来更加切实的利益保障。

④ 要实现智慧执法和创新执法的有效结合，必须在建立健全行政执法机构运行规范、进一步提升执法人员全面素质的基础上着手。这意味着要制定完善的执法程序、执法标准和操作指南，确保每一步执法都合法合规，例如行政裁量权基准制度的完善，就是既给了创新的"如意棒"，也戴了执法的"紧箍咒"；同时，还需要通过培训和教育，提升执法人员对新技术的掌握能力和应用水平、对新制度的理解和运用能力等，确保他们能够适应智慧执法和创新执法的要求。只有这样，才能保证智慧与创新在行政执法中的有效落地，真正实现为民服务的宗旨。

⑤作为法治政府和法治社会建设的"最后一公里"，提升行政执法质量和效能这条路很关键，也很漫长。只有插上智慧和创新的"翅膀"，才能真正为人民群众的幸福生活和经济社会的高质量发展保驾护航。

**⑤结尾写作思路**

采用总结升华的写作思路，旨在强调提升行政执法质量和效能的重要性、艰巨性。指出智慧和创新在这一过程中的关键作用，并将重要性提升到了"人民群众的幸福生活和经济社会的高质量发展"的高度，而不仅仅局限于执法本身的效果，这样也能扣到题干给定句子中的"加分"和"乘效"，做到首尾呼应。

## 话题3　良性互动

【2023年江苏省考B卷】党的二十大报告强调了法治建设的重要性，请你结合对"给定资料6"中画线句子的理解，围绕"行政执法谋善治，良性互动开新局"这一主题，联系实际，写一篇文章。

要求：（1）自选角度，自拟标题；（2）参考给定资料，不拘于给定资料；（3）观点明确，内容充实，结构完整，语言流畅；（4）篇幅1000字左右。

## 一　思路点拨

题干中要求的主题是"行政执法谋善治，良性互动开新局"；材料中的画线句子是："行政执法，不是简单的管与被管，执法者和被执法者只有相向而行、良性互动，才能不断开创善管善治的新局面。"据此可见，"开创善管善治的新局面"是行政执法的目标，"相向而行、良性互动"是开创这一局面的前提条件或实现方式。因此，本文的核心立意是：执法者和被执法者只有相向而行，良性互动，才能不断开创善管善治的新局面。

本文的结构搭建可以有多种选择。比如，可以直接把"相向而行"和"良性互动"作为两个核心分论点角度，重点分析行政执法的基础共识（相向而行）和创新方向（良性互动），也可以在此基础上加入"当前执法中存在简单的管与被管的问题"这一分析角度。

## 二 写作实操

## 行政执法的善治"密码"

### 标题拟定思路

根据主题思想"行政执法谋善治，良性互动开新局"，可以提炼出"行政执法""善治""良性互动"等关键词，从中选取组合即可命制出一个扣题的标题。比如"良性互动——行政执法的和谐旋律""以良性互动开辟执法善治之路""行政执法的善治'密码'"等。

### ①开头写作思路

第一，指出加强法治的重要性，为后续做铺垫。第二，通过"徒法不足以自行"的转折，引出行政执法的重要作用。第三，通过"不是……而是……"的对比写法，引出行政执法的本质是"与群众相向而行、良性互动"，点明文章主旨。

### ②段写作思路

第一，明确论点：直接指出"相向而行，应成为行政执法的基础共识"。第二，解释内涵：通过搭建"人民群众奋斗的方向"和"行政执法的目的"之间的契合点，解释"相向而行"的含义。第三，正反举例：先是列举行政执法的负面例子，并分析这些行为伤害群众的本质；随后列举地方执法的正面例子，并总结出这是文明为民的样板。第四，回扣结论：最后强调执法为民是执法工作的出发点和落脚点，点明人民群众发展和行政执法共同的方向。

① 法治，是国家安全、社会安定、人民安宁的重要基石。但"徒法不足以自行"，行政执法是把法律从"纸张"变为"行动"的保障，这是建设法治社会、法治中国的关键，也是保障人民幸福安康的根本。有一个道理必须搞清楚：行政执法，不是简单的管与被管，而是要携手共同开创善管善治的新局面，用行政执法谋善治的"密码"也非常简单，那就是执法者与人民群众既要相向而行，又要良性互动。

② 相向而行，应成为行政执法的基础共识。人民群众奋斗的方向是什么？是幸福安定的生活。行政执法的目的是什么？是为群众幸福安定的生活营造良好的法治环境。这便是"相向而行"。然而，在一些地方的行政执法过程中不乏这样的乱象：为了达到地方政府的环保标准，强制宰杀养殖户的家禽牲畜；为了打造整齐划一的街面，强制街道店铺更换一模一样的店面招牌；为了追求秩序整洁的城市，强制驱赶小摊小贩……这是"一刀切"的执法在偷工，这是庸政懒政的思想在作祟，伤害了人民群众的情感，背离了执法为民的本质，于群众无利，于执法者无益。不过，也有一些正面的执法典范：在山东淄博、河南许昌，城管执法人员面对摆摊商贩不驱不赶，而是帮助提醒、维护秩序，一时间引发了网友的纷纷"点赞"，让人们看到了文明城市的现实"样板"。因此，执法

为民是执法者应该一以贯之的执法理念，在推进社会治理和完善社会服务的过程中，实现好、维护好、发展好最广大人民的根本利益，是执法工作的根本出发点和落脚点，这才是人民群众发展和行政执法共同的方向。

③良性互动，应成为行政执法的创新方向。良性互动有三层内涵。第一层是要取得人民群众认同。其判定标准是：是否有助于强化公民、法人或者其他组织等对哪些行为合法、哪些不合法的共同认识，是否有助于维护法律和执法者的权威和公信力。也就是说，行政执法不仅仅是开一张罚单那么简单，而要在执法过程中完成"让群众明确哪里违法、如何整改、怎样避免"等普法教育。第二层是行政执法要接受人民群众监督。自媒体环境下，执法人员的一举一动都在人民群众的注视之下，执法队伍要适应这样的新常态，敢于面对监督、乐于接受监督，才能让执法行为更规范、更文明、更人性。第三层是行政执法要发动人民群众参与。有的地方借力外卖小哥监督食品安全，有的地方借力"随手拍"监督交通违法，有的地方借力人民群众发现不稳定社会因素和违法违规行为，"安全监督志愿者""社会维稳志愿者"等群防群治的治理方式在很多地方成为新常态……如何面对群众、服务群众、发动群众，是行政执法者必须面对的深刻命题，这关系着社会运行的稳定与秩序，也连接着人民群众的诉求与期待。

④"善治须达情，达情始近人"，只要能够与人民群众相向而行、良性互动，就一定可以开好善治新局、谋好为民新篇！

**③段写作思路**

第一，提出论点：段首点明"良性互动，应成为行政执法的创新方向"这一核心观点。第二，解释内涵：从"面对群众、服务群众、发动群众"三个层面解释，即通过"取得人民群众认同、接受人民群众监督、发动人民群众参与"逐步深入对"良性互动"的解读。第三，总结升华：因为本段重点是通过"良性互动"展开论证，所以最后以"良性互动的重要性"作为总结。

**④结尾写作思路**

第一，引用一句与"执法善治"有关的富有哲理的话（文中引语源于清代唐甄的《潜书·抑尊》），增添文章的文采。第二，强调关键＋展望未来：重申前文重点论述的两个关键要点，升华到"开好善治新局"和"谋好为民新篇"的高度，这样不仅可以强化文章主题，也能使结尾具有较强的感染力和号召力。

**话题4** ┊ **行政执法队伍建设**

【2022年江苏省考B卷】请结合你对"给定资料7"中"'徒法不足以自行'，高素养的行政执法队伍是从'有法可依'走向'良法善治'的可靠保障"这句话的理解，联系实际，写一篇文章。

要求：（1）自选角度，自拟标题；（2）参考给定资料，不拘于给定资料；（3）观点明确，内容充实，结构完整，语言流畅；（4）篇幅1000字左右。

## 一 思路点拨

"徒法不足以自行"意思是仅有法律条文是不够的，法律不会自动施行。"有法可依"只是法治的基础，意味着有完善的法律体系可供遵循；而"良法善治"则是更高的追求，强调法律不仅要制定得好，还要得到良好的执行和治理，以实现社会的公平正义与和谐稳定。题干给定句子强调了高素养的行政执法队伍在推动法治从"有法可依"向"良法善治"转变过程中的关键作用。高素养的行政执法队伍能够准确理解和运用法律，保障执法的公正性、规范性和文明性，从而让法律真正发挥作用，实现良好的治理效果。

本文的结构搭建可以有多种角度。比如：可以分析造成"徒法不足以自行"的原因，指出高素养执法队伍的缺失是重要原因之一；可以分析高素养执法队伍的重要性，如维护正义秩序、保障人民权益等；可以提出建设高素养执法队伍的建议，如恪守规范公正文明执法的底线，提高运用法治思维和法律手段解决矛盾和问题的能力……因此，可以按照上述顺序，遵照"提出问题—分析问题—解决问题"的思路搭建结构，也可以把"解决问题"作为重点，将两个分析的部分融入对核心对策的论证之中。

## 二 写作实操

### 法律在纸，法治在人

标题拟定思路

采用对比的表达方式，将"法律"和"法治"进行对比，将"纸"和"人"进行对比，点明"人"在法治建设中的关键作用。这一对比的思路来源于题干中的给定句子，"徒法不足以自行""有良法可依"强调的是纸面上的法律，"用良法善治"强调的是执行中的法律，而执行又离不开执法队伍，也就是"人"。

①古语有云："徒法不足以自行。"意思是，制定的法律制度再好，也不会自己发挥作用。"有良法可依"是法治建设的前提，但是"用良法善治"才是法治建设的根本，这就要求我们必须拥有一支高素养的行政执法队伍。

②锻造一支高素养的执法队伍，是法之必行、行之必效的可靠保障，人民群众对执法行为认同不认同、对执法决定接受不接受，风清气正的社会秩序、公平正义的法治环境，全部依赖这支执法队伍的信仰：牢牢把握严格规范公正文明执法这一执法工作生命线，切实提高运用法治思维和法律手段解决经济社会发展中突出矛盾和问题的能力。

③牢牢把握严格规范公正文明执法的工作生命线，是高素养执法队伍的底线。时常在媒体看到这样的执法"热搜"：带两袋土特产回老家被高速交警罚款 200 元；台风天居民不便将车停入地下，执法者"冒雨"处罚路边的停放车辆；在未查明违法事实的情况下，"一刀切"实施责令停产停业、责令关闭……类似的执法，客观上会影响执法公信力，也会阻碍法治观念深入人心，不仅不能让人们信服，甚至会影响法律和执法队伍在群众心中的严肃地位。因此，高素养的执法队伍必须严格执法、规范执法、公正执法、文明执法，这是底线。判断有没有把握住这条底线也很简单：是否有助于强化公民、法人或者其他组织等对哪些行为合法、哪些不合法的共同认识，是否有助于维护法律和执法者的权威和公信力。

④切实提高运用法治思维和法律手段解决矛盾

### ①开头写作思路

第一，解释题干给定句子中的"徒法不足以自行"，指出法律不会自动发挥作用，引发对法律实施问题的思考；第二，阐述"有良法可依"与"用良法善治"的关系，并用对比和递进的方式，点明法治建设的重点；第三，基于前面的论述，引出文章的主题，即打造高素养的行政执法队伍。

### ②段写作思路

本段为过渡段，首先通过人民群众、社会秩序、法治环境三个角度强调执法队伍的重要性，之后引出如何打造高素质的执法队伍，即本文的两个主要分论点。（本段主要起到承上启下的衔接作用，在实际写作中也可以删除，不影响文章的完整性）

### ③段写作思路

第一，明确论点：牢牢把握严格规范公正文明执法的工作生命线，是高素养执法队伍的底线。第二，举例论证：通过列举一系列媒体上常见的不当执法"热搜"案例，分析这些"突破底线"的执法行为可能带来的不良后果。第三，得出结论：提出观点对前面的论述进行回扣，并给出判断是否把握住底线的标准。

### ④段写作思路

第一，明确论点：切实提高运用法治思维和法律手段解决矛盾和问题的能力，是高素养执法队伍的要求。第二，举例论证：通过网络平台上"教科书式执法"的具体案例展现了运用法治思维和法律手段解决问题的良好示范。第三，案例列举：列举在执法实践中的一些积极尝试（考虑详略得当，此处的案例均为"一句带过式"，来源于对给定资料的总结提炼）。第四，总结：再次呼应开头的观点，强调高执法能力水平对于执法队伍素养的重要性。

### ⑤结尾写作思路

首句扣题；次句围绕"法治社会"和"法治中国"，使用简洁有力的方式层层递进，突出建设高素养执法队伍的重大意义，对文章进行总结和升华。

和问题的能力，是高素养执法队伍的要求。网络平台上有这样一条现场执法视频火了：一名司机逆行违停，面对处罚情绪激动、态度不服，执法警官用规范清晰的法律解释让司机心服口服，最终接受了处罚，被网友誉为"教科书式执法"。这名警官的执法过程，生动地诠释了什么是"用法治思维分析违法事实"、什么是"用法律手段解决冲突矛盾"。这也充分说明，一支高素养的执法队伍必须具备高素质的执法能力和水平。这应该是执法队伍建设的根本，在我们的执法实践当中，有很多这方面的尝试。比如：有的地方通过"导师帮带制"帮助提高年轻执法人员的能力素质；有的地方年轻执法人员严格要求自己学习法律知识，带动其他同事一起学习钻研，用实际行动诠释了高素养的执法形象。说到底，只有提高执法能力水平，才能真正彰显执法队伍的素养。

⑤ 法律在纸，法治在人。人就是队伍，建设高素养的执法队伍，是建设法治社会的关键，也是建设法治中国的根本。

---

## 话题5　执法与群众需求

【2020年江苏省考B卷】"给定资料5"中提到："执法的琴键，只有随着群众的需求而跳动，才能奏出社会和谐的乐章。"请结合对这句话的思考，联系实际，写一篇议论文。

要求：（1）自选角度，自拟标题；（2）参考给定资料，不拘于给定资料；（3）观点明确，内容充实，结构完整；（4）篇幅1000字左右。

**思路点拨**

　　题干给定句子的核心立意在于强调执法工作只有贴合群众需求，才能实现社会和谐。其中有两个值得深入思考的关键点：一个是"群众的需求"的角度。群众需求是执法的准绳，执法者必须要了解、尊重、满足群众的需求，才能奏出社会和谐的乐章。另一个是"执法的琴键"的角度。"琴键"不止一个，多个琴键互相配合才能奏出美妙的音乐，因此执法工作也不止"社会治理"一种，还包括提供各种"执法服务"，这样才能满足群众的多元需求。

　　可以有多种角度。第一，可以分析执法满足群众需求的重要性。例如，能够增强群众对执法工作的认可和支持，提升执法的公信力；能够切实解决群众面临的问题，维护社会公平正义；等等。第二，可以分析当前执法工作中在满足群众需求方面存在的不足。比如，执法的方式方法不够灵活，未能充分考虑群众的实际情况；执法的信息不够透明，导致群众对执法工作存在误解；等等。第三，可以提出如何让"执法的琴键"更好地随着群众需求"跳动"的措施。比如，提高执法工作中的服务意识；创新执法方式，提高执法效率；等等。

 **写作实操**

## 校执法琴音，奏和谐乐章

**标题拟定思路**

　　选取题干给定句子中"执法""琴键""社会和谐"等关键词，将其进行意向转化，例如"执法的琴键"转化为"校执法琴音"，"社会和谐的乐章"转化为"奏和谐乐章"，突出执法与社会和谐之间的关系，体现立意的高度。

　　① 如何加强和创新社会治理？如何提供精准和精细服务？如何更好地满足群众对美好生活的新期待？这是每一位执法者必须面对的深刻命题。执法者，是社会和谐发展的"守夜人"，执法者的执法效率、执法理念、执法素质和执法方式，关系着社会运行的稳定与秩序，也连接着人民群众的诉求与期待。

**①开头写作思路**

　　第一，引出话题：通过三个疑问引出本文的关键点，前两个问题站在执法者的角度，第三个问题站在群众的角度，这都是题干给定句子的重点。第二，明确主旨：通过回答前面的三个问题，点明执法者的工作与社会和谐、群众期待之间的关系，对题干给定句子进行了更加深入和全面的解释。第三，重申观点：引用题干给定句子，再次强调文章的中心思想。

### ②段写作思路

本段列举实例，从正面论述"执法为民"的理念。最后，总结升华，强调执法为民不仅体现在个案处理公正，还在于制度创新和服务优化，进一步深化和拓展执法为民的内涵和要求。

### ③段写作思路

本段列举实例，从反面论述"执法为民"的必要性，即分析当前执法工作中在满足群众需求方面存在的不足。最后，总结升华，点明这些执法乱象背后的实质，强调其危害之大、影响之深。

### ④段写作思路

本段重在提出"执法为民"建议，思路主要包括两个部分。第一，顺承过渡：顺承上一段"满足群众需求方面的不足"，通过一系列层层推理，指出执法不尊重民意会带来一系列不良后果，从而引出下文。第二，

有人说"执法的琴键，只有随着群众的需求而跳动，才能奏出社会和谐的乐章"，一语道破了执法的关键所在。

② 执法为民，是执法者应该一以贯之的执法理念。在推进社会治理和完善社会服务的过程中，实现好、维护好、发展好最广大人民的根本利益，确保法律的实施既公正严明又充满人文关怀，是执法工作的根本出发点和落脚点。"执法为民"并非一句空洞的口号，而是体现在每一个执法决策和每一次执法行动的温度之中。近年来，从"摆摊被暴力没收"后的执法反思，到"电动车骑行佩戴头盔"新规的柔性执法，再到"轻微违法行为依法不予行政处罚清单制度"的探索尝试，无不彰显着执法理念的进步和对人民群众切身利益的关注。执法为民不仅体现在个案的公正处理上，更在于通过制度创新和服务优化，不断满足人民日益增长的美好生活需要。

③ 然而，现实并不总是玫瑰色的。一些地方执法者的"琴键"却弹出了"杂音"。在一些地方行政部门的执法过程中，充斥着这样的乱象：强制宰杀养殖户的家禽牲畜，美其名曰达到地方政府环保标准；强制执行红白喜事的政策规定，美其名曰移风易俗；强制街道店铺更换一模一样的店面招牌，美其名曰打造整齐划一的街面；强制驱赶小摊小贩，美其名曰追求城市秩序整洁……这是"一刀切"的执法在偷工，其实是庸政懒政的思想在作祟，不但伤害了人民群众的情感，而且背离了执法为民的本质，于群众无利，于执法者无益。

④ 如果执法不能够尊重民意，就会影响民生；如果执法影响民生，就会带来民怨；如果执法带来民怨，就会失去民心。这不是危言耸听，这是一个个活生生的执法实践带给我们的深刻教训。因此，执法者必须树立为民服务意识，要平衡好宏观整体要求和群

众具体诉求的关系、平衡好执法与服务的关系；必须要提高执法能力，提升专业化和法治化水平；必须要更新执法观念，不能停留在传统的单一管理思维上，要不断提升现代化治理能力，健全共建共治共享治理制度；必须创新执法方式，要善于运用智能化的智能管理体系，在行政执法中运用新科技提高执法效率。

⑤ 执法的琴键，若能精准地随着群众的需求而跳动，那社会和谐的乐章必将悠扬而长久。当每一位执法者都能将群众的需求内化于心、外化于行，用公正与温情校准执法的尺度，用创新与智慧提升执法的效能，我们的社会必将处处充满法治的阳光，人人都能享受到公平正义带来的温暖与安宁。

具体建议：从树立为民服务意识、提高执法能力、更新执法观念、创新执法方式这四个方面详细阐述了执法者应该采取的行动，对每个方面都进行了一定的解释和说明。

### ⑤结尾写作思路

第一，呼应主题句：对题干给定句子进行呼应和强调，再次突出执法与群众需求相契合的重要性。第二，总结升华：既有对前文对策的进一步总结，也有对未来愿景的畅想，以此提高文章的感染力和号召力。

---

## 话题6　法治文化建设

【2021年联考】根据给定资料，请以"法治文化创新发展"为主题，自拟题目，联系实际，写一篇议论性文章。

要求：（1）观点明确，见解深刻；（2）给定资料仅供参考，不得抄袭；（3）思路清晰，语言流畅；（4）字数1000字左右。

### 一　思路点拨

题目主题为"法治文化创新发展"，法治文化是社会治理的重要基础，是国家长治久安的保障。在当今社会治理局面日益复杂的背景下，创新发展法治文化成为提升社会治理能力、增强社会法治共识的重要途径。

> 文章应该立足于"创新发展法治文化"展开，在结构上可以探讨"法治文化创新发展的时代内涵""法治文化创新发展的必要性、重要性、可行性""法治文化创新发展的途径""创新发展法治文化面临的挑战"等。

## 二 写作实操

### 探寻法治文化创新发展的新路径

**标题拟定思路**

直接点明主题，突出文章的核心是关于"法治文化创新发展"。使用"探寻……的新路径"这一形式，明确文章的重点在于寻找创新发展的方向和方法。

**①开头写作思路**

以"依法治国"的重要性作为铺垫，随后在如何推进依法治国的阐述中建构与"法治文化创新发展"的内在关联，借此点明文章主旨。（其背后的写作逻辑是：在论述某一主题时，可以先强调所探讨主题在更宏观层面的重要性，然后指出其实现或推进所需要的多方面因素，从而引出要讨论的主题）

**②段写作思路**

本段重在阐释"法治文化创新发展"的内涵，思路上是通过"不是……而是……"的方式解读名词，首先否定某个常见的错误看法或者提出一个具有争议的观点，随后引出自己的立场观点，并从多个角度阐释其中的关键要素。

**③段写作思路**

本段重在分析"法治文化创新发展"的历史基础和现实需要，思路是按照从历史到现实的"时间线"展开。首先，肯定法治文化创新发展拥有深

① 依法治国，是国家治理体系和治理能力现代化的本质要求和重要保障。全面推进依法治国，不仅需要法律制度的完善与严格执行，也需要法治文化的建设和创新发展。

② 创新发展法治文化，并非简单地将法治与文化进行机械的叠加，而是要以时代发展为背景、以人民需求为导向、以法治精神为内核、以文化元素为载体，构建起一个充满活力、富有时代特征的法治文化体系，在全社会树立法治信仰和法治观念，让全社会具备法律意识和法律思维，在全社会形成尊法、学法、守法、用法的法治氛围。

③ 法治文化创新发展，有深厚的历史基础。早在苏区时期，老一辈无产阶级革命家就开始了法治建设的探索和实践，为共和国法治事业奠定了坚实的基础，这是我国法治文化创新发展的红色基因。与此同时，法治文化的创新发展，也有急迫的现实需求。我国正处于全面深化改革、加快推进现代化的关键时期，经济社会发展面临着前所未有的复杂局面，法治建设作为中国特色社会主义制度的重要组成部分，需要更加注重文化引领，以法治文化建设提升法治意

识、凝聚法治共识、推动法治实践。

④ 在法治建设中融入文化元素，就是法治"搭台"，文化"唱戏"。法治不仅仅是法律条文的体现，更是社会文化的反映。法律是"刚性"的，这是执法的优点，却是普法的缺点。但是，在其中融入"柔性"的文化元素，便给法治建设开辟了一条新的路径，这样可以使法律更具人文关怀，增强法律的亲和力和认同感。以我国的社区矫正制度为例，这一制度不仅仅是对犯罪行为的法律惩戒，更是一种文化教育。在社区矫正过程中，通过开展各种文化活动，如知识讲座、文艺演出、公益劳动等，帮助矫正对象树立正确的人生观和价值观，促使其回归社会。这种文化元素的融入，有效提升了社区矫正的效果，受到社会的广泛认可。此外，法治宣传教育中的文化元素同样不可或缺。通过举办法治文化节、法治宣传进校园等活动，将法律知识与传统文化、地方特色相结合，能够增强法治宣传的趣味性和吸引力，提升公众的法律意识和法律素养。例如，一些地方，通过将法治教育与地方戏曲、民俗活动相结合，使法治宣传更接地气，受到了群众的热烈欢迎。

⑤ 在文化建设中融入法治元素，就是文化"搭台"，法治"唱戏"。在文化建设中融入法治元素，是推动法治文化深入人心的重要手段。文化是社会的精神纽带，融入法治元素的文化建设能够潜移默化地影响人们的行为规范，形成遵法守法的社会氛围。以近年来的影视作品为例，越来越多的法治题材影视作品涌现，如《龙年档案》《国家干部》《人民的名义》等，这些作品通过生动的故事情节和鲜明的角色形象，向观众传递了法治精神和法律知识，提升了公众的法治意识。再如，在博物馆、展览馆、公园、社区等公共文化场所，设置法治文化展区，通过图片、实物、视频等形式，展示法治发展历程和法治成果，使公众在

厚的历史基础，为下文论述现实需求做铺垫。接着，指出法治文化创新发展也有急迫的现实需求，并从我国当前所处的关键时期和面临的复杂局面出发，说明法治文化建设的重要性。

### ④段写作思路

本段重在探讨如何"创新发展法治文化"，思路包括三个部分。第一，提出观点：在法治建设中融入文化元素。第二，道理分析：分析为什么要融入文化要素，使用对比论证的方法，对比法律的"刚性"，突出文化元素的"柔性"。第三，举例论证：以社区矫正制度和法治宣传教育为例，说明将法律知识与文化元素相结合的好处。

### ⑤段写作思路

本段也是重在探讨如何"创新发展法治文化"，思路包括三个部分。第一，提出观点：在文化建设中融入法治元素。第二，道理分析：阐述文化作为社会精神纽带的作用，强调融入法治元素的文化建设对人们行为规范和社会氛围的积极影响。第三，举例论证：列举法治题材影视作品和在公共文化场所设置法治文化展区的例子，论证在文化建设中融入法治元素的有效性和可行性。

参观过程中潜移默化地接受法治教育。这种方式不仅丰富了文化场所的内容，也增强了公众的法治意识，促进了法治文化的传播。

⑥结尾写作思路

第一，强调主题的重要性。第二，肯定已有成绩。第三，指出面临挑战。第四，提出总对策和期望。

⑥ 法治文化，是社会文明进步的标尺，是国家长治久安的基石。我国法治文化建设取得了长足进步，但也面临着新的挑战，要在创新发展中不断提升法治文化的深度和广度，才能让法治文化真正融入国民血脉，成为社会发展进步的强大引擎。

## 考点点拨

"行政执法"类作文，核心在于考查考生对依法行政、依法治国理念的理解，以及运用相关理论知识分析和解决实际问题的能力。根据近年来的命题，国考和省考"行政执法"类作文的话题考点主要有以下几种：

第一，执法理念：比如强调"理性执法""文明执法""柔性执法"，关注执法温度和执法效果的统一，注重执法者与被执法者之间的良性互动等（2023年江苏省考B卷"良性互动"）。第二，执法主体：比如关注执法队伍建设、执法部门的公信力建设，强调执法人员的素质和能力、执法人员的法治意识和服务意识等（2024年国考执法卷"力理利"、2022年江苏省考B卷"行政执法队伍建设"）。第三，执法方式：比如鼓励执法创新，发动群众参与执法，实施联合执法、智慧执法等，探索运用新技术、新手段提高执法效能等（2024年江苏省考B卷"智慧执法、创新执法"）。第四，执法目标：比如强调执法的出发点和落脚点是广大人民群众的根本利益，以群众需求和企业需求为导向，坚持执法为民、执法为企，为群众构建和谐社会秩序、为企业构建法治化营商环境等（2020年江苏省考B卷"执法与群众需求"、2024年国考执法卷"行政执法的'力''理''利'"）。第五，法治环境：比如注重法治文化建设，创新法治宣传工作，在全社会构建学法、尊法、守法、用法的法治氛围，共同构建良好的法治环境（2021年联考"法治文化建设"）。

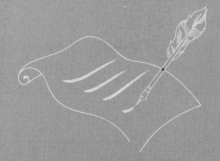

附 录

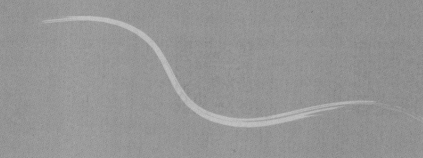

扫描二维码，可以查看更多学习资料。

作文精讲第一课
和第二课

作文精讲第三课
和第四课

作文精讲第五课

论证素材汇编

申论真题材料素材汇编

应用文汇编

作文结尾模板汇编

作文开头模板汇编